开明教育书系

蔡达峰 ◎ 主编

把儿童看作儿童

沈百英教育文选

沈百英 ◎ 著

吴贤友 ◎ 选编

开明出版社

"开明教育书系"丛书编委会

"开明教育书系"
总　序

　　中国民主促进会（以下简称民进）是以从事教育、文化、出版工作的高、中级知识分子为主的参政党。民进创立以后，在中国共产党的指引和帮助下，积极投身爱国民主运动，在这个过程中，发挥自身优势，举办难民补习培训，创办中学招收群众，参加妇女教育活动，在解放区开展扫盲教育，培养青年教师。

　　新中国成立以后，民进以推进国家教育事业发展为己任，贯彻党的教育方针，倡导呼吁尊师重教。

　　一方面，坚持不懈地为教育发展建言献策。从马叙伦先生在任教育部长时向毛泽东主席反映学生健康问题，得到了毛主席关于"健康第一"的重要批示，到建议设立教师节、建立健全《教师法》《职业技术教育法》《民办教育促进法》等法律法规、深化教育改革、促进学前教育发展、义务教育均等化、加强教师队伍建设、中小学教材建设、减轻学生课业负担等等，提出了一系列高质量的意见建议。

　　另一方面，坚持不懈地开展教育服务。改革开放以来，围绕"四化"建设的需要，持续举办了大量讲座和培训，帮助群众学习，为民工子女、下岗职工、贫困家庭子女、军地两用人才、贫困地区教师等提供教育服务，创办了文化补习学校、业余职业大学、专科学校、业余中学等大批学校，出现了当时全国第一所民办高中、规模最大的民办高校、成人教育学院、民办幼儿教育集团等；不断开展"尊师重教"的慰问、宣传和捐赠等活动，拍摄了电视片《托着太阳升起的人》；举办了一系列教育服务的研讨会和交流会。

在为教育事业长期服务的过程中，民进集聚了越来越多的教育界会员，现有的近19万会员中，约60%来自教育界，其中大部分是中小学教师。广大会员怀着崇高的使命感和责任感，爱岗敬业、默默奉献、积极作为，在教育事业和党派工作中取得了卓越的成就，涌现出无数感人的事迹，赢得了无数的赞誉，涌现出大量优秀教师、校长和著名教育家、专家学者、教育管理者等，他们共同写就了民进的光荣历史，铸就了民进的宝贵财富，是民进的自豪和骄傲。

系统地收集和整理民进会员的教育论著和教育贡献，是民进会史研究和教育的重要任务，对于民进发扬优良传统、加强自身建设、激励履职尽责具有积极的意义，对于我们深入学习多党合作历史、深入开展我国现当代教育历史研究，也具有重要的理论和现实意义。民进中央对此高度重视，组织编辑"开明教育书系"，朱永新副主席和民进中央研究室的同志们辛勤工作，邀请会内外专家学者共同参与，历时数年完成了编写工作。谨此，向各位作者和编辑同志，向开明出版社，向所有关心和支持本书编撰工作的同志，表示诚挚的感谢。

全国人大常委会副委员长
民进中央主席 蔡达峰

2022 年 12 月

从小学教员到大学教授

吴贤友

教育家小传

沈百英（1897—1992），民进会员，江苏吴县人，是我国著名教育家，在我国现代小学教育史上占有重要地位。

1905 年，沈百英进入江苏甫里书院学习，受教于杨眉叔先生，接受最初的启蒙教育。1906 年，废除私塾之后，他转入公立甫里小学。求学期间，深受校长沈柏寒先生的赏识，得以免费完成学业。1913 年，沈百英高小毕业，考入江苏省省立第一师范学校，师从俞子夷、程瑶笙等名师。1918 年，师范毕业之后，他回到家乡，担任甪直小学教师，与陈逖先、叶绍钧共事。工作期间，沈百英激情满怀，对教育教学各个方面都进行了探索创新。这期间，他在报刊上发表了一系列文章，培养的学生成绩优异，在教育界有着广泛的影响。1920 年，受到吴研因先生邀请，加入江苏一师附小，担当实验班主任，参与设计教学法的研究。1922 年，追随吴研因加入尚公小学，担任校部主任。三年之后，继吴研因担任尚公小学校长。任校长期间，在不同年级分别实行"道尔顿制""中心联络法""设计教学法"等多项改革，使尚公小学成为新式教学法的试验与研究基地，深受教育界关注，"设计教学法创立者"克伯屈先生访华期间还专程赴尚公小学观摩学习。1928 年，离开尚公小学，成为商务印书馆的专职编审，主持编写的教科书和教育专著共计400 余种。在此期间，还先后兼任过安定立达学园、省立上海中学的教员与大夏大学、沪江大学以及光华大学的教授。

新中国成立后，沈百英开始担任华东师范大学小学教材教法课程教员。1953 年，加入中国民主促进会，并作为民进特邀代表，赴北京参加全国民主党派会议。1956 年脱离商务印书馆，专任华东师范大学教育系教授，曾任小学教材教法教研室主任。他创设了口算教学数码网格表，提倡珠算不用口诀，设计珠算指法操，倡导口、珠、笔三算结合，融实践性、科学性、趣味性于一体，在国内外引起强烈反响。编写的童话《六个矮儿子》获得儿童文学园丁奖，并有多部作品被译成外文。1986 年 9 月退休。

1992 年 11 月 14 日，沈百英去世，享年 95 岁，他为儿童教育事业辛勤耕耘了 70 余年。

癸卯年春节，我接受《沈百英教育文选》的编选任务，开始研读这位民进先辈的学术人生。沈百英最早任职于甪直小学，与叶绍钧先生共过事，此后二人也有大致相同的人生经历。我在知网用"叶圣陶"为关键词搜索，显示的论文数量多达 6632 篇；可搜索"沈百英"的时候，只有研究论文 46 篇，这还包括一位同名学者的。整整一年的历史文献爬梳，一个深切的感受就是：这样的研究现状与沈先生一生的卓著成就极不相符，我们愧对先生。

沈先生一生没有接受过高等教育，更没有出国留洋的经历，完全依靠自己的实践与求索，最终由一名小学教员成功逆袭成为大学教师。《上海区县志》里说沈先生："热爱教育，热爱儿童，直到逝世那天下午，还在构思儿歌。"孜孜矻矻，为儿童教育奉献了一生。沈先生是全能型的小学教育家，其一生教育经历跨度之大，令人惊叹，求诸百年教育史，恐怕没有第二人。

一、投身于发展儿童个性的设计教学

沈百英 1918 年参加工作，1920 年加入江苏一师附小，担当实验班主任，参与设计教学法的研究。两年后，追随吴研因加入尚公小学，先后担任校部主任、校长职务。直至 1928 年成为商务印书馆的专职编审，离开小学讲坛。沈百英担任小学教师的十年，设计教学法传入中国。设计教学法从星星之火到全面推广，1926—1927 年间达到高潮之后，开始走向衰落。作为设计教学法的积极参与者，沈百英进行了深入全面的实践探索与理论研究，总结出非常宝贵的经验，无论当时还是今天，都有着深刻的影响。

中国现代教育的重建始于清末的废科举、兴学堂，我们最早学习的对象是日本。那时候，赫尔巴特的教育思想在日本极为盛行。最初的一批留日学生回国以后，赫尔巴特学派的教育理论也被传入中国，其"五段教授法"深刻影响了 20 世纪初的教育理论和实践。

20 世纪 20 年代前后，随着胡适、蒋梦麟、郭秉文、陶行知、陈鹤琴、廖世承等留美学生的回国，杜威、斯宾塞、康德、洛克、卢梭等欧美教育家思想逐渐传入中国。在"新文化运动"和杜威教育学说的影响下，由教师主导的"五段教授法"受到质疑，而以儿童活动为中心的各种新式教学法大行其道，在当时小学领域，影响最大的就是设计教学法。

美国教育家克伯屈因发表《设计教学法》一文后被尊称为"设计教学法之父"。其实，他是通过设计教学法把杜威的教育哲学具体化、程序化，使其具有操作性。作为杜威教育理论的主要阐释者和推广者，深受杜威肯定。1919年，杜威访华，设计教学法也随之被介绍到中国。

　　中国最早开展设计教学法试验的学校是南京高师附小。1919年秋，在俞子夷的带领下，他们把性质相同或相近的几门学科合并，如语言、文字、故事合为一科，史地、公民、社会常识合为一科，自然、卫生、园艺、算术等合为一科，音乐、体育合为一科，美术、劳作合为一科。几个年级的儿童一起过团体生活，采取分团和分组的形式，通过测验依据个人能力高低，采用不同的教材和教法。功课由学生自己决定，自由选择和自由支配时间。

　　1920年，沈百英接受吴研因的邀请，加入江苏一师附小，以实验班主任的身份与同事一起开始实施设计教学法。半年以后的调查显示，学生的能力不差，重要的是，学生自己喜欢学，学的效果也比较好。一年之后，大家觉得设计教学法很有趣味，完全可以施行，于是对1921年春、秋季两季招收的一年级新生，都施行设计教学法，其他年级也都尽可能地施行。

　　对于这种全新的教育方式，很多人虽然也想实践，但苦于没有切实具体的参照和指导，贸然不敢行动。在这种情况下，作为设计教学法的领军人物，沈百英在《教育杂志》上，把他们的实验经过及取得的经验加以整理，写成报告，分享给当时的教育界同仁。这份报告很长，分成四期刊登在《教育杂志》第14卷的1、2、3、6号上。根据报告整理的专著《设计教学试验实况》，次年也由商务印书馆出版。

　　在实验中，沈百英自编教材和读物，成绩显著。来华访学的杜威也到学校听课，并给予了沈百英很高的评价。从此以后，到一师附小学习的教师络绎不绝，也有很多学校邀请沈百英去介绍设计教学法的实验情况。中华大地很快掀起了观摩学习的热潮，有人著文写道："夏季教育演讲，没一处没有这题目；铁路轮船上没一天没参观或演讲设计教学法的人往来。"设计教学法对改进旧教法的巨大作用，也得到教育界的公认。应该说，设计教学法在中国的实施与推行，沈百英居功至伟。在沈百英的著述中，还有多篇关于设计教学法的论文。（见附录《沈百英著述年表》）在全国各地做演讲报告的基础上，沈百英将这些内容整理成册，编成《设计教学法演讲集》，1931 年由商务印书馆出版。这是沈百英对设计教学法的理论总结，也是中国近代史上教育理论的经典之作。

（一）崇尚自然，发展儿童个性是设计教学法的出发点

设计教学法的核心是以儿童为中心，使学校内部环境生活化、社会化，让儿童在真实的生活环境中有目的地进行各种活动，从而获取相关知识和解决实际问题的能力，这对于传统的注入式教学法来说，是一个本质上的突破和反动。

在此之前，蔡元培先生曾对"牢守几本教科书以强迫全班之学生"的注入式教学法进行了严格的批评，他主张在遵循儿童身心发展规律的前提下，选择适合的方式助其健康成长。沈百英同样反对压抑儿童个性的传统教育。做了小学教师以后，他对传统的注入法、启发法、自学辅导法进行了全面考察，发现了各自的不足，转而投身于设计教学法研究。

谈到设计教学与非设计教学时，沈百英从教材、教法和学法等三个方面进行了比较，发现彼此之间的根本不同。

他认为传统的教材是成人化的，重在教师传授；而设计教学法完全根据儿童的需要提供适合的教材，其来源是由儿童自己去发掘。读文、算术等科的教材虽然由教师编著和供给，但不是盲目地注入，而是在儿童发生学习动机之后供给的。在教法上，设计教学法以一种主要目的做

根据组织、利用知识，知行合一，凡事自己解决，自己实行，自己判断，在社会性的活动中，既能让儿童适应现在的生活，也能预备将来生活，到社会上可以做一个有用的人。这与传统的教学法都是根本不同的。在学法上，设计法的学习有目的，有动机，肯努力的，肯互助的；而非设计教学就不是这样。

沈百英后来回忆当时的情形：既没有上课、下课，也没有课内、课外；不分科目，学生自由选择学习内容；课堂布置分为好几种，有的讲故事，有的阅读，有的做游戏，有的做手工。这种学习效果较好，学生能力也不差。

应该说，沈百英站在教育的前沿，主张以儿童为中心，以儿童发展为目的，他以身示范，亲自开展设计教学法的实验，这是难能可贵的。

（二）不断探寻设计教学法中国化的实施方略

在实施过程中，沈百英始终在思考的问题是：这样施行，有什么危险？各人各科目，能不能调剂？有什么危险？这种试验，有几点优点，几点缺点？幼稚园能不能照这样办法？教师方面有什么弊害？要想什么办法补救？等等。这些问题的提出其实就是提请当时的教育界警觉：这种由西方传来的教学法是否真的适合我们的教育，结合我们的国情又该做出怎样的调整。

不仅如此，他还走进很多学校，了解各学校在教学实施中遭遇的困难，结合这些问题，他撰文指出，在实施设计教学法时，"应视学校内之设备若何？学生的训练若何？教室的分配若何？教师的训练若何？参考用书多否？工具材料多否？如果一无基础，宁可缓步徐行，逐渐改革。"

对于教材教法，他强调，要适应儿童的个性，对不同层次的儿童，要因材施教，让每个人都能适度消化，都得到发展与进步。不必整齐划一，分团、分组是比较适宜的方式，所谓"聪明的用急进的教法，愚笨的用缓进的教法，顽强适应各人的能力发达"。各地各校在选取教材时，应根据各地的情况，因地制宜，多让学生自学，自行设计，学校要做的事情就是尽可能为学生学习提供必要的设备，改善学习条件。

在实施一年后，沈百英发现儿童对于数学学习的兴趣不高，设计很少使用数学知识。作为工具类性质的数学，是每个儿童必须掌握的基本技能，不可缺失。于是他与学生一起设计测量、买卖东西等之类的表演，帮助学生掌握尽量多的数学知识与技能。

在实验过程中，他还自己编写适合中国儿童使用的教材。1921年，在江苏一师附小，他就尝试着按照时令编写故事体裁的语文课本。采用"混合设计法"以后，学校废除日课表、教科书，彻底打破学科界限，让学生在活动中发现问题，引发设计动机，然后确定目的，制订计划，实施和评判。这样的教育理念影响了30年代的《小学课程标准》："教材的组织应尽量使各科联络，成为一个大单元，以减少割裂、掺杂、重复等弊。"

设计教学法打破了之前的学科制，代以与儿童生活有关的问题或事体为组织教材的中心，把儿童在社会生活上必须掌握的知识和技能，融合为学习的大单元。每一次设计，都有预定的目的，一定的计划。这种目的与计划，或由儿童自拟，或由儿童与教师合拟，但总以儿童为活动的中心，出于他们的自发活动。真正体现了"教育即生活，学校即社会"的教育原则。

二、教材建设的科学化的卓越成就

早在1922年，沈百英还在担任尚公小学校部主任的时候，就成为商务印书馆的馆外编辑。1928年，正式进入商务印书馆，从事专职编审工作长达 35 年，是民国教育专著的资深编辑，其主编的文库与编辑撰写的书籍共计 400 余种。其中教科书种类繁多，涉及国语、算术、社会、自然、卫生等多个学科，既有学生使用的教材和读本，也有供教师参考使用的教材教法等专业指导用书。他还参与了《教育大辞书》的编写工作。

沈百英在江苏一师附小工作的时候，就开始编辑儿童读物和文艺教材，在尚公小学兼管的养真幼儿园，他编辑过很多幼儿教材。成为专职编辑以后，在参与《教育大辞书》的编写工作中，其编辑能力深受肯定。完成这项任务以后，就立即开始教科书的编写工作。教科书是那个时代各大出版社得以发展的支柱产业，商务印书馆也不例外。

沈百英最早编写的教科书是《成人补习国语课本》《民众识字课本》。随后与沈承章一起编写《国语教科书》。在这套新教科书中，他不仅解决了"分级词汇"分配难题，还邀请胡若佛、张令涛、潘思同等画家为教材专门绘画插图，形式新颖，深受儿童的喜爱。从此以后，教科书的编辑、出版和发行成了商务印书馆的龙头产业。

在沈百英的领衔主持下，一系列教科书被推出，如《侨民适用教科书》《南洋教科书》《新复兴教科书》《复兴春季教科书》《复兴秋季教科书》《基本教科书》，等等。抗张爆发以后，日本占领上海，沈百英接受商务印书馆的派遣，前往香港进行教材的缩编任务，将原先 32 开的教材缩编为 48 开，大大降低了印刷和运输成本。除此以外，沈百英还联合了几位同仁编写儿童读物，从事编写儿童读物的同事，编写了《幼稚园读本》《小学生文库》以及《幼童文库》等。

在教材教法和教学指导用书方面，沈百英同样贡献卓著。从 1922 年出版第一本专著《设计教学法实况》，到 1949 年，由他独立编著和参与撰写的著作有近 20 种，内容涉及小学教育的各个领域，如《卫生故事和教学法》《小学社会科教学法》《设计教学演讲集》《幼稚园的工作》

《复式教学经验谈》《小学国语教学讨论集》等。新中国成立后，他还编著出版过《小学算术课本编年书目》《中国新旧珠算书目及珠算论文目录》等多部著作，其中的《珠算常识与珠算教法》《小学数学教学法》可谓是小学算术教育领域的奠基之作。

长期的教育实践和教材编写的经历，使沈百英对小学教科书的编辑有着丰富独到的见解。

（一）教材的内容选择既要切合儿童经验，又要适合社会需要

小学教科书是教材的灵魂所在，选材必须非常谨慎。早期的很多教材，要么成人化的色彩浓厚；要么与实际生活脱节，根本不适合教学。在沈百英看来，切合儿童经验和适合社会需要是教科书选材的最重要标准，二者地位同等重要，缺一不可。切合于儿童经验，就要求编者顾及儿童的身心特点和情感需要，使儿童能够理解教材并获取知识。适合社会需要，意味着教材选取的内容能够应付现实生活，紧跟时代的步伐。沈百英说："某种教材，合于儿童需要的，我们应该首先教他；某种教材，合于儿童需要，而不合于社会需要的，还以不教为是；某种教材，仅合于社会需要，而不合于儿童需要的，也以不教为是。——不妨留作中学以后去教；某种教材，合于社会需要的，我们应该教他；某种教材，既不合于儿童需要，又不合社会需要，应该绝对不教。"

所以，在选择课本内容的时候，沈百英都尽可能选择儿童日常生活中的材料，从家庭生活到社会生活，依次编辑。为此，他经常对儿童进行调查研究，深入了解儿童，获得编写教材的素材。1923 年，改行新学制，初小的常识从国语中分离出去，另设一科。受到杜威"儿童本位教育"的深刻影响，儿童文学备受重视。沈百英的教材中就尽可能收小学生喜欢的题材做材料，如散文题材中的物语、童话、寓言、故事、游记、传记及名人轶事，韵文方面的儿歌、童谣、民歌、新诗、弹词、鼓

词和剧文方面的话剧、歌剧等。一些刚刚起步的现代文学题材，如日记、报告文学、书信等材料，也都收罗其中。在他看来，教科书里的文学体裁应尽可能做到完备，这不仅能拓宽儿童的视野，也能让他们在学习中受到良好的文学熏陶，从而更好地发展自己，适应未来的生活。

（二）教材建设的科学性是教育现代化的基础

为了改变现代儿童教育劳而少功的现状，沈百英试图从编写教材出发，赋予教材建设"科学性"，从而带动教育的深刻变革。教材编写作为一门科学，不仅要注意知识内容的系统完备，还要根据儿童的心理认知，寻求内部结构的合宜与连贯，力求循序渐进。具体到某一本教材选择多少课文，不同级别课文的长短，每篇课文安排多少生字、词语，题材的均衡、练习的难易多寡等，甚至字体大小等，都是编写过程中必须慎重考量的问题。在《复兴国语教科书》的"编辑大意"中，作者说："本书各教材分量支配，不论文体内容，均与标准适合；本书每隔数课，练习一次，以期增进读书教学的效果；本书选字用语极为审慎，生字分配，又极为均匀，注音标声十分正确。"

不仅如此，沈百英在课文编排时，还考虑到与时令节气的契合。他吸取前期设计教学法的经验，在教材内容安排上，还注意到学科之间的联络，这不仅为教育者的施教提供便利，也大大提高了儿童学习的效率。而且，在每部教科书的编写过程中，他都另行编写指导用书，给予教育者必要的参考资料和基本的教学指导。

沈百英还是推广普通话最早的倡导者和实践者。在他看来，语文是学生学习语言的一门学科，这就要求教材的语言一定要用普通话和语体文编写，这也是教育现代化的基本路径之一。如此，儿童在学习国语时，就容易明白。比如苏州人说"不干净"叫"避遢"，教材语言就可以改为普通话"肮脏"。教材使用普通话，学校里说普通话，以普通话为教学用语，儿童初进学校就接触普通话，这对他们的未来发展至关重要。

最早的国文、国语教科书中，用字极为自由，不受任何限制。到商务印书馆编辑《基本教科书》的时候，就必须严格执行部定"小学分级字汇"的规定，不能随意超出规定的范围。当时的规定是，一年级566字，二年级644字，三年级737字，四年级764字。教材编写时，如果在本年级内不够应用，可以使用到高一年级的字，但至多不能超过65%。为此，沈百英历尽艰辛，在广泛阅读外文文献的基础上，按照分级词汇的要求，成功解决了这个教材编写的学术难题。

三、社会科教育的开创之功

我国小学社会科诞生于新学制和课程改革之中。1923年6月印行的《新学制课程标准纲要总说明》规定："小学前四年卫生、公民、历史、地理合并为社会。"一般认为，这是我国学校教育设置社会科的开端。

当时的一些教育者借鉴美国做法，立足教育实践，对课程目的、课程编制、教学方法和评价等问题进行了系统的研究。这些研究之中，沈百英的《小学社会科教学法》影响最大。在序言中作者说："小学课程中增设了社会一科。当时小学教育界上，很有许多人不知设科的目的何在，更谈不到如何教法的一层。……大家不肯仔细研究，以为社会教学不过如此如此，弄得把社会课本当作图文书读的也有，当作故事讲的也有，闹成笑话百出，弊窦丛生。"社会科究竟该如何教，作者试图"贡献一些意见"，于是便有了这次写作。

《小学社会科教学法》由商务印书馆出版，初版于1929年。全书共十章，内容涉及社会科目的、课程编制、教材编选、教学方法、教学评价等多个方面。这是新学制实施以来的小学社会科研究的总结性著作，全面反映了当时社会科的教育实践和理论探索。是书也是出版最早和再版最多的社会科教学法专著，对在社会科教育教学具有开创之功。

（一）儿童本位是小学社会课程价值的根本取向

沈百英深受杜威实用主义的思想影响，对"并不在使儿童读许多书，得许多丰富的知识，而在养成将来应用的能力、技能和习惯""寓求知识于养成习惯之中"的教育主张极为认同。在《小学社会科教学法》一书中，处处顾及儿童的生活、兴趣、能力和需要，并根据学习心理的研究结果而指示组织教材、运用教法。作者说，社会中的事物都可供儿童做教材，但社会在不断的变化之中，用有限的精力和时间研究无限而多变化的社会，既不现实也无可能，这就需要采取提精挈华的方法，选材"应是儿童已经观察过并有深刻印象及若干知识的"，程度必是"儿童能够模仿、演习、陈述的""能养成儿童处事的正当手腕及精明的头脑的"。作者倡导以问题为中心的设计教学，问题要出于儿童的兴趣，并与当时的社会生活相联系，要和儿童共同设计、讨论和解决问题。

（二）人人成为合格公民是小学社会科的育人目标

人人都应该成为一个健全的公民，在小学设立社会一科，目的是为了从幼年时就使他们学得社会的知识，养成探讨社会问题的习惯与态度。为此，《小学社会科教学法》开宗明义，在课程目标中提出了八项具体规定：

1. 使知社会的过去及现在，远及近的情形，和社会与人生的关系。

2. 培养儿童观察社会的兴趣，指导对付社会的方法，及尽力促进社会的精神。

3. 使儿童明了人类征服自然环境的事迹。

4. 培养儿童有革命的思想，努力改造社会，誓雪国耻。

5. 有促进家庭、学校、家乡、国家的幸福和志愿。

6. 有服从法律和尊重领袖，尊重他人人格的精神和习惯。

7. 养成社会生活的必要习惯。

8. 有维持健康的种种常识与习惯。

这样的课程目标虽然受到当时各种思潮的影响，渗透着社会主流价值观对学校社会课程的影响，带有明显的时代印记，但它强调通过人类历史的学习、现时社会生活的研究，培养有适于社会的人——健全、负责、有民族精神的社会公民，兼顾了认知、技能和情感态度价值观等多个方面。

（三）综合性、活动性是社会课程的根本性质

在杜威看来，儿童生活是一个整体，一个总体，而多种多样的学科便把他的世界加以割裂和肢解，已经归了类的各门科目是许多年代的科学的产物，而不是儿童经验的产物。社会是个复杂的系统，各种社会现象和问题也有综合复杂的特性，这就决定着对社会现象和问题的认识，必须综合运用各科的知识，如此才能获得完整的认识。也因此，打破学科之间的界限，以综合的方式组织课程更加符合儿童的心理特点。

沈百英认为，社会科虽可分为公民、卫生、历史、地理四科，这是为了教师研究的便利，但研究起来不可缺略一科，否则就不必要有什么混合的社会科。实施上应该把它们打成一片，用"中心联络"和"设计联络"的方法，能把散漫的知识集合起来，联成整个的设计教学，才能合于设科的目的，使儿童获得整体的认识。在课程编制的纲要部分，作者有意打破了历史、地理等学科体系，以个人、家庭、学校、地区、中国、世界为线索，涉及个人生活、国家大事、人类历史及国际关系等

各个方面，实现学科融合，培养现代公民的责任意识。

社会科的综合性特点也决定着其内容的选择和组织安排不能局限于教科书，而要"以社会上的活动作材料"，通过"实行调查""收集疑问""日常谈话""布置环境""研究时事"等发掘课程资源。以儿童的生活经验为起点，强调与社会生活的联系，用观察、调查、收集、演讲、讨论、游戏、模仿、表演、装排、参加、集会、展览、实习、制作等活动方式，培养学生的行为习惯，实现公民素养的涵育。

四、对学科教育法的深耕细作

新课程改革风起云涌的当下，全科教育成为小学教育领域中的一个热门词汇。所谓全科教育，就是把小学阶段的各门学科进行整合，使学生能接受完整系统的教育。本质上说，全科教育的提出是对分科教育纠偏与升级，要求教师既要有"专"的知识，又要有"全"的思维，实现全人教育。其实，这种理念由来已久，早在一百多年前，以沈百英为代表的一批教育者就对全人教育进行了最初的探索。

20世纪20年代，西方现代哲学、教育学和心理在中国广泛传播。在中国教育现代化的进程中，沈百英受到杜威教育哲学和克伯屈的设计教学法的深刻影响，从儿童心理出发，开展了一系列教育探索，这其实就是当下全人教育的先声。

在沈百英看来，小学是基础教育，小学教师是教育的奠基人。如何培养大批合格的初等教育人才，是我国的一个重要问题。作为一名小学教师，除了要具备小学阶段的各门学科知识和教材外，还要深入研究小学各门学科的教学法，掌握教育教学的基本规律和方法，从而提高课堂教学的成效。在他奉献小学教育教学的七十多年里，总结了一系列各科教学法的成功经验，并将这些经验写成论文和专著，成为现代教育史上的重要文献。如《小学国语教学讨论集》《小学说话科教材和教法》《小学社会科教学法》等。

新中国成立后，沈百英担任华东师范大学教育系教授，专攻小学数学教学法的教学与研究。1989年，在助手梁镜清老师的协助下，沈百英将自己多年对小学数学教学法的研究成果整理成《小学数学教学法》一书，由华东师范大学出版社出版。沈百英的数学教育方法和思想，对我国小学数学教育进步与发展，影响深远，值得细细地梳理和借鉴。

（一）教学法是提高教学效率的根本保证

在商务印书馆做编辑的时候，他每次编写教科书，都会另编指导法一套，供教师们在教学的时候参考。不仅如此，他还发表过许多关于学科教学法的文章，出版了专门论述教学法的著作。

在小学数学教学问题上，他常说清末废科举兴学校以后，小学里虽有算术、珠算两科，但因为教材不当，教师难觅，教学很难令人满意，以致学生成绩不合理想。随着时代的进步和教育的发展，教材的科学化和教法的兴趣化理应受到教师的重视。在教学方法的改革上，沈老反对教师只当"演员"，只研究"唱""做""念""白""走步"等，提出教师要当"导演"，还希望老师们都成为名"导演"。

在沈百英看来："教学法是一门科学，它要求用科学的方法来提高教学的效率。同样一个班级，用同样的教材，如果教师能用生动具体形象、丰富多彩的语言教学，就可以激发学生的学习兴趣，收到良好的教学效果。如果上课时只由教师个人独白，讲得又是枯燥无味，那么教学的结果非但达不到预期的目的，相反还会把活活泼泼的学生越教越呆滞。"

当然，教学方法必须有教育理论的支撑。缺少理论根据的教学方法，是无根之木、无源之水，即使是老教师长时间的经验，也"免不了工人传授学徒的机械性"。反过来说，如果只有理论没有方法，"那也是'只见楼板响，不见下楼来'的空架子，于实际的教育当然没有什么裨益的"。在这个意义上说，方法和理论，相辅相成，不可偏废。

（二）在继承优秀教育传统的基础上不断开拓与创新

沈百英一生教过 10 年小学、5 年中学，新中国成立后，担任大学教授，专门从事小学数学教学法的研究工作，并专讲这一课程，直至 90 岁退休。他在小学数学教材教法的领域中，整整耕耘了 70 年。他创设了口算教学数码网格表，提倡珠算不用口诀，设计珠算指法操，倡导口、珠、笔三算结合等。

沈百英认为，珠算在我国有着悠久的历史，我们应该发扬光大。因此他穷其一生，矢志不渝地对珠算教学进行研究，成为这个领域的领军人物。1963 年，在北京的"珠算及辅助工具座谈会"上，有人提议三算结合教学。沈百英积极响应，并着手实验和研究。1966 年初，便在《珠算教学研究通讯》上发表了《口、珠、笔三种算法应该合教》的文章。1969 年，他提出的"教珠算不用口诀"的实验又获得成功，受到业界的认可。"先教口算，次教珠算，再教笔算"，经过专家的研判，价值得到肯定，很快在全国范围内推广。

所谓"三算结合教学"，即从一年级起，教师利用算盘帮助学生认数和计算，将珠算与笔算、口算结合起来进行教学，且不用口诀。"三算结合"符合儿童的认识规律，有助于儿童较好地理解抽象的数的概念，为儿童形成数的概念和计算提供了有效的支持，有助于儿童掌握数学运算方法，培养分析问题和解决问题的能力。三算结合教学，大大提高了学生做题的速度和正确率。更重要的是，在小学里采用三算结合教学，还有"调动学生主动学习的积极性、发展学生思维、让学生手脑并用"等优点。沈百英认为，"拨珠计算，由于迅速的要求，非得重视看数快、记数快、运算快、写数快不可。一个人经常受到快速的训练，思维也会快起来，人就变得聪明了。而且能够训练学生具有高度的注意力、观察力和记忆力。"

应该说，沈百英的"三算结合教学"思想，既传承了传统的"珠算教学"，又有新的开拓与创新。

除此以外，在小学数学教学上，还提出了一系列具有开创性的观点，如《小学数学教学法》一书中，沈百英提出了小学数学教学应该遵循独立自学、因材施教和提高质量的三条原则。并强调要加强对课堂教学结构的研究，在他看来，课堂教学是学校教学中最基本的形式，也是学生获取知识的主要途径，直接影响到教学质量的高低。根据自己多年的教学经验，沈百英将课堂分为温故、知新、初练、自评、家活五个环节。当然，不管怎么实施教学，都必须依据儿童的身心特点和学习规律，采取适合国情的教育方法。

结　语

沈百英在儿童教育的各个领域中，都极富创新精神，无论是自己的教育实践、教材编写，还是儿童文学创作，都强调"把儿童看作儿童"，以儿童的发展为根本目的。应该说，他的一生是为儿童奉献的一生。

沈百英先生在缅怀陶行知先生的时候说："他去了，'不能干了'，不得不叫我仍干。我们就老实不客气地依他的主张，切切实实去干吧！"今天的我们，致敬先生的最好方式，同样也是"老实不客气地"依着他们的主张，切切实实地干下去。

第一辑　设计教学法

第二辑　国语科教学论

第三辑　数学教学论

第四辑　小学社会科教学法

第五辑　幼小教育论

设 计 教 学 法

设计教学法试验报告

本志前期所载设计教学试验情形，是由一个学级一个教师在一个教室里试验的情形；本报告是由一个学级几个教师在几个教室里试验的情形，方法不同，结果也不同，因此接续前回报告，再写出来供给大家研究批评。

本报告是把民国十年暑假中江苏一师所开暑期讲习会里附设试验小学的实试情形由笔记中摘要报告；只报告三天情形，做一个代表。所报告的，是用客观的眼光，把经过情形详细记出，各室的设备，如下：

作业室里有：木工、竹工、泥工、纸工、金工、裁缝、漆工、美术、书法等的工具和材料；工作台、小椅、成绩台、装饰品……

游戏室里有：各种球、各种积木、沙盘、钢琴、小车子、各种游戏器具、小椅子……

谈话室里有：演剧用具、动物捕捉器、饲养器、桌椅、书法用具……

清洁室里有：面巾、牙刷、毛刷、漱口杯、镜子……

七月十八日下午，第一天上课，儿童陆续到校。指定放东西的地方，放了书包和洋伞，吾人自由去游戏，有的爬滑梯，拍小球，坐浪船；有的坐在有风的地方乘凉；有的牵了先生的手，好像许久没有见，露出热烈的爱情。笑笑说说，不觉得上课的时候到了，大家先先后后走进谈话室里。

一个儿童（根伯）对先生说："这教室已经变了，先生！前天有个同学帮你装的吗？"说这话时，全级儿童，把小眼睛在四壁游历了一番，窃窃私议道："是的，是变了。"——按教室不够用，重新变动的。——教师就问道："你哪里知道的？"他说："我昨夜乘凉时，他告诉我的。"教师作郑重的语势道："他在很热的天气，肯帮助我装起来，我应该谢谢他哪！"

话方说罢，忽然有个儿童（丽熙）含着笑容说道："先生！我的指甲在放假时剪了，到今天上学才剪呢。"别的儿童听了，大家看看自己的指甲，并且嚷道："呀哟！我的指甲，也没有剪去，快去剪罢。"一齐走到清洁室里拿了剪刀就剪；剪了再刷牙齿，揩鼻子，做番清洁的事情。

回到谈话室，大家找写字的工具，找水，找纸，忙个不了，东西一齐找到，握着笔任意写去；有的写成一个故事，有的写几句零散的句子，有的依了扇子上的字写。写了二十分，教师问："写完了字怎样？"大家说休息。所以写完字的人把一切东西都收拾好了，出教室休息。

休息二十分，吹叫子上课，教师问："人都来了吗？"就有好几个儿童出来数，得十六人，再去查了一查点名纸，说还少五人。数的人举手问教师道："要我去找吗？"教师答道："你要问大家的。"他们就向大家说："我们去找，好不好？"大家以为好，他们就四面去找。不多一刻都找回来了。有的问："你们到哪里去的？"他们带着笑容说道："我们在尚山下荷池旁玩，有趣哪。"教师道："此刻全吗？"数一数，得二十一人，大家说："我们要唱歌，我们要游戏。"教师停了一停说："多少人唱歌？请人来数一数。"得十八人。大家齐声说道："多数！多数！唱歌去！唱歌去!"那提出游戏的人,好像露出失意的神气。到了游戏音乐室大家拣了一只椅子坐着,一个儿童(徐男)对同伴说:"我们先请先生弹一个'老渔翁'歌唱。"大家要求唱'老渔翁'歌,唱了一遍,再唱一遍。再唱'兵戏''小木匠''春''铃声''卖布'等。唱了几次,喜欢表演的,起来表演一下。唱的时候,有的用扇子拍节,有的用脚拍节,一种享受音乐中的快乐都显露出来。"时候已久,快去休息罢。"这种声音又从儿童中喝出,影响到全体儿童都要休息,就休息二十分钟,

二十分已到,吹叫子上课,方才要求游戏的人,就想法运动人家都游戏。结果要游戏的多了,教师问:"人全吗?"数一数,得二十一人,不错。要游戏全级通过,整队成一列圆形走。走的时候做招手、鸟飞等模仿操。教师问:"今天要做什么游戏?"根伯提出拍背游戏。他就做个样子,问大家可以明白吗?大家说:"明白了。"就照样做了一遍,不感什么大兴趣。有半数人说:"我们要换个游戏做了。"游戏法是儿童设计的。教师接着说:"换什么?"一个儿童说:"换传球。"说明怎样传法,怎样比法,演述得很清楚动作很慢。他的用意,务使人家看得清楚,能够弄明白,达他的目的为止。大家看了,似乎比较有些兴味,就照样做二次,提出的又提议道:"又要变个背后传球的法子了。"照样演述范作,照样做一回。

教师说:"时候久了,大家走走罢。"环圆行走,再做许多模仿动作,(模仿操是合于儿童的)带呼吸,带运动各部肢体。

宣布散学,大家回到清洁室里,再洗净了手指和脸子,挟着书包和伞,辞别教师回去。把一天的课,依了旧时的课目归纳起来,可分析如下:

卫生——清洁

书法——含有缀法

音乐

游戏

儿童从各个动作里得到的经验；这经验是比以前扩张的改造的。

1. 运动筋肉，支配游戏品的经验。

2. 知道装饰的必要。

3. 养成清洁的习惯。

4. 一个劳苦的工作后，要有休息。

5. 数的正确观念。

6. 养成少数从多数的习惯。

7. 欣赏音乐的美、表演的美。

8. 要自己的主张成立。先使人家听信；要使人家听信，先须演述明白。

七月二十日，星期三。儿童二十人。上课前，自由游戏。上课时，先做一番清洁的事情。清洁完了，各人要写字，教师就说："前二天写字，今天还是写字，今天的字该怎样？还有昨天写字的时候，先写好的先退出去，慢写好的慢退出去，先先后后，很不行；想个什么法子？"聪明的儿童就想到今天的字要端正些；今天有先写好的再写下去，慢写好的请他明天接下去，一定要一同休息。大家通过。教师再问："今天要写多少时候？"通过二十分钟，陆续到谈话室写字。写字时，有写不出的字，自己到图书橱里去找，或者问同学，有一个儿童（传经）问一个靠左走的靠字。教师说："你想在什么地方有这个字，你自己去找。"他想了一想就出门去看廊牌，回来写成一个靠字，问教师道："这样对吗？"教师在黑板上写个正的给他看，这时他的快活真不可以言语形容。二十分到了，收拾工具，收拾成绩，洗好手，抹好桌子。大家坐齐后，有人提议要听故事，请徐世权讲。他因咳嗽不能讲，请陆根伯讲，他就讲了一个"风"故事。

讲罢故事，想到唱歌。要唱多少时候呢？十分十五分争个不了。结果用数的法子，两方选出一人来数，数的结果，十分的十人，十五分的也是十人。再想一个什么法子，有人说："不必想法子；赞成十分的，唱了十分先出去；赞成十五分的唱满十五分退出去。"决定后，进音乐室。进了音乐室，又要争了，争什么呢？有的要弹琴，有的不要弹琴，教师利用表演的方法去排解："弹琴的，用手势做弹琴的样子；不要弹琴，不做好了。"于是争声就息，开始唱歌。唱'老渔翁''青蛙''早晨'等。十分到了，十分的先退，再俞汝贻独唱，唱'早晨''马儿'。十五分又到了，大家都退出去。休息二十分，自由游戏。

上课时数一数人，二十个不少，要游戏，就去游戏。做什么游戏？要传球，就传球，怎样传？就怎样传。玩了一刻，要定规则了，因为有几个不照规则做，就要使传球不快，于是就定一条规则，球不能丢在地上，丢到地上，罚立五分钟，——他们自己定的规则很严——定罢，继续传球，忽然有个人犯规则了，全体的人都攻击他，要罚他，立五分钟。他哑然大哭起来。大家说饶他一回罢。他就刻刻留心，再也不敢犯规则了。做几次这个游戏又觉得没有兴味，根伯要求做穿圈游戏。他出来对众演述，大概的圈形如下：

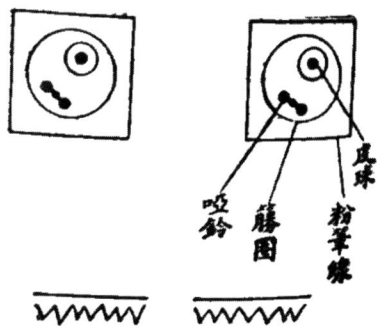

说明方法后，分排二组，比较人数相等，然后比赛了三回，做几回呼吸模仿操，宣布散学。

儿童们整齐了衣服洗净了手面，辞别教师回家，把今天一天的课，归纳成下面几科：

卫生——清洁

书法——含有缀法（书法里有缀法要指导得法）

故事

音乐

游戏

从各个动作里得到的经验如下：

1. 工作要齐一时间，要规定时间做。

2. 有困难，要自己想法解决。

3. 不得已时，想出调和办法。

4. 规则公共定的，应当公共守。违犯规则的应该罚，但是犯规则的，能够自己明白，也可原谅。

5. 领袖才的养成。

七月二十三日。儿童二十人，饭后陆续到校，一时半上课，做清洁的事，清洁后分三组：一组做工，一组唱歌，有一人要游戏。他一看只有一人，他就改做工了，结果分二组：十个人唱歌，十个人做工。各定三十分，唱歌的时而唱，时而表演，时而环圆形，走跟了琴的缓急疾徐做出各种鸟飞、雀跃、划船、撑篙等模仿动作。做工的有人用泥型造范山，造花园等；有人用五彩涂山水风景人物。做工时各人忙忙碌碌找工具，找材料，会议，计划，实行。做成了，玩赏一下，或给同学欣赏，或给教师欣赏，露出一种浓厚的兴味，时候到了，各人收拾自己的用具材料，抹好桌椅，先后退出。休息二十分钟，吹叫子上课。数一回人，忽然有个儿童说："明天有课吗？"大家带着冷笑的神气回答他道："明天星期，有什么课呢？"他就接着说："怎么这一个星期没有念过书？请先生教我们读故事罢。"就拿一课《蚂蚁》（散文）书读了。读完蚂蚁书，再要求读一本，就再读一本《游火虫》（韵文）书，读完散学，各儿童别教师回家。

今天的课，归纳成下列几科：

卫生——清洁

美术——画图、塑造

工艺

音乐

文艺

今天动作里，得到的经验，分析在下面：

1. 工作的经验。

2. 对于自己的工作，要负责任。

3. 欣赏。

4. 欣赏文艺美，乐音美，并认识文字记号。

以上报告，大约依据分系的设计，做到打破科目制、时间分数规律制，这种实验在本暑期内特别试验的。按照平时试验，稍有不同。

兹提出研究问题如下，请海内教育界指教。

1. 这样试行，有什么危险？

2. 各人各科目，能不能调剂？有什么危险？

3. 这种试验，有几点是优点，几点是缺点？

4. 幼儿园能不能照这样办法？

5. 教师方面有什么弊害？要想什么方法补救？

（原载于《教育杂志》1922 年第 16 卷第 6 号）

设计教学法①

第一回　设计教学到中华

　　一个小学教师坐在教室里，听得外面打门声，出去一看，原来是一位生客，导入客厅，对面细谈，问起尊姓大名，客答敝姓设计名教学，乳名泼洛极克脱（Project）。再问府上在哪里，客答敝处原籍美国，十余年前诞生。我的亲族，却散在各国。我从五年前来到中华。当时很受一般人的欢迎。可是大家不问我的性情脾气，替我随意乱吹乱做，以致遭尽地方人士的吐骂。此刻又来一位侨居英国之舍亲道儿登制小弟。他的性格，或有不适宜于贵国，尽不妨在近几年中稍微冷淡些，只因为大家厌故喜新，就此弃我而就他，他也竟会做出香伙赶出和尚的手段，说得我容身无地。唉！教学方法，决不是当作衣服用，今天更一身，明天换一套的，为什么一般好学时髦的人，这样糊涂呢？接问这儿来有何贵干？客答知我者甚多，此来并无别事，拟向诸位谈谈心事，借以联络感情。

---

　　① 本文是在丹阳暑校中所用的讲稿，略述设计教学法的理论，前后共分十回，用小说体编制。

第二回　呆时间表不适用

我看从有学校教育以来，各校都挂着一张时间表，各人照了上课。天下事没有百利无一弊，习用既久，当然有改造更新的必要。我不知呆板时间表为何物，不能道其底细。诸位照着时间表教的，不知对于时间表有何感想；依我旁观者清的眼光看来，似乎有以下几个缺点：

（一）是根据"教育即是生活"的一句话。教育小孩子，就是使小孩子在他的生活中得教育，小孩们的做事是自然的，富于兴趣的，决不是呆呆板板底四十五分做一节事，休息十五分，再做四十五分钟的事，那么诸位保姆们，为什么不爽爽快快地改过来呢？

（二）是根据"生活是整块的有系统的；不是像拍卖旧货的样子，很杂散地介绍给儿童。"那么为什么要呆照着时间表星期一第一节上国文教吸烟之害，第二节上算术教买便宜洋货，第三节上手工做一件无用的纸衣服，第四节图画，临一幅单调的小鸟图，星期二、三、四、五、六天天这样做下去呢？诸位不是爱做整个的事业吗？为什么要把片断的生活、零散的知识教给儿童？

（三）是根据"学是适应个性的活动"。规定好了在哪一时上什么课，强全班人吃相同的菜，藏相同的量。试问天下万人的肚子是不是完全相同？时间表的不适用，不待我细说而自明了。

第三回　教学材料要重选

诸位要知道儿童的胃口，不吃婴孩牌的代乳粉，硬把不易消化的新米饭，装进柔弱的喉管里，不但食之无益而且有害。譬如国文照着教科书上读"士农工商，立法，……"算术照着书上教"命分，比例……"试问这种硬固材料儿童可以吃吗？就是加上研碎的功夫，喂给儿童吃，他们喜欢吃吗？吃了于他的身体上有补益吗？这都是教学上切实的话，我们不可不注意。

第四回　教学方法须更新

不知道我的几世老祖，名字叫作注入法，他教儿童，不问儿童的是非，滔滔不绝地给他们听。这一种硬装的手段，我却不赞成。后来我的祖先叫作启发法，他能痛改前非，把儿童看作有能力有智慧的生物，所有研究资料，都从他们固有的引导出来，比较要有理得多。最近我的祖先叫自学辅导法，性情脾气有些像我，不过不就是我。他不但注重教要有方，并且注重学要有路，重视小孩子的眼光？我实在佩服。我呢，并没有惊天动地的事业，不过把历代祖先遗传下来的法子，探其长而去其短，并适应新时代的新潮流罢了。

第五回　学习态度该改变

从前我的注入法老祖他手下的小孩们，只会竖起耳朵听，瞪开眼睛看，天天到学校里来，不知究竟为些什么；后来在启发法老祖时的小孩，他们只会跟着跑东跑西，自己一无主张；自学老祖时的小孩，他们知道学有步骤、有方法，只因为所吃的东西，是吸收现成的材料，还不能算是满意。现在我的主张，要他们知道学是解决自己生活中的问题，依自己的能力，用自己的思想，探择有用的资料，改造扩张支配自己的经验，这是我个人的主见，并不是万古不变的定律，不知诸位以为如何？

第六回　革命巨子真难当

有人评我天生一副骨相不好，到处加以破坏。什么教材不对，教法不对，学法不对，把一切的精神，一起推翻，这种革命精神，不敢赞同。唉！这种话成什么话，我不是创造家，是集锦派；不是反叛党，是和平派。人们日常做事，像造屋、耕田，做什么器具等靠着我，小而至于小孩们的游戏也脱不了我，不过老着脸子站在教育界上，同诸位握手行相见礼，却是我的新使命。试看小孩们的学习法，除了瞎碰、模仿、记忆三种，都没有多大的价值外，最合用的是一种有计划的进程。我呢，就是这种方法的代表。是适应小孩们的学习，切合人类做事的特点，哪里有革命的气味呢？

第七回　人心不同如其面

我是个和平者，人却说我是个革命军，因此各人发生各种不同感情来对待我，请诸位放大眼光，平心静气地批评一下：

一种人以为我是外国籍，中国文化，是有中国人改造，不配我来插足，这种人理解力太小，心地太狭了，简直不配在二十世纪新文化中生活。

一种人听了我的姓名，就吃着一惊，料想我有一种神妙不可控的绝技，是普通人绝对学不到的，并且说我们是做做小本生意，不配借用这种大招牌的，这班人未免心地太恶，脱不了天然淘汰之苦。

一种人以为我同老祖宗一样的相貌，大概抱相仿的志愿，做同等的事业，我不必化去无谓的心思，做那换汤不换药的功夫，这班人未免太迷信一动不如一静的古训，不肯做弃旧更新的劳工，有福不会享，似太可惜。

一种人比了前几种人好得多，也会照我的主张做过，只因为学生太闹，预备困难，环境不良，做了吃力不讨好，此刻要知难而退了。我却奉劝这班先生们，有机会把我的言行录生活历，仔细地看看；猛着一鞭，不必就此回头。

第八回　因势利导得佳果

小孩们年纪虽小，不要看他毫无能力，他们做事自有他们的目的。

诸位良师，只要放低你的目标，顺应他们的活动，因势利导，达到有系统有组织有社性活动的完善境地，小孩们天天在真实的社会里，具体的事物境遇里过生活，遇有问题就确定目的，组织有用的知识，努力进行，产生一个实在的结果。进行时发生不断的问题，继续研究下去，学得最丰满的经验，这样常做有目的的活动，久而久之，能用旧经验应付新环境；能用旧计划控制新计划，可使人类进化不绝。诸位想想看，我的许多老祖宗，哪一个能够比得上我呢？

第九回　供给环境不可少

活泼天真的小孩子，既不要专在教科书里过日子，又不要专靠老师手里讨生活，要使他们在环境里豁虎跳翻筋斗，顺应环境，创造环境，那么倘使教室里只有几副桌椅几块黑板，使儿童们呆呆地坐在里头，试问能有好问题产生吗？能够度过许多年的生活吗？供给环境是不可少了。请你常帮儿童们到田园中去观察，与自然界多接触，常到市集去参观调查，使社会情形多熟悉，这样还不够，必要组织些小规模的，图书馆、演讲厅、实验室、工作处、体育场，这样还不够，必得创造一种学习历，问题片，使学习不在平面上活动，诸位要实行我的主张吗？这是必不可少的准备了。

第十回　知过必改下决心

我们俩谈得好久了。话也就此结束，奉劝诸位知道有错，马上就改，不能完全彻底改革，也得要逐渐改良起来，直向光明之路走去。将来或有成功，也是诸位之乐，小孩之福，并且可以不虚我来华传道之苦心，诸位呀！慎重些做，努力些做，免得人家发出无根之话，再会罢，再会！

用理论的组织，立表说明如下：

设计教学法（理论）
- 怎样产生的
  - 什么时候产生的 ·······第一回
  - 为了什么产生的
    - 旧时间表不适用·······第二回
    - 旧有教材不适用·······第三回
    - 旧时教法不适宜·······第四回
    - 旧时学习法不适宜·····第五回
- 是什么一回事
  - 就是各原理的新应用，各教法的混合物···第六回
  - 应该破除一切不成熟的批评态度·····第七回
  - 看重做有目的的活动·········第八回
- 怎样着手试行
  - 供给适当的环境·········第九回
  - 拣选容易的先做·········第十回

（原载于《教育杂志》1924 年第 16 卷第 9 号）

什么叫作设计教学

设计教学法，英文叫作 Project Method，它的发生历史如下：自从杜威（John Dewey，1859~1952）博士，创说"教育即是生活"以来，旧教育的方法，完全被打倒。他说："教育即是继续改造经验，不是硬灌知识；是适合儿童的生活及经验，不是死读书本。"这种理论在现代教育法看起来，确是一种不可磨灭的至理名言。可惜只有理论没有见诸实行。后来到 1915 年秋天克伯屈（Kilpatrick，1871~1965），希勒加斯（Hillegas，生卒年不详）两教授和皮尔森（Pearson，生卒年不详）一同参观各校低年级的情形，得到几个改革的问题。他们为了彻底研究起见，再请邦瑟（Bonser，生卒年不详），希尔（Hill，生卒年不详），麦克默里（McMurry，生卒年不详），加里森（Garrison，生卒年不详）女士、麦考尔（McCall，生卒年不详）和侯留门斯学校里的初级及幼稚园的教师合组一个团体，专门研究这事。在 1915 年冬到 1916 年春，每星期里开会一次，讨论这事。直到 1916 年夏起，才开始实行试验。约在民国七八（1918~1919）年间，传到中国。国内方始有人从事翻译介绍及实地试验。到现在对于"设计教学"四个字，在受过师范教育的、当过小学教师的人中，听得熟极了。似乎再谈设计教学要被人笑为落伍者，笑为老生常谈，可以免谈了。的确，设计教学已经行过多年了。可是各地对于设计教学曾否有过好好的成绩？曾否有过精密的试验？恐怕谁也不能回答吧。所以设计教学法，名词虽旧，研究却还值得研究。

此外还有一部分人，没有行过设计法的，也想尝试一回；可是只知其名，不知其实。虽然看过几本设计书，终觉得莫名其妙，看了如同不看一样。虽然参观过几个学校，却终不知底细，不知从何着手。所以设计教学的确还有仔细研究之必要。

实际上设计教学法，不经说破，总以为是神秘难明、妙不可言的方法。一经说破，简直可以不值半文钱的。不信，试举下列各例证明一下：

（一）社会上照设计方法做事的很多，好比一国的治政、治军，都需很周详地计划，很严密地办事。这就是一个大设计。

（二）缩小些说，经营地方上一部分的事业，如造桥、筑路等等。在未做之前必先有计划，已做之后，必造具体的报告，这也就是个很好的设计。

（三）再缩小些说，一个商店的营业，一个工厂的出货，非有远大的目的不可，非有敏锐的眼光不可，非有详细的计划不可，非审察详情的变化而加以改良不可。这种做法，便合于设计的原理。所以设计的名词虽新，其事实我们早已行过，不过自己做了，不自知其为设计而已。

1. 社会上的事，或者空洞难以明了，不妨把范围再缩小些，专述自己一个人的事。那么我可以问你，曾否替自己或帮助别人办过结婚的事？在事前有何筹备，有何计划，有无细账？临时有何组织，请过何人帮忙？事后觉得有何缺点，查出其原因何在？有了这种经验，就可以说你已经有过设计的经验了。

2. 如果你还没有办理婚事的经验，再问你有过迁居的经验么？觅新居时有何标准，曾否用过比较的功夫，一一比较过？在未进新屋以前，曾否打过图样，计划怎样布置？搬动家具之前，曾否一一调查开单，曾否计及时间与经济的节省？迁入新屋后，照原计划实行，有何改革处？有了这种经验，便可算有过设计的经验了。

3. 如果你是享受祖宗传下来的遗产，无须有迁居的一回事，并且从来也没有帮助别人做过，那么再问你曾经出门办理过重要的事么？出门之前有何准备？到了目的地有何计划？事后有何追想？若是有过这种经验的，便可以指导设计了。

4. 如果出门是常有的事，总是要走便走，要回便回，从没有设计过。那么再问你曾经独立著过一本书，或是做过一件衣服，或是做过一件用品么？在未做之前想到做成后的愉快如何？计划、考量、分配、组织如何？进行时如何热心？如何克服困难？如何随时修改计划？如何审查结果？无论什么事中，只要你做过一种的，便有设计的经验了。

（1）此刻还可以不把平常的事作证明，就把教授的事来说一说，看有没有设计的事情做。先问你有没有指导儿童表演过一回？剧本怎样找法？怎样读法？怎样分配角色？怎样分头练习？怎样制作用具？怎样预演？怎样批评？只要你做过一回，指导设计时就有经验了。

（2）即使没有指导过表演，再问你曾否和儿童开过一次会？不论其交谊会也好，庆祝会也好，只要你会指导他们在事前应如何筹备，当时应如何分任职务，事后应如何收拾等。如果做过一回的，你也有设计教学的经验了。

（3）如果也没有做过，再问你曾领导儿童解决一回困难的问题么？如果做得多了，那就可说有相当的经验了。

因为设计教学，我们常常接触到，或做过而不觉察，即使觉察而不知这就是一个设计。所以见了设计教学一个名词，觉得十分新鲜，十分奇特。如果把它一经说破，恐怕"设计"两字，就不值半文钱了。

照前面所说："设计"是自然的活动，自然的教学法，那么为什么大家不走这一条路呢？这是因为大家已经走错了方向，专向读书上做功夫。想到读书，不得不识字；想到识字，不得不研究音义；想到音义，不得不研究说文，一步逼紧一步，把活的教学法反而弃之不顾，真是可惜之至！最近给杜威博士、克伯屈博士等站在十字街头用力一呼，大家才醒悟起来，向着光明的路上跑了。

不过这里要申明，并不是人间一切的事业活动，都可以认为合于设计教学的原理。设计法必须要有目的、有计划、有实验，而有社会价值的活动，才能称为设计教学。以下更举几个例子来说明一下：

①一个人走到图书馆里，随便拿几本书看看，查查这一本也不对，那一本也不对，只是胡乱翻了一阵。这种动作，只可以称之为"盲撞"，不能叫作设计。因为这种动作没有目的的缘故。

②第二个人跑到图书馆里去看书，他有一定的目的，想把一部伟大的丛书看完。可是他想从头看起，觉得工作浩大，一时不易进行；倘从中间抽阅几本，又怕没有头绪；到底踌躇不决，莫衷一是。这种动作，只有目的，没有计划，也不能叫它是设计。原来设计一词，本意就是计划的意思，没有计划的动作，当然不能成为完全的设计。

③第三个人阅书更精密了。他的目的是想参考许多书，解决他最近对于编辑国语书的问题。他的计划，想由自己先开一个书目，再逐本约略看过一遍，然后请一两个人来帮助他，把重要的材料摘录下来。可是今日想、明日想，把计划越想越周密，越想越觉得问题变多，到底没有实行。这种动作，也不能叫作设计。

④第四个人在未进图书馆前，先定阅书的目的，更计划阅书的方法、规定实行的步骤，一一斟酌完善了，开始进馆阅览，一天一天地继续着。可是一查他的效果却又令人大大地失望。因为他所看的书，不是有价值的书。他不想看了以后，帮助他解决什么问题，不过他想借此阅书时间，消磨他的游荡光阴罢了。这种对于社会无价值的动作，在教育

方面讲也不得谓之"设计"。

⑤最正当的阅书法（合乎设计原理的），先根据他从环境中发生的问题决定解决问题的目标，计划查阅参考书的类别和方法，更检出适用的书名。然后走进图书馆内，依了计划实行。一壁检查，一壁随时变更方法，使效果逐渐加快。把一切的书查遍了，他的问题也从此可以解决。解决的问题，便可贡献于社会，应用于各地。这种活动，才是正当的办法。

本章总结：一种教学能有目的、有计划（包含有方法、有系统、有组织等各小目）、有实行、有社会价值的活动，才得称为设计教学。简单说来，就是事前要有计划，当时要有方法，事后要有追想，能三思而后行，才得称为完善的设计教学。

（原为《设计教学演讲集》第一章，上海：商务印书馆1931年版）

设计教学与非设计教学有什么不同

一、教材的不同

最初的教授，依了呆板的时间表上课。有书的，用划一的教科书；没有书的，随教师的自由，教师喜欢教什么便教什么，没有所谓一定的教材。当时上起课来，譬如星期一第一节上修身，教授"扶助老人"故事；第二节上国文，教"农人插秧"；第三节为顾及调剂心力起见，上一节图画，教些简单的"果品临画"；下午第四节上算术，教油盐柴米的习题，以为合于实用主义；末节上体操，调剂用脑的疲劳。星期一如此，星期二、星期三一直到星期六，除了科目不同外，其余大部分都如此。总之，第一节与第二节的教材，毫不相关；第二节与第三节间，也没有什么关系；无论哪几节并在一气，总找不出一个共通的目的来。所以我们如果把一天的教材令儿童一字不漏地背下去，简直同疯人说疯话一样，奇怪到不知什么一回事。这种情形，我们一查便知是不合理的。

不但各科间毫不相关；即就一科而论，它的前后也不相联络。例如，某教科书里有相连的几课，是"家信""瓷器公司""纳尔逊"，试问这三课之内，有什么目的贯通其间？为什么要这样的排列，恐怕编书的人除了答复因为生字的关系外，无法可以自圆其说了。

多年以后，觉察这种方法不合适，便改用联络教材的方法，把一种科目作中心，把其余的各科目都联络上去。普通以自然、社会两科作中心，其他都环绕中心联络上去。例如自然科研究"猪的生活"，读文①就教"三只猪的故事"，作文做"小猪的快乐"，算术计算"猪肉的卖价"，美术画"老猪和小猪"，手工用泥做"猪"篾做"栅"，唱歌唱"小猪争食"……这样教去，使儿童明白无论什么科目，都是做一件事情，知识可成整个，思想亦有系统，比了散列的教材，方法上进步得多了。

可是这种方法，照现在的教育理论看来，也不能称为健全的教法。因为这种方法只能使各科间有相关的学习，还不能打破科目的界限。如果有人问到，所有的教材为什么这一课要教这种材料，那一课要学那种材料，为什么要这样地跟它联络？恐怕就无话回答。因为这种教材的规定全操教师手里，与儿童本位的主旨是恰相反的。

再进一步，就要谈到现在的设计法了。设计法是以问题做出发点，依问题搜集材料编著材料。学习时什么人需要参考什么书，可全视儿童能力为标准。学习的进行，是一贯的进行，中途需要哪一方面的知识技能，就学哪一种知识技能，无所谓联络不联络，更无所谓科目不科目。只是整个的活动，整个的吸收知识，整个的学习技能。

简括地说起来，用分裂教材的时候，教材是成人化的，是教师授给儿童的。用联络教材的时候，虽然能够顾到一些儿童心理，但是教材的来源还是教师定的。现在采用设计方法，完全根据儿童的需要而供给相当的教材，其来源纯由儿童自己去吸收的（读文、算术等科，其教材虽

① 读文，即阅读。——编者

然由教师编著，由教师供给。但是供给之目的，并非盲目地注入；而是审察儿童的需要，供给于发生学习动机后用的，所以可说这种教材是儿童自己吸收的）。

二、教法的不同

教学法的变迁，最能引起我们的注意和变动得最显著的有注入法、启发法、自学辅导法、设计法四种，现在把它们一一比较如下：

注入法

初办学校，一般教员们不知教法为何物，一味把自己的经验（或书本上经验）教给儿童。不管他们懂不懂、要学不要学，教师只管教，儿童盲从学。好像工厂、商店里的师傅传授本领于徒弟一样。这种教法，就叫注入法。教的方式，大概如下：

教师讲—学生听；教师做—学生看；教师板示—学生抄录；教师考查结果—学生背诵、默写。

照上面的教法，如果教师毫无动作（不讲、不做、不板示、不考查结果），恐怕学生不是呆若木鸡，便是胡乱妄动。这种教法，无论什么人，都能看出是不适用的。

（一）教师为动作的主位，学生为受动的客位。好像教育是为了先生要教，并不是为了学生要学。学生不过来听说书，学乖巧而已。

（二）教师用力多而收效少，教师在讲坛上忙个不了，学生却呆坐冷看，过一天是一天，临毕业不过认识了几种符号。

（三）一切教材教法，纯以教师为本位。学生运气好，遇着一位好教师，可以学得些小本领；倘使不幸而遇着差一些的教师，那么，他们的成绩就不可问了。

（四）学生没有目的去学，所以教授顺序中要有指示目的的一项，学生不晓得要学什么，所以有提示教材的一项。学生没有本领去嚼烂这种教材，所以有示范说明的一项。学生听了还不懂，看了还不会做，所以有模仿抄写的一项。教授法固然替学生想得详尽极了，只可惜教师把学生看作算盘，拨一拨，动一动，太嫌汩没①儿童的本能了（注入法不是完全无用的，在现在的新教学法中，也有一小部分可以利用，在此不得不补说一句）。

启发法

注入进去的法子不好，倒过来就用启发出来的法子。教师做引诱者，儿童做被"骗"者。"骗"得得法，师生兴会淋漓；不得法，徒费时间和精力，做了一套无谓的把戏。此刻也举一个例子来说明：

（一）教师预备教某种材料，用问答法引起学生学习—有少数因被催眠而应答；

（二）教师告诉他们应该学什么—学生答应了去学；

（三）教师叮嘱他们应该怎样做—学生照样做；

（四）教师要结束问题—学生抄写表式。

这种方法，比了注入式好些。因为教授时要根据儿童的旧经验，用相当的问语启发出来；等问得有头绪了，再把新教材教给他们。其利可以得到比较有目的的学习，可以督促懒惰的、不努力的人，引他认真学习。但是其弊却也很多：

1. 一句直接痛快、一说就明白的话，偏要扭扭捏捏设问取答。极其弊，教学的时间多半费在问答上，而儿童所得无几。

2. 启发法以教材为本位。定了教材，想方法去引起动机。有时找不到好动机，就用假兴味来引起。以致学生对于学习的态度，愈趋愈下，竟至以学习为娱乐，启发教学成为戏法教学了。

3. 教师启，学生发；教师不启，学生就不发了。好像电和汽油引

---

① 汩没，埋没的意思。——编者

擎制动机器似的，制则动，不制就不动。教育的功夫，侧重在教的一方面。

4. 学生对于教材，没有感情去学，教师硬教他学。在前用指示目的，现在用决定目的了；在前用提示教材，现在用提供教材了；在前用示范说明，现在用问答说明了；在前用模仿抄写，现在用摘记要项了；在前用背诵默写，现在用练习应用了。面目虽换，到底还是这副骨骼。

自学辅导法

从注入法、启发法后，又有所谓自习法者。因为学习由教师注入固然不好，由教师暗示启导，也觉得不对，非纯由儿童自己活动不可。于是就想出种种方法，这样叫儿童自学，那样叫儿童自学，想尽种种计划，使得他们无所不自学。好比令儿童学习国文，因为生字的音义不能自己学得，便教他们使用字典的方法。后来又觉得用这方法纯由儿童自己自学，没有先生帮助，简直行不过去。于是又把它修改一下，叫作自学辅导法。师生的动作方法略如下：

（一）教师定好教材启发学生学——学生去预习；

（二）教师批评预习的成绩——学生自己修改；

（三）教师指导学习的步骤——学生互相练习；

（四）教师判断练习的结果——学生摘记要项。

这种方法以学生自己学习为主，教师指导为宾；以自学为经，教授为纬。比了注入、启发果然胜得多，但是我们还不满足，因为它免不了以下几个缺点：

1. 自学不过将现成的材料受教师的辅导，然后设法去学习，到底是部分的自学，形式的自学，受支配的自学，不能叫它真正的自学。

2. 学习的材料和方法都由教师支配，只能用一班的或分团的学习，不能适合个性的学习。

3. 自学辅导法，由儿童自学，教师辅助。万一儿童不能自学，或者没有自学的兴趣，那教师的辅助尽归失败。

设计法

在现在看来，比较完善的方法要算设计法了。设计法的产生固然受着教育思潮的影响，但是也可以说是自然的趋势。指导起来，利用环境引起儿童学习的动机，教材务求切合于儿童的需要，使儿童发生动机后，能自定目的和计划，并很愿意去解决真实而有价值的问题，因此获得全活动中整个的经验。此式也可举例说明如下：

（一）儿童看到别人放纸鸢,自己也想做一个,便准备做——（动机）

（二）做的步骤不很明白,请问教师——⎫

（三）打一个图样——　　　　　　　⎬（计划）教师指导他们做

（四）收集做纸鸢的材料——　　　　⎭

（五）实行造纸鸢,有困难自己想法解决⎫

（六）做好了试放,放不高,修改——　⎬（实行）教师帮他们成功

（七）放高了,觉得很满足（欣赏）——教师欣赏他们

这种方法，至少有下面几种好处：

1. 是以一种主要目的做根据，去组织知识、利用知识。像纸鸢的设计，拿做纸鸢为目的，搜集相关的材料，吸收丰富的知识，是一贯的学习，整个的教法。

2. 养成很好的学习态度。自己好像是一个工程师，又是一个劳工，一切问题都由自己解决、自己实行、自己判断，将来到社会上去，能做一个有能力的人。

3. 这种教法能适应现在的生活，并能预备将来的生活。

4. 儿童在此富于社会性的活动，适合现代教育的主张。

5. 可收知行合一之效，与做、学、教之原理相符合。（本节转录《教育杂志》，作者所著《小学教育概论》中一小段）。

三、学法的不同

（一）设计法的学习是有动机的

儿童的学习并不是受教师的压迫，也不是受教师的诱引，完全由他们自发地活动。他们要读书，就去找了书读；他们要做工，就去找了工具材料，拣定一个地点工作。他们因需要而工作，因工作而得到知识和技能，完全出于自动的。

即使有时候不能像心适意完全趁着自己的目的去学习，但是至少须根据他们的自发活动，迎合他们团体的需要而活动。比教师本位的学习总好得多了。

（二）设计法的学习总是有目的的

从前的教育，儿童不明白为什么要到学校，只不过受不了父母的驱策、教师的威迫，不得已而来求学的。儿童进了教室，教师教给他们种种书本、种种技术。在儿童看来，不知为什么要学这种功课，只不过因为教师教我这样学，我就这样学了。至多可以说一个远大的目的，希望将来能做一个"一笔写算""写信不求人"的商人；或者做一个"一旦豁然贯通""博闻强识"的学者；甚而至于只迷惑于"万般皆下品，惟有读书高"的文人——消极说来，就是造成一个废人——现在在设计教学陶冶下的儿童，他们对于学习的态度却完全不同了。

他们进学校，为了可以满足他们的种种欲望。他们要游戏，家庭、邻里间缺少伴侣，缺少年龄相近的伴侣，缺少玩弄的器具，缺少指导鼓励的人，于是不得不找一个比较适合的地方。学校就是满足儿童运动的地方，所以儿童们肯自动地到学校里来。儿童还喜欢听有趣味的新闻故事，看有趣味的图画书报，家庭间没有人供给，社会上没有设备，他就

烦闷起来。现在学校内能供给环境，能满足他们的需要，所以他们愿意
到学校里来了。其他如儿童喜欢考察事物的究竟，喜欢发表，喜欢工
作，喜欢歌唱一切的欲望，在家庭、社会间，都没有相当的设置、相当
的指导，所以他们自然而然喜欢到学校里来了。他们的目的，不是像从
前专为将来而学习，是为满足现在的需要而学习。虽然这种学习，不过
游戏、工作、讲故事等等，纯属儿童的兴趣。但是照教育的目的，的确
只要这样就够了。我们可以从游戏中教学一切知识，练习一切技能，开
启各人的思想，陶冶各人的品性。无论哪种教材，只要从儿童的兴趣上
出发，便会达到成功的目的。所以说，现在的儿童在校学习，是有自己
的目的的。

（三）设计法的学习是肯努力的

从前儿童读书，只知道教师教他什么，他就学什么。教科书上说
东，他们就东；教科书上说西，他们就西。先生不去领导他们观察一
切、研究一切，儿童也不会去实地学习一切，完全唯教师之命是听，其
方式可得图解如下：

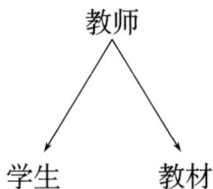

教师

学生　　　　教材

学生要得教材须向教师去取，教师有了教材，不能直接交给学生，
必须经过教师的手。有时教师疏忽一点，很容易把十分的教材打一个一
分不值的大折扣。如此教授儿童，儿童有何好处可得呢？弄到结果儿童
对于学习的态度完全变成敷衍教师的场面。如果教师不用威严的管理、
强迫的背默，也由儿童自由学习，恐怕学生就要逃之夭夭，学校就要关
门大吉了。

现在呢？儿童的学习，为他自己而学习。他要解决问题，不得不去观察研究，不得不去查阅参考图书，不得不去请问同学。有的问题实在难了，然后来问教师。教师差不多是一部字典，备学生翻查用的。他们需要的时候，来翻查；不需要的时间，可以不问不查。

学生对于教材，教材对于教师的关系如下图：

学生

教师 ←——→ 教材

学生要教材，不必向教师索取，尽可以自己去找。如果自己找不到来请教师找，教师亦可以帮他们的忙。如此教法，儿童的自动能力自然丰富，将来离了学校，不见了教师，自己也可以学习了。

（四）设计法的学习是肯互助的

从前的教学，学生有条不紊地坐着，教师很辛苦地在台上讲着。先生开一声口，几十个学生同时听着；先生示一个动作，几十个学生同时看着。这样教法，似乎再经济也没有了。可惜教师太热闹，学生太冷静，变成了只有教而没有学。即使教师有时要考验考验，发出一种轻而无力的问题，令儿童回答。问到何人，即起立答复；问不到的人，要答而不能答，答了反而要受罚。这种方法，只可以当作玩木偶戏。教师牵着谁的像，谁即动一动。教师不牵，学生便可不动。教师与学生的关系简直同主人对仆役一样，谁都知道是不合用的，现在可把简单的图形，表示如下：

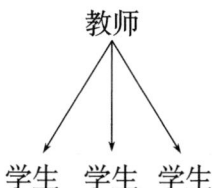

教师

学生 学生 学生

现在设计教学法的学习，不但教师与学生互相有关系，而且学生与学生相互间也有密切的关系。如下图：

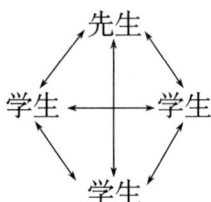

$$先生$$

$$学生 \longleftrightarrow 学生$$

$$学生$$

一教室中，不论教师与学生，都是团体中的一分子。甲长于什么课的，其余的人都可以请他教。乙善于什么计划的，其余的人都可以举他起草计划。教师的地位，不过等于一个大学生，备最后的质问。有时教师遇到不能解决的问题也不必大惊小怪、仓皇失措。尽可以共同设法，协谋解决。师生间与同学间，完全处于互动的地位。这种学习，其价值自然大了。

本章总结：设计与非设计的比较，列表说明如下：

	非设计法	设计法
教材来源	书本上的材料	环境中的事物
教材内容	枯燥无味的成人经验	富于儿童兴趣的生活材料
教材组织	零散而片断的	联络而成整块的
教学作用	先生灌输，学生领受	学生自学，先生辅助
教学态度	教师为万能博士，是天生的知者，学生为一物不知的动物	教、学、做合一，师生间共同合作
教学方法	划一教授，不问个性	发展个性，自由学习
教学过程	教师的方法大概是预备、问答、指示、目的提示、研究整理，应用前后是一贯的；学生学习的程度只和教师教授顺序相呼应，自身前后完全不联络的	教师的指导完全跟学生的活动进行；学生发生动机，教师捉住动机；学生决定目的进行，教师指导方法，供给材料学生实行；教师辅助学生完成工作，教师欣赏或加入批评

（续表）

	非设计法	设计法
教学形式	师生间的买卖	社会化的学习
教学结果	造就能动的书库	养成健全的国民
学习目的	或者漫无目的或者远在将来的目的	目的在于解决自己的生活问题
学习方法	静听、模仿、熟读、背默	游戏、故事、工作、欣赏、研究
学习进程	上一时学一科	继续不断地解决问题
学习形式	共同学习绝不分开	有各个、有分团、有全体的学习
学习结果	求得死学问	学得活学问
学习场所	限定在教室内	教室内、教室外、社会上，并不限定

（原为《设计教学演讲集》第二章，上海：商务印书馆 1931 年版）

欲行设计应有何种物质的环境
与非物质的环境

设计教学，完全由儿童从环境中发生的问题加以研究，作为教材。所以设计教学与环境的利用，有很密切的关系。利用得法，设计问题源源不绝，研究兴趣越学越增高；反之，不会利用环境，研究问题无从发生，学习材料就觉枯窘了。

一、物质的环境

（一）固定的（教室内、桌椅、黑板、窗、帘等除外）

1. 工具——剪刀、刀、锯、锥、斧、锤、毛笔、铅笔、泥工箆、泥工板、缝针、尺、订书机、砚、水盂、蜡笔、钳、斫刀、刨子、浆瓶。

2. 材料——各色布、各种线、各色纸、硬纸、木板、铅皮、铁丝、铜丝、竹管、黏土、棉花。

3. 教具——读文用：故事画、儿童图书、阅读架、读者姿势图、文字练习片、表演服饰及道具。

工作用：工作图、欣赏画片、美术参考品、工具架、材料橱。

游戏用：玩具、积木、沙箱、洋娃娃、小家具、秋千、浪船、跷跷板、滑桥、木马、皮球、红绿带、旗子、藤圈、豆囊。

园艺用：昆虫箱、植物箱、动物箱、鸟笼、家畜笼、喷壶、铲、锄、锹。

卫生用：扫帚、畚箕、拖把、抹布、洗桶、面布、牙刷、镜子、衣刷、体重计、身长计、痰盂、急救药品。

音乐用：钢琴、铙钹、小喇叭、小鼓、小笛、留声机、小铃、拍板、小锣、木鱼。

算术用：练习片、积木、尺、秤、升、斗、戥、计数器。

常识用：标本、模型、地图、风俗图、肖像图、表格、炊具、饮食器。

4. 装饰品：国旗、党旗、级旗、欣赏画、镜框、布告板、奖旗、轴对。

（二）变换的：

1. 征集品：种子、钱币、票据、邮票、车票、纸匣、布样、纸料、各种实用品标本。

2. 赠送物：函件、通告、广告、报章、样本、样品、杂志、纪念品、纪念刊物。

3. 成绩品：本级的成绩、别级的成绩、别校的成绩，都可当作学级新闻用。

（三）偶发的：

1. 索取的。

2. 交换的。

二、非物质的环境

（一）长期的：

1. 行事历（详见课程项）

2. 问题录——在平常上课时，有人提出了问题，当时来不及提出研究，即录在另一板上，以便日后提出研究。其项目为："提议人、问题、研究大纲"三项。

3. 新闻摘要——每天把重要的新闻或可作教材的各种常识摘录出来，作为共同研究的资料。

4. 晨会、夕会——每天课前开一次晨会，课后开一次夕会，时间大约以三十分钟为限。会中各人随意谈话，由此可得许多研究的问题。

5. 团体集会——如交谊会、联欢会、娱乐会、周会、竞赛会、运动会、相亲会、纪念会等，规定办法，依次进行。

（二）短期的：

1. 来宾演讲——有远来客人或本地教师莅校参观时，即可利用机会，请他演讲。

2. 出外参观调查——举行一次参观调查，可得许多研究问题，增进经验不少。

布置环境的要点：

①行设计教学是否少不了物质的环境？

有人说："现在教育经费十分困难，学校经济不充足、设备不完全，怎么好行设计呢？"我可以回答说："一校能有富裕的经济、完美的设备当然最好。如果经济不多，可把重要的工具先买一套。如果一点钱也没有也不要紧，只要教师能够想法。工具可叫学生从家里带来。没有标本模型可以多到校外去观察，向大自然去索取一切知识。倘肯尽心尽力地做去，困难自然会解决的。"

②不好的环境，怎样改造？

把这一个问题讨论起来，也就是一个很好的设计。例如，儿童感觉到教室内少装饰，他们就会想法从家里带些物品来，或者买些材料来自己做，或者收集些自然物来装饰一下。总之，环境不患不好，只患不去设法改造。

③有了好的环境怎样去利用？

没有好的设备固然是困难的问题。如果有了相当的设备，而不知利用，结果还是等于没有一样。

利用的方法有七种：第一，要把工具材料储藏得很有次序，使随手取物一取便得，无搜索拣选之劳。第二，要把所有的设备保管得很周密，使日常应用物品不致散失。第三，所有设备用品，当依其性质而分别秘藏与公开（如测验材料须秘藏，工具须公开）。第四，如玩具、教具，须变换陈列，时常造成新境遇。第五，为便于设计教学的参考起见，最好于一室中布置一个集中的装饰处，好比商家布置橱窗一般。第六，所有设备，其整理、添购与布置之责，师生当共同担负，并作设计材料。第七，无论购备一物，装饰一物，均须顾到是否合于教育、是否合于艺术、是否合于经济三方面。

本章总结："没有钱，好靠天"，把这句话来说到校内的设备方面再切合也没有了。奉劝没有钱的学校不必灰心，尽可以向天然界去探求一切学问。

（原为《设计教学演讲集》第三章，上海：商务印书馆1931年版）

设计教学有多少种类

各地试行的设计方法，各因时地而不同，大体可以归纳成下列几种。

一、混合设计法

这一类设计是最完善、最切合教育的原理。不用时间表，不用教科书，也没有固定的课程，全靠环境上发生问题，随各人的个性和好尚而学习。试用这种方法，第一要环境好、设备多；第二要教师能力强；第三要使学生受过相当训练。否则，搅乱一场，毫无成绩可言。

自由选习的设计教学法　一级里程度不齐，不能划一教授。各人嗜好不同，不能用同一的时间表、同一的教材来教授。各人的能力和兴趣各各不同，不能在均齐划一的时间内结束，又不能抑制各人特殊的兴趣，又不得延长时间，唯一的办法，只有采用自由选习制的设计。现在举个实例如下：

教室里布置了各不同的设备。在开始作业后，各室开放，任人自由出入、自由工作、游戏，恐怕他们太流于嬉戏，不能养成正当学习的态度。就用两种限制的方法：第一种是预定作业的限制——在前一日的最后一课，分团预定明天的作业情形。定某种工作须在某教室作若干时间，定某种游戏须在某教室练习多少时间，当天作业时依了预计做去；非有不得已时概不变更（不得已而变更，也要得教师的许可）。第二种是规定各级各课最低限度的标准。譬如，工作在一学期内必须做成几件东西，日记至少每天做一段，否则，要叫他们专门练习某种科目若干时日。诸如此类，有了限制，就不会发生重大的危险。兹将各科大概情形条列如下：

（一）自然研究有问题讨论、观察实验、讲故事、出游、阅图片等类。

（二）工艺有纸工、木工、泥工、缝纫等类。

（三）美术有创造画、图案画、欣赏名画等类。

（四）读书有阅书会、讲故事会、抄生字等类。

（五）算术有游戏、故事、表演、卡片练习、口述题练习等。

（六）音乐、游戏有吟唱、表情、听音动作、团体竞赛、想象动作、初步田径赛等类。

还有一种采用能力别与选习制办法。将所有的活动分作两部：第一种是固定的功课：如读文、算术，一级中能力相差很远的，就用分组来教学。分组时，用测验法来判别，再用测验法定升降。第二种是可以选习的科目，由儿童各随需要学习。自己订定一种时间表，自己遵守了时间到各室去学习。例如明天要学到的事项，今天先由儿童提出意见，汇集起来开一个会，归纳成若干小组。明天第一节谈话课时，即将各人预定的科目揭示出来，随各人的需要而学习。这种教法，好是好的，不过也有流弊。假使某一节上有五六十人要进工作室内去做工，一教室不能容纳时将如何办法？虽然可由教师向大众说明额数过多的困难，请他们改习他项功课或允许他们一部分人明天再学；然而儿童的学习兴趣总要因此大大地改少。这种自由选习方法虽是设计中最好的方法，然因教的人难，学的人也难，所得的结果最容易有流弊，非有完善的设施、充分的能力，万不能轻举妄试。

二、分系设计法

混合设计，行之不当有种种缺点。言其大者有：教师难预备；各科不平均；教材常重复；学习时间太浪费；能力差的儿童得益少；有纵系统的书难教。因此就不能不想个补救的办法。试用分系设计就是谋补救之一法（行了分系后，有可混合的时候，还要依了混合法教；否则，太辜负设计的本意了）。

要行设计教学，最好用混合设计法。但是混合设计有时找不到好的题目，有时走到单一的路上去——老是开会、表演——补救的办法，唯有采用分系设计法。不混合也不分科，折中的办法，把许多活动归并相类的为一系。

但是分系怎样分呢？老实说，各科间是分不开的。好像读文与作文处处相关，读文与写字也不能分离，即就算术而言，因为解释应用题的关系，也不能与读文科毫无关系。其他各科相互间都有密切的关系，实际上确是分不开的。现在不得已的办法，暂时采用《明日之学校》书上的分法，分为观察（observation）、故事（stories）、游戏（play）、手工（handwork）、体育（physical exercise）等五系。这种分法我们也试过，似乎有些不合国情之处（所以不合国情之理，在于：有些动作不知划到哪一系去教；分配担课漫无标准）。依我想来，可有两种分法：第一种依新学制学科分：分为国语系、算术系、常识系、艺术系、康乐系五类。第二种依学习的性质分为练习活动、游戏活动、研究活动、工作活动、欣赏活动等六类。依第一种分法较易明了。兹举各系之分部活动如下：

国语系

1. 字片练习——每天谈话课后，接着练习五分钟或十分钟。一星期中默写一次，把大家熟习的字剩下来不练，加添新的字片进去。一月终总复习一次，一学期终再总复习一次。

2. 读书会——级中依能力分成三组，各组各定读书的课数，各依能力学习。教师用三种考查的方法：指名讲书中故事；摘默字句，口问大意；测验。

3. 阅书会——除读书会中应读主要读本外，还须注重补充读物。添设儿童图书馆，随时指导。阅读年级高的，并须备笔记簿，摘录阅书心得。

4. 写字会——每天要写一页字，须写有意义的语句。各级规定标准尺度，令儿童各自求达目标。

5. 记日记——每天一定要记日记一段。内容可记一天的大事、阅书的心得或教师的训话。有时学生找不到相当资料时，亦可由教师指定题目或供给参考图书。

6. 编辑周报——学级中每星期出一个特号，由学生分任编辑。体裁格式，可不拘定。成绩优良的，并可酌给奖品。

7. 表演——种类有哑剧、歌剧、单人剧、对话剧、白描表演（不化装）、化装表演等，均视剧本的性质而定。

算术系

1. 烁片练习——制定四则式题片，闪烁练习之。练习的方法，应逐渐加快。计算法或用口答，或用笔答。

2. 测验练习片——采用俞子夷氏算术练习测验，依法练习之。练习的成绩，要用图表表示出来。

3. 游戏练习——分黑板游戏、地板游戏、买卖游戏、几间游戏等各类。

4. 算术会——开会时，听讲算术故事，解决困难问题，教授新方法等。

5. 口述题练习——教师依事实为中心，口述各种应用题，由学生听算。有时可指名儿童自己出题。

6. 计算生活问题——算自己的诞日生距、学历的计法、年节礼物、开会用费、通信邮费、文具价目、旅行所需、测验统计等。

7. 制作用具——教尺时用纸做尺；教重量时仿制各种计重器；做钟表、做日历、做乘法盘、制小数乘法表、分数图表、百分表、利息表、中外度量衡换算表等。

常识系

1. 参观观察——例如观察杨树的生长，分别鸡和鸭的不同。参观铁匠店里的工作，参观市场和乡村的不同。观察之前先定目的；观察之后详细讨论，注重自由发表。

2. 演讲故事——低年级里适用讲故事法。演讲时，参用图表教具，使儿童观念正确。

3. 阅览参考书——高年级学生，从提供问题后，即指定参考书分配各人阅读，读时即做笔记。最后开会讨论，解决一切问题。

4. 纪念仪式——每逢纪念日，采为重要教材，详细研究讨论。

5. 卫生习惯——规定几种卫生习惯，天天奉行，逐渐扩充。

6. 组织品性修养团——级中依品性的不同，分组各个修养团；各团各定修养标准，相互劝善规过。

7. 研究时事——低年级用演讲体，高年级用讨论体。

艺术系

1. 同目的的制作——依了联络他科的关系，或本科做设计的出发点。用同一的目的，应用各不同的材料，制作各不同的成绩。譬如为了灭蝇运动的目的，各人去做蝇拍、蝇笼、蝇纸等成绩。

2. 同材料的制作——同样大家用硬纸或彩纸，依各人的需要，做成各不同的成绩。譬如有人做船，有人做桌椅，有人做匣子、簿子等。大概这种工作适用于高年级，没有和别科相当联络设计时才应用。

3. 分组制作——同级中因嗜好不同或能力不同分为若干组。各组中各推领袖一人负一切责任。譬如做表演的用品，可分一组做衣服、一组做帽子、一组做器具；把各组成绩汇集起来就成一个大设计。

4. 混合艺术——不分工艺、美术，也不分纸工、竹工。一切材料都混合应用。譬如在沙盘里装排花园，做贺年片、做灯彩、做纸彩等各种材料都要混合应用。

5. 绘画、剪贴、扯折——绘画注重创造；剪贴注重美观。扯纸、折纸，能联合绘画，较有生气。

6. 欣赏讨论——拣名画精品，随机提供欣赏，提高制作的程度。

7. 开展览会——开会可分可合。譬如开艺术展览会，不分工艺、美术，一起陈列。或专开工艺一科、美术一科的展览会。或再缩小范围，开贺年卡片展览会、玩具展览会等。均视适当环境而定办法。

康乐系

1. 律动训练——唱歌的好坏，对于律动训练很关重要。低年级训练听琴，做出各种动作；高年级训练拍节。

2. 欣赏——听教师弹奏或听名家作乐，听留声机无线电播音，均对于音乐上有直接的帮助。

3. 吟唱——教了新歌后反复吟唱，要看儿童的兴趣而定吟唱的次数。喜欢唱的，不厌其多地反复练习。

4. 表情吟唱——低年级注意简单的表情；高年级插入跳舞，编成歌剧。

5. 组织乐队——高年级组织一个中国乐队，课内指导，课外练习。

6. 开歌舞会——每学期中，开一次歌舞会，做音乐设计的归束。

7. 想象动作——联络别科，仿作各种职业的运动。不但各个操可以仿行；即如游戏运动也好仿行。

8. 组织运动队——依体力及个性的不同将各人分别编入球赛队、田赛队、径赛队，课内课外随时练习之。

9. 开运动会——每学期开一次运动会，做体育设计的归束。

三、分科设计法

低年级里或因教室的关系、担课的关系，不能采用分系设计法，只能应用分科设计法。高年级里，或因纵系统的关系、课程加深的关系，不能采用分系设计法，也只能应用分科设计法。分科设计法和非设计有什么不同呢？在于：（一）旧教法用划一的方法，依了课文次序逐课教下去。设计法则用变化顺应的方法，依了儿童的活动而进行。（二）如果分科法不从儿童活动做出发点，还是一种老教法。所以试行此法，看来似很简陋，可是试行时，非有丰富的经验，不能相机活用。

设计教学法照理论上说起来，应该只有各种活动（好比有采集的活动、编剧的活动、通信的活动、畜养的活动等），没有所谓科目。但是专在活动上找材料，有时找不到相当的活动或找到了又嫌重复，那就不得不依各科分别了。

兹为便利计，就采用新课程各科目来说明。施行的时候能够打破了科目去做最好；即使不能，也要多多采用设计法的步骤指导。

施行分科设计时要注意下列各项要点：

（一）设计教学的进程有建造课业、思考课业、练习课业、欣赏课业四种。

（二）进程的要项为动机、目的、计划、实行、批评、欣赏几种。

（三）各科教材要改用参考书而不用现行的教科书。

（四）设计教材多采用现社会的活动。

（五）设计参考书的编法，不要用科学的组织，要用设计的组织。

（六）凡对于设计上无关重要的教材，当废弃不用。

（1）从读书出发的设计　预备表演

①读剧本——读书、国语。

②做表演品——工艺、美术。

③做说明书——作文。

④写幕表——写字。

⑤剧中人物的研究——社会、自然。

⑥剧中应用的歌曲——音乐。

（2）从作文出发的设计　编学级周报

①计划内容——常识。

②分组作文——作文。

③画插图——美术。

④抄写——写字。

⑤指□□□人①——工作。

（3）从历史科出发的设计　研究埃及的文明

①研究埃及的伟大建筑——历史。

②因尼罗河发明阳历——地理、算术。

③最初的文具——历史、工作。

④木乃伊的保存——医药卫生。

⑤读埃及故事——读书。

⑥吊古埃及——作文。

---

① 原书印刷不清，看不清是什么字。——编者

（4）由地理科出发的设计　研究寒地、热地人的生活

①读寒地和热地人的故事——地理。

②研究气候之差异——自然。

③寒带和热带之动植物——自然。

④寒地儿童和热地儿童通信——作文。

⑤沙箱装排和想象画——工作、美术。

⑥唱寒地娱乐歌——音乐。

⑦读爱斯基摩故事——读书。

（5）由卫生科出发的设计　组织灭除蚊蝇队

①出布告——作文。

②研究蚊蝇之发生——自然。

③定分队调查之区域——工作。

④画驱除蚊蝇通俗图——美术、写字。

⑤计算灭蝇用费——算术。

（6）由美术科出发的设计　寄贺年片

①讨论贺年礼节——社会。

②做贺年片——工作、美术。

③寄贺年片与各学校——地理。

④算邮费——算术。

⑤写贺年信——作文。

（7）由体育科出发的设计　开运动会

①研究运动与卫生——卫生。

②团体运动中唱歌、表演——音乐。

③写布告文——写字。

④做临时新闻——作文、美术。

⑤预赛、决赛——体育。

⑥计算运动用费——算术、游戏。

（8）由节日出发的设计　裹粽子吃

①研究端阳风俗——社会。

②购买裹粽子的用具材料——社会。

③计算捐款——算术。

④烧粽子①——工作。

⑤写请帖——美术、写字。

⑥筹备娱乐事项——读书、音乐、体育、国语等。

（9）由纪念日出发的设计　国庆纪念

①研究中华民国的史略——社会。

②中国的地大物博——地理。

③出国庆特号的新闻——作文。

④读国庆日表演的剧本——读书、国语。

⑤做灯彩——工作、美术。

（10）由社会出发的设计　研究邮政

①从寄信买邮票上引起动机——社会、作文。

②邮票的种类——历史、地理。

③邮政的组织——社会。

④用邮票排贴图形——美术。

四、共定联络教材法

各科归各科设计，有时找不到好的参考书（儿童用的）就试行联络的设计。定了某科作联络中心，将各科教材都附丽上去。有时不能直接联络于中心科，可以间接联络于附丽的科目。这样办法，虽不能说是

---

① 原书中即是"烧"，按现代语来讲就是煮粽子。——编者

合宜的设计法，却比旧方法好些——在此有个申明，切不要误会共定教材法就是从前的联络法。且看下文说明：

设计教学的目的很复杂，大概可定为：

（一）教学法拿儿童作中心；

（二）教材合儿童的需要；

（三）儿童自己明白学习的目的，自己能计划实行，能收得实际的知识和技能。根据这种原理，可以试出各种不同的方法。共定教材虽不是设计方法，但对于设计法也接近了。

教材归教师定好了去教学生，无论定得怎样好法，终不能完全适应儿童的学习需要。即使合了儿童的需要，他们学习起来，还是不大高兴。他们以为我们要学，不是为了自己要学而学，不过听教师教什么自己学什么罢了。再从教师一方面看起来，也觉得不好。教师以为我教学是传道授业，学生的懂不懂，与我毫不相关。欲求教法合宜，无法之法，只有采用师生共定教材的一法。

规定几个条件：

1. 前一星期六预定下一星期内的教材。

2. 定教材先定设计单元。

3. 先将紧要的一部分定好，再将相关的科目一一规定。

4. 用教科书的，把相关的科目提前或调后教授。

5. 上次没有结束的教材，本周继续下去。

6. 教材共定好了，教师把它填到教学录上去；学生把它填到笔记簿上去。

7. 学生定不出的材料，教师参加意见补充。

8. 定功课时，须备各科课程要目、各科教本及参考书。

9. 这种方法最宜于旧式学校新解放的环境中应用。

10. 师生共定教材，不能就说设计法，但是如果能够熟用此法再过渡到设计法上去，便觉得容易了。

下举共定教材的例子，以研究穴居人取火为设计单元。

科目	要教什么	为什么要请先生教这种材料
社会	读穴居人寻火的故事	穴居人的火被水冲熄了
读书	读寻火的一段故事	照穴居人寻火故事自编
劳作	记穴居人的水灾 记穴居人寻火看见的东西	穴居人课里的事情
自然	火从哪里来	明白穴居人怎样去取火
美术	穴居人寻火图水灾图 穴居人会议图遇险图	社会课里所讲的
工作	穴居人寻火用的鞋与袋	穴居人寻火时用的
音乐	唱火神再生歌	寻到了火后唱歌用的
做操	庆祝得火后的跳舞	联络社会
算术	火柴的计算	联络社会

本章总结：设计法的种类，依本文看来只有四种（混合、分系、分科、共定）。其实细细考查起来，何止四种。即就混合设计而言，有团体的混合设计、个别的混合设计、分团的混合设计、能力别的混合设计四种。其他几种都可以视编制分配的不同，而演成数十种不同的方式。

即就以上四种而言，其程度也不一律。最起码可用共定的方法，再进采用分科法，更进用分系法，最后才用混合法。

依年级分起来，也可以勉强分为一、二年级用混合法，三、四年级用分系法，五、六年级用分科法或共定法。

（原为《设计教学演讲集》第四章，上海：商务印书馆 1931 年版）

指导设计法的方法有几种

设计教学没有一定的教授顺序，只看各种活动的内容若何而定相当的指导方法。但是"相当方法"四个字是一句空空洞洞、不落边际的话。如果实施起来一无凭借，非但教的人无从着手，并且有很大的危险。所以为了指导便利起见，不得不把各种活动分析一下，再归纳成几个相同的方式，给指导者以参考。以下分思考课业、建造课业、练习课业、欣赏课业四种，就是设计教学中重大的方法。

这里要郑重申明一句话：这四种课业是打破科目的界限，纯以活动的方式而分的。实施时当熟习各种课业的要点，临机应变，随处活用，方能得到它的好处。否则呆板地当作从前教授顺序一样看待，教起来必归失败。

一、思考课业

意义

儿童的学习目的在于解决问题，查考某事物的所以然。其顺序大别为：定了目的；用方法去搜集解决问题的材料，供给事物的考证；推想它的原因结果；再看它的究竟和所推想的到底合不合。

类别

无论解决什么研究问题都属于这一类。

方法

（一）动机

1. 要教儿童会思考，第一先要唤起他们讨论的兴趣。要考查他们是否喜欢讨论，唯有用举手法来表示。一群儿童中间喜欢举手的固然很多，但是不喜欢举手者也很不少。考查不肯举手的原因，大概不外乎下列种种：①怕羞；②怕开口；③怕说错；④想起别的事情没有听见所发的问语；⑤耳聋或口吃。救济的办法可用：①教师先举手，暗示儿童也举手；②用简易的问题，引起兴趣；③偶然用先指名后发问的方法；④多奖励喜欢举手的人。

2. 动机要由儿童自发的。从前的教法由教师引起动机，往往令儿童研究一个问题，先从远处问起，然后慢慢地引到本问题上。例如，叫儿童研究火车一个问题，第一句先问有一种东西，可以载了人或货物走的是什么？儿童答是小车、黄包车。教师说不对，这种东西可以载许多人的。儿童答是汽车。教师说不对，这种东西是在两条铁轨上走的。儿童答是电车。教师说不对，这种东西可以载更多的人、更多的货物，并且头上会出烟的。到那时，儿童才恍然大悟道，原来是火车。试问这样一问一答，有何教育价值？老实说是浪费时间而已。儿童因受生活环境的刺激发生一种问题。有了问题他想从速解决，便提出来请别人指教，这种动机，叫作真动机。

3. 真动机的来路有多少。儿童在家内所接触的问题，一路到校所见的问题，校内特设的问题，书本上的问题，都是产生问题的来源（在前面环境项内，曾详细说过）。

（二）目的

1. 指导儿童会分析大目的为小目的，联合小目的为大目的。例如儿童发生一个问题:"江浙为什么富蚕桑?"教师就该把它分析为"蚕的特性,蚕的养法,江浙的气候,江浙的地土等问题"。将各个小问题逐个解决,大问题就不解决而解决了。还如,发生一个问题:"蚊子叮人,为什么会发痒?"从这小问题上发生,可以研究到蚊的形态、习性、病害等等大问题。

2. 同时有许多目的时,须把它化简。一学级中,各人有各人的目的或者一个人提出许多不同的目的,教师应该用归纳的方法将许多不同的目的归纳成几个较大问题,使研究容易透彻,指导学习较为经济。

3. 有一种暂时的目的要把它改为永久的目的。例如,发现一个"桃树怎么会开花结果?"我们应该把它定为永久目的,长期观察到问题完全解决时为止。

4. 临时发生的问题要用断然的手段处置它。普通有三种办法:第一,把临时提出的问题置诸不理;第二,把临时的问题摘录在一边,等原设计讨论完了再进行新问题的设计;第三,把原设计暂时作一结束,即开始讨论新提的问题。以上三种方法各有利弊。大概要看临时问题的时间性如何、价值如何,而定应用的手段。如果是一个毫无价值的问题当然采用第一种手段;如果没有时间性而属重要的问题即照第二种手段办理;如果是有时间性而又有价值的问题即用最后的一种方法处理。

(三)搜集材料

1. 搜集资料是多方面的:或得于群众的经验;或通过实验与观察;或靠教师的说明;或参考各种图书。以下再分别说一说:

(1)得群众的经验。搜集材料,一人的精力有限,不得不请求别人的帮助。一个团体之中,分工合作,本来人群之美德,教育上应该多多利用。务使学习时,有不明了处,不必先问教师,可以先问同学。反过来说,教师指导时,就应该多多利用社会化的学习法,使儿童处于群众之中,相互能得群众的经验。

（2）实验与观察。群众无此经验时，还可以亲自试验观察，考查它的究竟。实验观察在小学校中，虽不能做到很精密的地步。但是在可能范围内，至少必须充量实验，多方观察，使所得的知识经验确切明了。

（3）教师说明。有时群众无此经验，又不能用实验观察法来解决，又无相当的参考书可供他们参考，最后的办法只有靠教师的说明了。教师的说明当然要顾到注入式的缺点，而多启发式的讨论。

（4）参考图书。养成儿童能自由参考图书的习惯，在设计法中是一件重要的事。要使他们乐于阅书，先要解决三个问题：①供给丰富的参考书。现在坊间所出的儿童用书，数目不多；即使把它们一齐买来也不够供儿童阅读。而其中对于科学的参考用书、低年级的读物，更加缺乏，此项材料非从速着手编著不可。②指导阅读的方法。儿童要阅书而不识字，教师就指导他们检查字典的方法。儿童要看地图上的记号，教师就教他们看地图的方法。儿童要翻查大本的参考书而不知从何翻起，教师就教他们检查目录索引的方法。③指导摘记的方法。单单看了许多书而不得要领，等于不看一样。所以进一步，应该指导儿童学习如何摘记的方法。有的需用纲要，有的需用图表，有的需摘录精要语句。——均须加以说明和指导。

2. 要判别材料的价值。如果有一种材料和本问题没有关系者当拒绝不用。与本问题有关系而有代表性质的当多多采用。

（四）推理

1. 要从具体到抽象的。小学生不会推理，要靠动作来表显。入手时用游戏、故事等方法来推理，到后来可用方式和原理来思考。

2. 推理必须缓断，先下暂定结论。解决一个问题能得一个结论是不容易的事。不要说小学生做不到，就是大学生、专门家也很为难。所以缓断的办法是必然的原则。

3. 推理思考，要给予充分的时间。一个问题必须仔细推考的应该给予充分的时间，由他们从容推想。决不可在发出一个问题后（除非是无价值的问题才不必多费时间去思考），有了一两人举手随即指名解答。因为这样解决太不郑重，一个班里资质差一些的人，连他们想都没有想定，倏忽之间，又变了一个问题。他虽想竭力追赶，终于追赶不上。几次以后，他就老实不客气地不动天君①了。所以思考必给予充分的时间。

（五）证验

1. 要使暂定结论有说服力有价值，必须用多方面的证明。凡是科学的研究，无论深浅难易，要使结论有说服力必用多方证明。证明愈多结论愈可靠，这是当然的事。

（2）证验下来不对可促起儿童的反省，叫他们重行思考。既经郑重讨论，得到一个暂定结论，可是一经证验却又不合，那时尽可指导儿童重行思考。从而指导他们明白前回讨论的为什么不对，此回应该怎样入手讨论，方法才有进步，研究才会精密。

（3）证明的结果可用图表法表出。有时证验的结果，可以不用口头报告，不用文字发表，而用数目图形表示出来。图表内容要简单而清楚，使看的人一望便知。

二、建造课业

意义

建造课业的目的在于造成一样事物。先想了方法去做，做得不好再设计补救改良。

类别

有了思想要表达出来靠言语。言语不能传诸久远，靠文字表达出

---

① 天君，旧谓心为思维器官，称心为天君。——编者

来。文字不能具体，用图画表达出来。图画是平面的表达，还不能十分领会，于是要靠塑造，制模型表达出来。模型塑造尚嫌呆板，不得不借重于表演。

因此建造的种类也可分为：学一种语言；画一张图（包括剪贴、图案刺绣），造一种器物（包括塑造、制日用品及玩具），做一种模型（包括沙盘装排、制作标本等），编一个故事或剧本，演一回戏等各种。以下再逐一说明。

（一）语言

语言发表的机会最多，应用最广，所以训练最属重要。平常教学起来应注意：1. 调查儿童的词类而逐渐加以扩充。2. 学习的程度，先重听，后重说。3. 教学的材料可用故事、会话、讨论、辩论。4. 多听国语正确的人讲演。5. 儿童说话有错误时当随时矫正。

（二）作文

文字发表的机会和需要不及语言多，发表起来却要比语言难得多了。作文须有清晰的思想、联贯的意思、通顺的语句、秀丽的字句。各个步骤中，如果缺少一步或者有一步稍差一些，就不能有很好的文字写出来。

教作文至少应注意：1. 从练习说话着手。说话说得清楚的作起文来自然通顺。2. 第二步利用活泼的图画，指导儿童创造故事。3. 第三步多做实际生活中的活动。例如与朋友通信、编剧、表演、作日记、发传单、投新闻稿等。4. 年级渐高，可练习做①章回体的故事或小说。

（三）美术

美术应用的机会虽比作文更少，可是学会了一种图画剪贴的技能将来也很方便的。

─────────────

① 原书中就是用"做"字，按现代语讲就是"写"的意思。——编者

教学时当注意：1. 多做有目的的自由画，少机械的摹绘。2. 多令儿童画活泼有兴趣富于儿童感情的图。3. 须多欣赏名画，提高儿童的程度。

（四）工作

学习工作并不是只为了做成一件物品供自己应用。其目的在于发展制作的技能，习得工作的常识。对于人类生活中也属重要的事项。

教学时应注意：1. 多令儿童创作合用的物品。2. 在制作时，设法使他成功。3. 多给相当的参考品。

（五）演剧

演剧是混合的艺术，需要图画、文字、跳舞、音乐等各科的帮助。

教学时应注意：1. 读剧本须把各人的形容笑貌都表达出来。2. 低年级用混合练习，高年级可先用个别练习，后用混合练习。3. 应用道具，须尽量自己制作。4. 批评当注重表演的情境。

方法

（一）目的

1. 无论建造什么东西，必先有个确定的目的。倘使漫无目的，不但不能做成；即使做成了，也不足为贵。

2. 如果有时儿童没有目的，要设法引他有目的。例如儿童把泥团成许多圆子，没有一个确定的目的。教师可以乘机对他说："你要把这许多圆子，做成汤圆么（汤圆即米粉做的汤水圆）？应该再做一只锅子、两只小碗、两副筷子，再要一张桌子、两把椅子。再做几个吃圆子的客人。"从一件简单的事情引起，做成许多相关的出品。

即使不替他说做汤圆也可以替他说："这许多圆的泥块，想做果子么？做果子必须加个柄，才会像个果子。有了果子还要有装果子的篮子、送果子的车子、行车子的马路。"一个问题把目的一移又可以做成一大堆的出品。所以说儿童做工时有无目的倒不成问题；教师能改造目的、暗示目的，倒属紧要的事——指初学者而言。

3. 小目的可化大目的，大目的可化小目的。儿童做了一只牛。教师说："牛要吃什么东西的？"他就会想到做牧场了。教师说："牛住在哪里的？"他就会想到做牛棚了。教师说："牛棚在哪里常见的？"他就会想到村舍，做牛奶厂了。这是由小及大的例子。再就由大及小的例子说一说。好比儿童装排了一间屋子，教师可指导儿童做屋内的陈设品，做门墙的装饰品，越做越周到，越想越精密。

4. 各个的目的要设法引到团体的目的上去，团体的目的要满足各个的目的。一个人不能离了团体而生活。团体生活中最怕是各归各走，没有团结的精神。各归各做惯了，将来造就的人才，至多不过独善其身而已。要从个别引到团体，举一个实例：好比在工作时，有人制兔的住宅，有人做兔的食物，有人造兔的乐园，忽有一个儿童喜欢做一只花篮。那时教师应该替他说："你做的花篮是否送给兔子结婚用的？"经你这样一问，竟可以被你提醒起来，不知不觉地接着笑道："是的，是的。"

又如，大家制作兔的出品时不必勉强他们得到划一的成绩。不妨由他们各出心裁、各自做去。有的画兔子拜月也好，有的画群兔赛跑也好，有的用泥做兔子也好，用积木装排兔的住宅也好。总之团体的活动，不妨碍个性的发展为原则。

（二）计划

1. 要从散漫的计划引到有秩序、有组织的计划。年幼的儿童往往事前没有计划就想动手。你要跟他详细讨论计划，他们就觉得厌烦了。但是不用计划，鲁莽胡干，又不行。所以有个限制，看年级的高低，定计划的繁简。年级低的，依他们自然的趋势，能有一些散漫的计划已经好了。年级渐高，慢慢地引导到有组织、有秩序的计划上去。

2. 要随时暗示儿童采取最经济、最省事、最有价值的计划。同样两个计划，应该比较哪个好哪个坏，采用好的，弃去坏的。怎样判别好坏呢？其标准即须适合"最经济、最省事、最有价值"的三条原则。

3. 初时多加帮助，往后渐使儿童自行计划，并因以养成习惯。计划是抽象的事情，初入手时应由教师多加帮助。经过多回练习，儿童明了计划的方法后，便可逐渐改轻帮助的分量，使儿童完全自行计划为止。

4. 初用口头讨论的计划逐渐引到书面的计划。低年级里，他们的计划很简单，只消三言两语便可了事，无须乎笔述。并且他们作文能力薄弱，事实上也没有书面计划的能力。年级渐高，能力渐强，计划方法也跟了逐渐精密起来，其时不能不用书面计划了。书面计划可比口头计划详尽，可比口头多花充分的时间来准备。文明人办事的最好方法，便是能够做一种很精密的书面计划。所以从口头计划始到到书面计划为止，两种方法都很重要的。

（三）实行

1. 指导实行须适应个性。女生欢喜多做适合女生的东西，男生欢喜多做适合男生的东西，我们应该就其性之所好，让他们自由发表。切莫用划一的方法，埋没个性。但是也要注意，凡是躁急的学生，应该训练他细心从事；凡是滞泥的学生，应该训练他爽快处事，虽说适合个性，也要顾到个别的好坏如何而定。

2. 多鼓励儿童战胜困难，养成坚毅忍耐的习惯。儿童普通现象，在未做事前，一副热烈的情绪，勇往直前的气概，真可令人钦佩。但是一遇困难，便知难而退，望风而遁了。做教师的，应该了解他们的弱点，在他们将近失败时、心灰意懒时，便提起他们的精神，唤醒他们的目的，鼓励他们继续努力，养成一种"不达目的决不罢休"的习惯。

3. 有困难的地方，予以适度的帮助。实行中有须事前帮助的，有须失败后帮助的，有须自作与帮助相间进行的，均须因材施教，相机指导。

4. 如遇技术尚未娴熟时应特定设计练习。练习方法，详见练习课业内，兹不多赘。

5. 实行当多奖励合作的习惯。从前的教学法，注重各个人的成绩。学生恐怕别人的成绩超过我，所以不肯互助，不肯合作，养成一种嫉妒心。设计法注重通力合作，共同学习，容易养成合作的习惯。

6. 实行时附带注意造成领袖人才，一面训练儿童有服从领袖的习惯。设计的教法，难得有划一教授。平常都是各个的活动，所以教师要用齐一教法是不可能的。因此要养成领袖人才，以分教师之劳，也是势所必然的。但一面养成领袖人才，一面就要养成服从领袖的习惯，监督领袖的习惯。

做个领袖是很不容易的。他有超人的智力，有较好的学业，能待人和气，办事认真，才能博得大众的信仰。

监督领袖也不是容易的。他不能胡言乱道，有意侮蔑领袖，失去自己的信用。必有正当的理由、正当的手续来弹劾人家，然后可博大众的信服。

做教师的对于两方面都须有审慎的观察、明确的判断，才能措置裕如，有利于教育。

7. 实行半途中，发现缺点，要叫他们修正计划，换法建造。一个儿童在动手工作之前，先做一个计划，他自以为计划得很周密，毫无缺憾了。可是动手一做，便感到计划尚不完善。那时教师便应该指导他修正计划，换法建造。团体建造时也是如此。教师发觉了计划不对，应该嘱令全体停止工作，共同把计划修正后，再继续工作。

（四）判断

1. 判断很重要，可得正确明了的经验，可做将来建造的工具。儿童做成了一件物品，往往自感满足，不再下批评的功夫。教师应该提醒他们。问他们："这样就算好了么？你做这件东西，合用不合用？"许多作品中间，哪一件做得最好？一件作品中间，哪一部分做得最好？要常常引导他们自己判断。

2. 判断要由儿童自知不足、自求改进。建造的东西由儿童自己判断时，应该使他们有几分满足；否则全不满足，他以后就要灰心不做了。但是须附带申明一句：此满足只能满足到几分，不能使他自夸满足，觉得毫无缺点，否则知足太过，便要故步自封，不求进步。

3. 判断要顾到全部的经过，不要专在枝节上用功夫。判断一张形艺成绩，专门批评他的色彩如何不对，衬影如何不对，地位如何不对，透视如何不对，处处在细节小目上用功夫，而忘了批评他的画意对不对，能不能把一个活的情境表达出来；这样教法，将来的进步，不会十分高明的。

我们要用的批评方法应该先从大体上着想。如果大体对了，再可提出小问题来批评。如果大体完全不对，那么小问题的讨论尽属多事，大可不必讨论了。

三、练习课业

意义

练习课业的目的在于得到一种知识和技能的习惯。定了方法时时练习，养成一种直捷的结合。将来应付新境遇时，能够自然地反应，不必多花困难的功夫应付，在人类生活中也是一件非常重要的事。

种类

练习的种类有四：

（一）符号的记忆练习。像读文科中之文字，语言科中之注音字母，算术科中之数码公式等，都是记载人类言语的符号。这种符号，学会了一生受用；学不会，一世吃苦。所以小学中，非把它练得成熟，打个根底不可。

（二）技能反复练习。像跳高、赛跑的运动技能；抄写文字的书写技能；图画、造物的工作技能；吟唱的技能等，目的在于学得了一种技能可以适应现在的生活，并且可以预备将来的运用。

（三）方法上的练习。像吟读的方法、表演的方法、计算的方法、思考的方法、观察的方法、调查的方法、缀文的方法等，目的在于学得一种方法后，使技能愈练愈精，符号愈学愈熟。

（四）习惯的练习。像公民的习惯、卫生的习惯、说话的习惯等，目的在于养成了一种习惯后，可以生存于社会上而不惹人厌。这四种练习的事情，虽然可以分别说明，但是实际上大都是混合进行的。

方法

旧方法太重练习，儿童天天过的生活大部分花在练习的功夫上。那时练习的方法活动些、自然些，倒还可说；可是练习起来，又是全用机械的练习、沉闷的反复，以致儿童怕练习，效果就十分恶劣。现在试行新法的却又一反旧观，对于练习事项非常忽略以致儿童成绩落于倒退现象。实际上，练习是非常重要的。从前的缺点在于方法的不好，并非练习本身上有什么不妥。所以我们应该采用新的方法，指导儿童从事练习。兹将练习进行时应注意之点，写在下面。

（一）目的

要引起儿童练习的需要，一定要有练习的目的。旧法的不好就在儿童没有练习的目的，所以费时多而成功少。现在练习起来要先使儿童明白练习的目的，然后能发生真兴趣，肯真努力。

练习目的要跟年级而加以变更。大概低年级的练习，在于满足他们游戏比赛的兴趣，儿童的目的不就是教师的目的。年级渐高，方始要把教师的目的，跟儿童的目的相接近。

（二）计划

从前的练习法完全操于教师手中，儿童没有参加的权能。计划一层，当然由教师一人做主。现在的练习法，既然要使儿童明了练习的目的，那么练习的计划当然也要令儿童参加了。

（三）实行

1. 先使儿童了解意义然后练习。从前的教法十分重视练习。可是练习的结果非常不好。这是什么缘故？大部分因为那时的练习，儿童根本不了解练习的意义。教国语的先教单个的生字，练习音、意、笔顺，说文解字，然后教儿童阅读整篇的课文。教图画的先教儿童学习一个圆形、一个方形、一个人头、一张桌子，然后叫他们画一幅有意义的图画。这种方法，全是倒因为果，如何能维持练习的兴趣！

2. 正确为主，迅速次之。不正确的练习还不如不练的好。因为多一次不正确的练习，就多一次不正确的影响。愈练愈错误，将来对于正确的练习，反而要疑窦丛生、搅乱是非了。例如，订正儿童的错字。儿童把"校"字误写成"挍"字。教师就该把正确的"校"字对他说，"校"字应该这样写的。不必噜噜苏苏地对儿童说："校"字不是"扌"旁的，不应该写"扌"旁的，写了"扌"旁是错的，"扌"旁加一个"交"不是"学校"的"校"字，是"计挍"的"挍"字了（《论语》：犯而不校）。如此教法要想把错误的字，叫儿童下回不要写错，实际反而大错而特错。因为他们临到要写"校"字的时候，要疑惑一个"校"字到底怎样写的，是"扌"旁呢，还是"木"旁，或者还是别的偏旁。愈想反而愈不正确。所以我们要注意，练习以正确为主。

正确的说法，意义尚未完全。使儿童练习正确，不但仅就形式上、记号上务求正确，并且要把儿童的根本观念弄得十分正确。例如令儿童练习"十升为一斗"的题目，不但要使他确切明了十升是一斗，一斗是十升。一斗不是九升，也不是十一升。同时最好使他知道升是什么东西，斗是什么东西，经他自己实验的结果，才能够确切明了十升是一斗，九升还不满一斗，十一升就多出一斗了。现在学校教育中，类多不真切的练习，这一点须格外注意。

单讲正确而不讲迅速也是不对。慢吞吞地练习好像不是现代人应该有的态度了。不过这里要申明一句话，求迅速应注意完善，如果草率了事、慌忙进行，至多不过引起疲乏罢了，决无实益可得。

要养成儿童敏速的习惯须多次练习，逐渐改进，节省无谓的时间，儿童自然会得迅速的。

例如某校有个教师，他教儿童练习乘法，题式为 144×26，273×44，55×32，在 45 分钟内只算三个式题。时间费到哪里去的？写黑板、问答、重述、答语、试算、巡视、订正、誊清等各动作，把宝贵的光阴都费在无谓的手续上，试问可惜不可惜。如果采用新式的教法或者采用算术练习测验的材料，不抄题目、不用誊清，至多在两三分钟内就可了事。这样一比较，就可以比出迅速与迟缓的真相了。

3. 变化要多，时间不宜过长。练习时要注意正确又要迅速，很容易犯的流弊是神经紧张。一课上了，疲倦不堪。欲救其弊，至少须顾"变化多，时间少"两个条件。

变化的方法，例如教儿童反复练习一课国语文，可用许多方法：

①一人读课文，其余的人静听。

②分排练习，读一句，表演一句。

③甲乙两排，相对而立，一读一演，交互练习。

④分全体为三组，各组轮流读一句，周而复始。

⑤等大家读得有些口干乏味了。教师便说："现在静读一回罢。"这样变化一多，教起来不觉得呆板，学生就不觉得厌倦了。

不过要注意：变化的方法不是瞬息之间千变万化，使儿童专在变化中过生活。变化应有限制的。第一，须看儿童疲倦时加以变化；不疲倦就不要变。第二，变化的方法不能太快，也不能太慢，应该恰如其分。第三，最好的变化是用游戏的方法教。

因为多变化，可以减少疲劳，很容易犯不顾时间的弊病。在上课时，固然能够维持各人的兴趣，不觉得疲倦。可是一下了课，那就腰骨酸痛、头晕脑涨，无心再上别课了。这种上课不叫不疲倦，反正是疲倦过度的现象。所以练习课业，要受时间的限制。费脑多的练习，时间要短；费脑少的练习，时间可稍长。教育心理实验家告诉我们："凡是时间多而次数少的练习，其效果反不如时间短而次数多的练习。好比有60分钟一次练习书法，不如分为两个30分钟，更不如分为三个20分钟，效果来得大"（大概不到20分钟，不能做了。练习时间的长短，应视各种科目的性质和内容，给予最低限度的时间）。所以现在各处都采用分数制，就根据这一个原理来的。

4. 抽象的练习要在具体的境遇里应用——练习乘九九，不要先读熟了九九表才去应用。应该先从实际上发生学习九九的需要，逐项分别练习，再汇成一表总练习，才能适合学习的心理。

5. 练习的工夫要多用在困难的地方。平常对于练习的事情，往往不分难易一视同仁的练习。结果是难的没有练熟，容易的徒然浪费时间，两方面都不得益。合理的练习法应该把功夫多花在难的工作上，才不致枉费劳心。

不过这里要弄清所谓难易决不是纯凭教师的眼光来判别。因为主观的判别很靠不住的。应该用一番调查的功夫、统计的功夫，发现儿童的困难，到底难在哪里，然后加以指导，才可以得到真正的效果。

（四）判断

1. 要儿童满足练习的兴趣，判断是不可少的。判断一次，可得一次改进的经验。普通教起来练习时只顾练习。方法的对不对，效果的好不好是不问的。所以一次一次地练，学生总得不到一个练习的窍门（即秘诀）。如果我们在每次练习以后，加以判断，使儿童反省练习的经验，设想将来改进的方法，那么练习的效果一定可得长足的进步。

2. 要判断练习的经济不经济。费了多少时间，得多少效果，一定有个确凿的考查，实际报告儿童，儿童自然肯努力求进步了。这条原则，把算术练习测验来证明，更加确切明了。采用这套练习材料应费多少时间是规定的，所得的效果如何，自己一查便知的。做一回便得一回经验，增加一回努力的兴趣，使你越做越起劲，越练越有滋味，这种方法是练习课业上最好的方法。我们很希望所有练习功课，都能仿照算术测验的办法，编著各套适用的材料供给一般人应用。将来儿童的进步，正未可限量呢！

四、欣赏课业

意义

人类专重理智的生活，颇觉枯燥乏味，一定要用情感的生活来调剂一下才好。欣赏课业，所以被视为重要科目，就因为它能脱去理智的枷锁，而纯以情感的生活为生活的缘故。它的作用，是"一种积极的、沉思的心理态度"。计有四个优点：发挥审美性；涵养高尚情操；娱乐心神；超脱私利。

类别

欣赏事物颇难分类。但不分类又嫌混杂，不得已姑且分成下列三类：

（一）美术的欣赏。如图画、剪贴、刺绣、塑造、雕刻、音乐、舞蹈、文学、故事、建筑物等概属此类。

（二）人生的欣赏。欣赏人类的生活、人生的事功以及各人的容貌、态度、言语、行动等。

（三）自然的欣赏。宇宙间一切现象都可以供人欣赏。但因一般人少受训练之故，处在优美快乐的大自然怀抱里，而不能享受这种福气，实属可惜的事。

方法

（一）目的

欣赏的目的在于授受被欣赏后的感动。它的过程中，无须计划、无须研究，更无须批评。照前面所讲的理论说起来，似乎不属于设计范围以内。当设计教学在美国初行时，也有这种议论，后经多次讨论，才决定欣赏也是设计法之一（克伯屈主张最力）。因为欣赏要用全副精神，做整个活动，和设计教学的原理相合，所以欣赏课业也成为设计法的一部分。

欣赏的目的不在艺术品的本身。单是一幅画、一首诗、一曲歌，学会了也不过添一种知识和技能，没有什么可贵。其所以有更大的价值者，在于染传一种艺术的趣味于人心，永远影响于人的精神上。不过，现在教授艺术一科的，太重视技术而鉴赏力的养力太不注意。不能称为欣赏课的教法，也许可说完全失败。以下即就目的上应行注意的事项说一说：

1. 欣赏的目的虽是含有一种娱乐的意味，但是决不是随意寻快活，一定先要有个确定的目的。

2. 教师应多供给高尚的欣赏物提高儿童欣赏的程度。好比欣赏力薄弱的儿童看了卑劣的新剧，以为很满意。如果教师能暗示他们知道学校里的表演高出于社会上流行的新剧，从此，他们对于卖艺的新剧，就以为不值得看了。

3. 教师要把可以欣赏的东西，介绍给他们。这种材料要合乎他们的程度。如果他们不能欣赏时，教师应设法介绍，使他们发生鉴赏兴味。

（二）欣赏

1. 欣赏要从自己发表，不可灌注。全级的人看同一幅图，欣赏的程度各人不同，尽可以由他们各人欣赏。教师从旁做个媒介人，不做欣赏的替代人。

2. 养成欣赏的能力，须从《看的教育》着手。福尔克芒（Ludwig Volkmann）所以要奖励多用照相机及眼的体操就为这个缘故。普通人看实物不及照片的美，就是因为眼的教育没有训练成功。

3. 欣赏重自然的感动、静默的观察，不能当知识科教授。要查儿童能不能欣赏，只要看他们的脸色。研究物与物的关系，而用的方法是知的世界。使整个的物映于我人的心境中，是美的世界。艺术品的欣赏目的不在增广知识，在于行趣味的教育，这一层须先分别清楚。

4. 欣赏不宜有分析批评的态度。须知知识的分子和感情的分子不是绝对相关的。知识占胜，反足以害感情。欣赏不是静受，也不是发现美的真理和原则，在于明了事实而享乐之。举个粗浅的例子证明一下：平常我们吃一碗菜，几个人吃了都觉得非常适口。如果要把它分析多少盐量、多少油料、多少火功，恐怕世上最有名的庖丁也不能回答。即使我们先规定了作料的质量煮起来，恐怕也不会煮成好菜。再就批评而言，如果各人把所吃的菜逐项批评：质地如何？烹调如何？装饰如何？倒觉得食之无味了。因为批评和分析，无论怎样精密，总不过及于全体的一部分，而决不能概括整个的欣赏物。所以说欣赏不能分析，不容批评的。

5. 欣赏的东西，第一要教师肯热心欣赏。并且对于作品的内容非常明了。如果对于音乐是外行的教师，要想刺激儿童欣赏，提高欣赏的能力是决计做不到的。

6. 欣赏有味的，可多欣赏一回。事实告诉我们，一个人对于欣赏一件东西，达到最高度时，全神贯注在欣赏的对象上，定然心与物化，忘怀一切了。例如，我们出门玩山游水，常在兴高采烈时，竟忘了身在何处，时在何日。临行不知炊烟四起，万家灯火了。

7. 欣赏的程度要先从形式的欣赏入手，逐渐渡到内容的欣赏，最后才达到想象的欣赏。例如，欣赏农夫耕田图。最幼稚之儿童，他只能辨别何者为农夫，何者为田地，何者为野犬，何者为村舍。程度高些的并能领略农夫有何动作，野犬所为何事，村舍与田地的实际景象如何。程度最高的能想象农夫之生活，村野之美满，有时竟会想到人入画中，心与物化了。

8. 发展儿童欣赏力的方法有三：①联想。学校内布置美的环境，儿童生活其间，自然会得感到美化。②比较。把美丑不同的作品，放在一处，儿童自然能比较美与不美的分别。③多与大自然接触，陶冶看的能力。

9. 欣赏的东西要合乎各人的生活和年龄。幼稚园的儿童，教他们唱"排排坐，吃果果，小小肚子吃不多"。他们觉得兴趣盎然。到了年龄渐大，再教他们唱这个歌，他们就觉得无可欣赏了。

10. 欣赏当用情感来感动人。音乐是心的言语的发表，从人心流出，再流入人心，最足以感动一般听众。舞蹈是身体的言语，是人类最初而又最自由的音语。表演起来，也足以使人动容。

本章总结：本章开始就郑重申明，"课业是活动的方式，不是教授的顺序。"经了以上一番说明，谅阅者都能明白无疑了。兹更求清楚起见，再把通常所用的科目，依课业的种类，立个简表如下：

	思考课业	建造课业	练习课业	欣赏课业
读书	研究文法	表演、演讲	认字、写字、阅读、朗读	概览、演述、补充想象、表情诵读
作文	作法研究	自作	口述练习、文句应用练习	范文观摩
写字	写法研究	写凭条、对联、广告、通告等	书写	名帖欣赏

（续表）

	思考课业	建造课业	练习课业	欣赏课业
算术	例题分解	共定游戏方法	暗算、笔算练习	
三民	问题讨论	实习、表演	诵读练习	伟人故事
卫生	问题讨论	实习、表演	阅读书本练习，养成卫生习惯	卫生图片
历史	问题讨论	表演	阅读书本练习	古物、古迹、名胜画片、模型等欣赏
地理	问题讨论	绘图、装排沙箱	阅读书本练习	胜地风景片、风俗画等欣赏
工作	工作图研究制作法、材料来源研究等	衣、食、住各种物品的制作	技术练习	优良工艺品欣赏
美术	形状、位置、色彩等研究	绘画、剪贴、塑造等创作	技术练习	欣赏美术
音乐	乐理研究	试作歌曲	反复吟唱、符号练习	听名乐、吟唱
体育	研究浅近的体育原理	共定游戏方法	徒手练习、器械练习、球类练习、田径赛练习等	

（原为《设计教学演讲集》第五章，上海：商务印书馆 1931 年版）

设计教学的课程怎样编法

对于这一个问题一向有两种绝对相反的主张。在主张不用预定的人这样说"设计教学当随境遇而变迁；儿童的活动既不能预卜先知，环境的变迁又无一定的形式，试问课程从何预定呢？即使勉强预定下来，亦不过抄抄从前的老方法，对于设计本身有何价值？痛快说来，简直不是设计教学"。听了这一番话，可以断定施行设计教学，课程决不能预定了。

但是再听主张要预定的人又有一番议论，也有几分充分的理由。他们的主张是："设计固然要适合各人的个性，当临机应变，随处活用，不必有一种呆板的课程。但是试问一个学校内的境遇，能有多少变化？儿童处在少变化的环境里，能有多少新问题发生？如果只把极简单的资料供给他们学习，对于他们的经验能不能改造？以上几个问题倘若不能解决，徒然丢了正轨不走，去走捉摸不定的路径，其危险可知。并且我们所说的预定，究竟与从前的方法不同。从前是定得非常呆板，非常枯燥的。它不问自然的境遇如何，儿童的生活如何，只是一味地由教师把教材规定了，令儿童遵照学习。进行时惟教师之命是听，儿童毫无更改的余地。现在呢？是依据四周的环境，定个可靠的设计纲要；依了纲要再定出一个实施的步骤。顺序并不呆板，方法又极活动，实施时决无一些窒碍。如此预定，有何缺点呢？"以上两派说法各具充分理由。如果某校带有试验性质采用混合设计，当可不必预定课程。除此以外，都以预定为是。只消在预定时，能照原则进行，其弊害就不至于很大了。

第一个原则须依季节的变化而订课程。一年中有许多节期，虽多少带些迷信的意思，不能直接采为教材。但是也应该借此研究各地风俗习尚，从而打破一切迷信。又有国庆纪念日、国耻纪念日、伟人生死纪念日，都是设计教学的好材料。不过采用时有两个附带的条件：第一，不要将各学年定一律的节期教材，使年年有节期，年年只用一套教材，学习的范围变成很狭；第二，要看事实之轻重，定设计范围之大小，凡重大的事，应在纪念日前作个预备的设计，纪念日中作个实行的设计，纪念日后作一个追想的设计。

第二个原则须观察四周环境而订课程。在乡村的环境里有四季花木的荣谢，农产品的播种与收获。在城镇的环境里，有四季商品之变换，适应气候之货物。其他如寒暖之更易、天象之奇变，都足以供儿童作设计的材料。

第三个原则须参照人事的变化而订课程。社会上的新闻、学校内的偶发事项、家庭间的琐屑问题，皆足以引起设计的动机。如果教师善于利用，能用敏锐的眼光，捉住一个要点，就可以采为很好的设计。

第四个原则须采设计的副产品而订课程。在一个设计进行时，常有不绝的枝节问题发生。这种枝节问题就是设计的副产品。有许多只需三言两语可以解决的立刻就解决它。有的非从长讨论不能解决的，就采为下次设计的题材。这种从副产品上发生的新设计，既极自然又有联络，在各种设计中可算是最好的教材。

编订课程，分以下各步骤：

一、第一步　规定各个设计的单元

自有设计教学以来，已经十多年了。在此十多年中，各地试行的结果，已经有很多的报告，载在各种专书、杂志、报章上面。我们应把这许多材料汇集拢来，审查一下，看哪一个设计单元是完善的，哪一个设计单元是合于某年级、某季节的，约略排列一下。再依据它的结果重行实验几回，证明它的结果好不好。再修改，再实验，经多次研究，然后能订定一个可靠的课程。

现在困于时间的关系，不能把所有的实验报告尽量收集。更谈不到整理的工夫、试验的手续，而能编成一个较为完善的课程。只能约略举几个例子，以供参考。完善课程尚待他日。兹将应列各项说明如下。

（甲）第一种手续——收集各种设计单元

展览会

一　玩具展览会	二　开泥人店	三　织物展览会
四　花子展览会	五　果品展览会	六　各科成绩展览会
七　学期终成绩展览会	八　毕业成绩展览会	九　标本展览会
十　贺年片展览会	十一　假期作业展览会	十二　图画展览会
十三　邮票展览会	十四　雨具展览会	十五　服饰展览会
十六　扇子展览会	十七　灯彩展览会	十八　粮食展览会
十九　香烟片展览会	二十　国货展览会	

各种竞赛

一　储蓄比赛	二　开运动会	三　演说竞赛会
四　默写竞赛	五　默字竞赛	六　写字竞赛
七　速算竞赛	八　珠算竞赛	九　实验竞赛
十　征文比赛	十一　时事测验	十二　猜谜比赛

团体集会

一　欢迎新小朋友	二　欢迎新先生	三　纳凉会
四　百技大会	五　交谊会	六　明月娱乐会
七　国庆纪念会	八　伟人诞辰纪念	九　消寒会
十　请客会	十一　同年同乐会	十二　立校纪念会

十三　消夏会（西瓜会）　　十四　远足　　　　　十五　恳亲会

十六　游艺会　　　　　　　十七　学艺会　　　　十八　母姊会

十九　名人演讲会　　　　　二十　辩论会

社会活动

一　选举领袖　　　　二　教师诞辰纪念　　　三　开小邮政局

四　过新年　　　　　五　组织消防队　　　　六　办博物馆

七　办自治会　　　　八　游火车站　　　　　九　织织演讲会

十　文具发明史　　　十一　雪耻设计　　　　十二　开食物店

十三　开服饰店　　　十四　装火车站　　　　十五　装轮船局

十六　模仿农民

自然研究

一　养蛋　　　　　二　我的小鸡　　　　三　春天的野外

四　组织扑蝇队　　五　养蝌蚪　　　　　六　灭蚊运动

七　采矿石　　　　八　虫运动会　　　　九　秋虫学校

十　磨豆腐　　　　十一　种棉花　　　　十二　秋昆虫过冬

十三　参观玻璃厂　十四　植物过冬　　　十五　种菜

十六　研究虫荒　　十七　参观纱厂、织布厂　十八　仿制火柴

十九　造肥皂　　　二十　养蜜蜂　　　　二一　植树节

二二　花卉嫁娶　　二三　捉害虫　　　　二四　养兔子

二五　秋果会　　　二六　养羊　　　　　二七　养鸽子

二八　采集标本

工美建造

一　布置教室　　　二　洋娃娃的家　　　三　放纸鹞

四　造小花园　　　五　装排我们的县城　六　磨粉做点心

七　小猫的家　　　八　做酒酿　　　　　九　开饮冰室

十　做重阳糕　　　十一　投赠贺年片　　十二　做乡村模型

十三　烧面吃　　　十四　做礼物　　　　十五　造各种玩具

十六　造纸

健康活动

一　开小医院	二　大扫除	三　开卫生局
四　组织节食会	五　夏令卫生运动	六　组织卫生检查队
七　举行卫生演说会	八　检查体格	九　不卫生品展览会
十　组织教室扫除队	十一　表演卫生剧	十二　拟公共卫生规约
十三　投登卫生新闻	十四　组织救护队	十五　组织卫生游行队
十六　收集卫生广告传单	十七　组织卫生习惯养成团	十八　规定健身标准
十九　作卫生日记	二十　讨论本地卫生事业	二一　开卫生游艺会
二二　开卫生成绩展览会	二三　编著卫生故事	二四　编著卫生指南
二五　组织各种运动竞赛队	二六　防疫运动	二七　禁烟宣传
二八　定健康信条		

文字发表

一　办学级报	二　办级刊	三　与友人通信
四　假设通信	五　记日记	六　做广告传单
七　编小本书	八　做读书摘记	九　编剧本
十　编故事	十一　做旅行记	十二　通告
十三　参观记	十四　演说稿	十五　剧本说明书
十六　欢迎词	十七　请假信	十八　集会记录
十九　时事评论	二十　做长篇小说	

训练活动

一　纪念周	二　守时周	三　整洁周
四　节俭周	五　礼貌周	六　雪耻周
七　秩序周	八　健康周	九　勤学周
十　惜阴周	十一　努力周	十二　亲爱周
十三　公正周	十四　敏捷周	十五　早起周
十六　庆祝周	十七　姿势周	十八　劳动周
十九　审美周	二十　反省周	二一　谦让周
二二　革新周	二三　爱群周	二四　诚实周

二五	卫生周	二六	信仰周	二七	爱校周
二八	快乐周	二九	测验周	三十	公德周
三一	交际周	三二	奋斗周	三三	义勇周
三四	服务周	三五	救国周	三六	自由周
三七	平等周	三八	敬老周	三九	合群周
四十	破除迷信周	四一	慈善周	四二	建设周
四三	守法周	四四	独立周	四五	自管周
四六	尚武周	四七	爱党周	四八	惜物周

（乙）第二种手续——依年级整理

定几个原则如下：

（1）每个设计单元，有的半周可以结束，有的须延长至两周、三周。平均起来，约计每周一个设计单元。

（2）每半年（一学期）上课日数，约在 22 周左右。开学时先上一周临时课。休业时，兼行一周总复习。普通一学期中以 20 周计算。

（3）依第一、第二两个原则，规定每半年用 20 个设计单元，每年用 40 个单元，六年小学中须有 240 个单元。

（4）依年级之高低，而定单元之多少。照上面所说的一周一个单元，是指普通而言，实际上还因年级的关系而稍有变化。例如，幼稚园与一年级，每周可定两单元或三单元。二、三年级每周可定一单元或两周合一单元。四、五、六年每单元可延长至两周或三周。

（丙）第三种手续——依季节排列前后

	节气	气候特点	风俗	游戏	卫生	自然界生活	食品
一月	小寒 大寒	冰雪、西北风	新年礼	堆雪人	龟裂、伤风	金鱼、鸽子，蜡梅、胡萝卜	
二月	立春 雨水		迎春	放花爆	伤食	水仙、菜、麦、猫、狗、鼠	年糕
三月	惊蛰 春分		赛会	放纸鸢	喉症	燕子、小鸡、梅花	

（续表）

	节气	气候特点	风俗	游戏	卫生	自然界生活	食品
四月	清明 谷雨	春雨	扫墓	玩杨柳球	牛痘	蝴蝶、蚕、桃花，笋豆花	
五月	立夏 小满		竞渡	鹰捕鸡	灭蚊蝇子	蔷薇、布谷	粽子
六月	芒种 夏至	黄梅雨、发霉		拍大麦	洗澡	石榴、牡丹、插秧、火萤	
七月	小暑 大暑	雷、电、虹		捉七子	受暑	荷花、瓜、蝉、蚱蜢	
八月	立秋 处暑	流星露	乞巧	斗草	疟疾	凤仙、鸡冠、收稻	
九月	白露 秋分	大潮、明月、秋风	赏月、观潮	滚铁环	痢疾	桂花、棉花、玉蜀黍、蟋蟀	
十月	寒露 霜降		登高	捉迷藏	目疾	种豆、菊花、蟹	重阳糕
十一月	立冬 小雪	霜		跳绳	感冒	鸦、鹰、红叶	
十二月	大雪 冬至	雾，西北风		踢毽子	冻疮	羊、牛、芙蓉、干草	腊八粥

全年纪念节期①

月	日	周	纪念事项
一月	1		南京政府成立纪念
	3		汉口惨案[1]纪念
二月	24		《伊犁条约》[2]纪念
三月	6		德租胶州
	8		妇女节

---

① 表格内的历史事件，编者一一做了注释，详见文末。——编者

（续表）

月	日	周	纪念事项
	12		总理逝世[3]纪念 植树节
	17		《中英条约》[4]
	18		三一八惨案[5]
	29		七十二烈士[6]殉国纪念
四月	17		中日战争[7]
	27		俄租旅顺大连湾
五月	1		劳动节
	3		济南惨案
	4		学生运动纪念
	5		非常大总统[8]就职纪念
	8		《中日马关条约》[9]
	9		国耻纪念日[10]
	28		《堪垣条约》[11]
	30		五卅惨案[12]
六月	3		林则徐烧烟纪念[13]
	9		英租九龙半岛
	16		总理广州蒙难[14]纪念
	18		《中美天津条约》[15]
	23		沙基惨案纪念[16]
	26		《中英天津条约》[17]
七月	1		国民政府在广州成立[18]纪念 《威海卫专条》[19]纪念
	14		八国联军[20]入京
八月	29		《中英南京条约》[21]
九月	5		万县惨案[22]纪念
	7		《辛丑和约》[23]纪念
	13		《芝罘条约》[24]纪念

（续表）

月	日	周	纪念事项
十月	10		国庆纪念[25]
	16		法租广州纪志
	24		《中英北京条约》[26]纪念
	25		《中法北京条约》[27]纪念
十一月	11		世界和平纪念[28]
	12		总理诞辰[29]纪念

（丁）第四种手续——把各周间联成一气

举二年级春实例如下：

周	假定起讫月、日	设计题目	支配理由
1	2月25日—3月2日	装饰教室	开学后必须重新装饰一回
2	3月4日—3月9日	布置园地	室内装好了,室外也要整理一下
3	3月11日—3月16日	孵小鸡	因整理园地而想到饲养动物,因饲养动物而想到养鸡
4	3月18日—3月23日	造鸡棚	因养鸡而需要造鸡棚
5	3月25日—3月30日	家禽大会	因研究鸡而联想到其他的家禽,从此就开一个家禽会
6	4月1日—4月6日	春游	因踏青而想到春游
7	4月8日—4月13日	造花园	因游花园而想到造花园
8	4月15日—4月20日	洋娃娃的家	有了花园便会想到家庭,因此就布置一个洋娃娃的家庭
9	4月22日—4月27日	农村	因家庭而想到合许多家庭成为农村
10	4月29日—5月4日	麦粉制饼	因参观农村,见农人刈麦而想到用麦粉制东西吃

（续表）

周	假定起讫月、日	设计题目	支配理由
11	5月6日—5月11日	可恶的日本人	因国耻纪念而引起研究日本人的生活
12	5月13日—5月18日	提倡国货	因雪耻的初步在于不用仇货，积极方面就是提倡国货
13	5月20日—5月25日	玩具展览会	因国货而想到玩具的多非国货，就开一个展览会来鉴别一下
14	5月27日—6月1日	赠送礼物	因玩具展览会而想到自制玩具当礼物赠送亲友
15	6月3日—6月8日	夏兆（天气、自然界）	因季节变更定夏兆研究
16	6月10日—6月15日	夏兆（衣、食、卫生）	续前
17	6月17日—6月22日	灭蝇运动	续前
18	6月24日—6月29日	过端午	因季节而订定
19	7月1日—7月6日	成绩展览会	将一学期中成绩总结一次，开个展览会
20	7月8日—7月13日	话别会	学期结束

以上所举各实例，聊示一个编法大概。实施时当再顾及以下各条件：

（1）临时有更好的问题发生，当将预定的教材变更改用。

（2）照上面的实例，虽然定着每周一个单元，实际上只有四五个大单元。其中有许多小单元，可以并为一个总目的的。

（3）各单元进行时，处处能自然进行使儿童只知有一贯的活动，而不觉得有单元的间隔最为相当。

（4）各单元各有一个特性，有的偏于常识方面，有的偏于工作方面，有的偏于记号方面。最好能在配置之前，先通盘筹算，使不偏不易为原则——万一不能顾到时，当然不必顾到。

（5）今年做过的活动，当避免以后重做一回。即使因境遇的关系，儿童需要再做一回时，亦当扩大计划，变更方法，使题目重复而内容绝不相同。例如灭蝇运动的一单元，在初做时，只需以家庭为范围。第二次再做时，可扩大，以唤起民众之注意为目标。

二、第二步　拟定一单元的教法

假定一学期中应做各个设计活动，完全照前面几种手续做好了。以后的问题，就是如何拟定一单元的教法。

大家总以为一种教材适用一种教法，不能呆板规定。尤其是设计的教法，更不能把它定得很机械。这话说来很是。但是反过来说，教师无论用什么方法教儿童，决不能全无准备。决不能踏进教室，专门信口开河地胡说一律，或是一任儿童很杂乱地吵闹一番就算设计。应该把一种教材，前前后后，各方面都准备充足，临时方不至慌忙无措、空费时间。

准备的方法当然要看各单元的内容，猜拟进行的情境而加以预备（在有经验的教师，确有几分把握，能预料儿童必走哪几条路，预备起来，枉费极少）。

万一教师所预备的不适于当时的情境。那么教师不要勉强儿童迁就教师所预备的范围，应该先就他们自发的问题上着手，慢慢地引导他们到教师所预备的范围内。

有时，左思右想无法引入范围也不必灰心，也不必懊丧。应该作进一层地回想，考查失败的理由何在，以后应怎样预备，才能恰到好处。（俗语所谓"吃一回亏，学一回乖"，亦即古语所说"失败即成功之母"的意思。）

以下且说预备教法的各步手续：

第一种手续——定一单元中可教的范围，考查：这一个单元在哪一年级里好教？尽其量好教些什么？

例如教二年级学生研究邮政。定可教的范围如下：

（1）观察邮票的式样、颜色、价值。应收集各种邮票观察、仿制。

（2）观察邮件的种类：明片、函信、包裹、快信、挂号、保险。收实物观察。

（3）计算邮票的价格：一分、二分、四分、六分。

（4）信件的写法，观察实物，实地练习。

（5）邮票的贴法，观察，实习。

（6）邮寄的方法，观察信箱、箱筒、邮局。

（7）邮差的任务，收信、发信。实习表演。

（8）邮局的忙碌，买邮票、打印、装包、运送。实习表演。

第二种手续——依科目审查，增补材料。依前单元，将各教材归并于各科目中：

读书

作文　信件写法

写字　写信件

算术　计算邮票价值

社会　观察邮票式样、颜色，邮件种类，邮票贴法，邮寄方法，邮差任务，邮局活动

自然

工作　仿制邮件

美术　仿制邮件

音乐

体育

将一个设计单元，用科目划分后，便可看出该单元偏重何科。并且还可以看出缺漏何科教材，应如何设法补充（这里要加一个申明，既称设计，当以活动为本位，无须顾及科目的偏与不偏。但是作者以为活动两字很难捉摸，也许动了多时，结果只得着一个轻举妄动的观念，何等危险！所以我们为稳健起见，还是依科目来察看一下，设法使其他各科平均发展得好。即使不能平均，至少也可以救济太偏之弊。补充的办法，当然不能生吞活剥，硬凑成联络教材的形式。应该斟酌该单元的内容在可能范围内，加以补充。万一不能普及各科，也只好听便。更如音乐一科无法插入，而一周间又不能不有音乐时，即将本科依中心教材法联络上去，自身便成一个设计）。

查上例研究邮政的一单元中，缺少读文、自然、音乐、体育四科的教材，便可以设法添补进去。例如：

读文　读"来往的信件"，读"信的自述故事"，读"邮差的故事"。

自然　自然科无法直接联络，就自成一个设计，研究送运邮件的交通器，或观察其他不相关的自然界的生活。

音乐　可唱一个"送信歌"或"邮差的快乐"歌。

体育　可教"邮差模仿操""运邮件游戏""传信比赛"。

第三种手续——规定活动中心及活动进程。用过上面两种手续，把可教的范围定好了，各科目的分量配好了。进一步便可以订定一个作业概要，以活动为纲、进程为序。使教师在事前能有充分的预备，临场才不至于任野马奔驰，无所归束。例如：

邮政研究

第一个活动中心——参观邮政局

方法：

（1）调查邮政局地点、邮政局方位。

（2）画到邮局去的简单地图。

（3）讨论参观要点，如邮局布置、邮务员职务、索取章程、购买邮票。

（4）说明行路规则。

（5）排队出发。

（6）到局参观、买邮票、讨章程。

（7）回校讨论邮局所见，观察收得各种邮件（向个人收、本校收）。

第二个活动中心——装排邮政局

（1）引起模仿装排的兴趣。

（2）决定装排的地点。

（3）讨论布置法。

（4）开示应用物：柜台、桌椅、橱架、箱子。

（5）搜集应用另件：印泥、剪刀。

（6）做假邮票，计算邮票价值。

（7）讨论邮务员及邮差职务。

（8）推定装排人。

（9）邮务表演。

（10）唱送信歌。

第三个活动中心——相互通信

（1）读信件。

（2）研究信件写法。

（3）试写信件（用作文簿）。

（4）制信封、信笺。

（5）写信。

（6）递送表演。

（7）传信游戏。

第四种手续——编应用教材及检查参考用书。依上项规定：

（1）应编之教材，有来往信件各一篇，时宜适应时令，合于当前的境遇。有送信歌一首，该歌当表出送信人与受信人的一问一答。

（2）应查之参考书，有邮务员职务、邮局章程，查日用百科全书、上海指南、邮政章程各书。

第五种手续——准备教具图表。

前单元中应用教具图表，有各种信件、各种邮票、本埠地图、各种邮递法照片、邮差图片、邮政章程、邮政箱、印泥、剪刀、邮差服装、信封、信笺、纸料等。

三、第三步　规定教学实录

教学实录虽与课程很少关系，但是要准备一个课程的全部活动，对于教学实录，也不能不附带规定一下。

教学预定录

级名			人数		时间	
设计单元						
目的	教师					
	儿童					
活动中心						
准备用品						
关及各科活动	国语					
	作文					
	写字					
	社会					
	自然					
	算术					
	工作					
	美术					
	音乐					
	体育					

教学结果录

动机	
目的	
计划	
实行	
判断	

记载方法有详备与简略两种。详备的优点，在于将来稽查容易；其缺点，流于太烦琐，往往不能有始有终。简略的优点缺点，适得其反。通常只须采用简略的一种，遇有特殊问题时，另行详细录出，如此则检查容易而亦不缺漏。

有了记载，其目的并非就以记载为终点。应积多次记载的结果加以整理，查出经过的优点何在、缺点何在；对于部定课程有无不合之处；对于学习方法得到何种反应；均当一一整理，备教师反省考核之用。

本章总结：课程的编制应根据社会的需要、儿童的生活，用科学的方法编造。本章所述，偏于编制大纲后的实施情形，重在整理与预备，便于一般教师的应用。如果有聪明的教师，良好的环境，活泼的儿童，设计时，当然可以不受课程的拘束。但无论如何，在指导进行时，总逃不了以上几个步骤；不过时间有长短，准备有精粗而已。所以我们不希望个个教师都照这种呆板的办法去做；只希望每个教师，都有这种运用课程的常识。

【注释】

[1] 汉口惨案，即一三惨案，是指 1927 年 1 月 3 日，武汉工人、学生和市民召开大会，庆祝北伐胜利和国民政府迁到武汉，英国水兵突然从租界冲出，用刺刀驱赶群众。群众怒不可遏，但却手无寸铁，只能投石以抗。英军当场将海员李大生等两人刺成重伤，轻伤数十人，制造了一三惨案。

[2]《伊犁条约》即《中俄伊犁条约》，又称《中俄改订条约》《圣彼得堡条约》，是 1881 年 2 月 24 日清朝与沙皇俄国在圣彼得堡签订的有关归还新疆伊犁地区的条约。

[3] 这里的总理是指孙中山先生。1925 年 3 月 12 日上午 9 时 30 分，中华民国与中国国民党的缔造者孙中山先生，因患肝癌医治无效，在北京东城铁狮子胡同 5 号行馆逝世，终年 59 岁。

[4]《中英条约》即《中英藏印条约》。1890 年 3 月 17 日由升泰与英国印度总督兰斯顿在印度加尔各答签订了《中英会议藏印条约》。

[5] 1926 年 3 月 18 日，北京群众五千余人，由李大钊主持，在天安门集会抗议，要求拒绝八国通牒。段祺瑞执政府竟下令开枪，当场打死 47 人，伤 200 余人，李大钊、陈乔年均在斗争中负伤。

[6]"七十二烈士"即"黄花岗七十二烈士"。

[7] 中日战争即中日甲午战争。

[8] 非常大总统即中华民国非常大总统。1921 年 5 月 5 日，孙中山在广州就任非常大总统职，并发表就职宣言和对外宣言。

[9]《中日马关条约》即《马关条约》。

[10] 国耻即"五九国耻"，是指 1915 年 5 月 9 日，中华民国第一任大总统袁世凯经过与日本达 105 天的谈判和周旋之后，被迫接受日本《二十一条》中的十二条内容之事件。激起全国人民的反日运动。

[11]《瑷珲条约》，又称《瑷珲城和约》，是沙皇俄国和清朝黑龙江

将军奕山于 1858 年 5 月 28 日在瑷珲（今黑龙江省黑河爱辉区）签订的不平等条约。

[12]五卅惨案（也称为五卅血案）因发生于 1925 年 5 月 30 日而得名，是反帝国主义爱国运动五卅运动的导火线。

[13]1839 年 6 月 3 日，林则徐下令在虎门海滩当众销毁鸦片，至 6 月 25 日结束，共历时 23 天。虎门销烟成为打击毒品的历史事件。虎门销烟开始的 6 月 3 日，民国时被定为不放假的禁烟节，而销烟结束翌日即 6 月 26 日也正好是国际禁毒日。

[14]总理广州蒙难是指 1922 年 6 月 16 日，陈炯明发动兵变，炮击总统府，孙中山被迫离开广州。

[15]《中美天津条约》，是 1858 年（咸丰八年）6 月 18 日清朝与美国签订的不平等条约。

[16]沙基惨案发生于 1925 年 6 月 23 日，又称六二三事件，英国士兵开枪镇压广州的游行队伍，造成严重伤亡的事件。

[17]《中英天津条约》又称《中英续约》，是 1858 年 6 月 26 日清朝与英国在天津签订的不平等条约。

[18]中华民国国民政府于 1925 年 7 月 1 日在广州成立。

[19]威海卫专条即《订租威海卫专条》是清朝与英国于 1898 年 7 月 1 日在北京签订的有关租借威海卫的不平等条约。

[20]八国联军是指 1900 年以军事行动侵入中国的英国、法国、德国、俄国、美国、日本、意大利、奥匈帝国的联合军队。

[21]《中英南京条约》又称《江宁条约》，是中国近代史上与外国签订的第一个不平等条约，是中国第一个丧权辱国的条约。

[22]万县惨案，又称万县"九五惨案"，发生于四川省万县（现重庆市万州区）。

[23]《辛丑和约》即《辛丑条约》，是中国近代史上赔款数目最庞

大、主权丧失最严重的不平等条约。

[24]《芝罘条约》又称《烟台条约》《滇案条约》，是 1876 年（即光绪二年），清廷在英政府外交压力下与之签订的不平等条约。

[25] 这里的国庆纪念是指辛亥革命纪念日，中华民国国庆日。

[26]《中英北京条约》是英国与清朝于 1860 年（咸丰十年）10 月 24 日在北京签订的不平等条约。

[27]《中法北京条约》是法国与清朝于 1860 年（咸丰十年）10 月 25 日在北京签订的不平等条约。

[28] 每年 11 月 11 日，纪念第一次世界大战结束。

[29] 这里的总理诞辰是指中国近代民主主义革命先行者孙中山先生的诞辰。

（原为《设计教学演讲集》第六章，上海：商务印书馆 1931 年版）

关于设计教学的零散问题

一、秩序问题

初年级行设计教学，往往有秩序紊乱的现象，对于学校训育上似乎不大相宜。诚然，现在有人试行设计法教学，没有了解设计的本身，贸然从事的很多。这一层应该归咎于教师自身，不能责备设计法的不对。

再从紊乱的现象方面讲，有时因为大家急切发言，或者起劲办事，在不知不觉中忘了自身与团体的关系，竟轰轰烈烈地闹起来了。这种为了正当的学习而发生紊乱的现象，我们当然可以原谅。积极说起来也好说它是好现象。

即使有时发生无理的争执，教师要制止他们的野蛮举动。养成不紊乱的习惯，尽可以用设计法来指导。例如学生为了进出教室的拥挤，甚至于发生打骂的事情。那时教师尽可以同他们讨论一个进出教室的办法来：排队时谁应在先，谁应在后，是随着自然的次序走呢，还是依教室中座次分前后？当时还可以告诉他们乘火车、轮船、电车的时候，如果争先恐后，挤得水泄不通，结果还是争先的未必争得到，有时反而落后些。经此一回讨论，以后的纷扰便可解决。

又如发生争夺物品的问题，便可以使他们举出领袖来自行管理。总之，只要指导有力，"秩序紊乱"的现象是不难解决的。

二、改行设计问题

设计教学依上面讲来，当然谁都欢迎的。不过实施起来应视：学校内之设备若何？学生的训练若何？教室的分配若何？教师的训练若何？参考用书多否？工具材料多否？如果一无基础，宁可缓步徐行，逐渐改革。其改革之步骤大别之为七种：（一）养成会思考、会建造、会练习、会欣赏的能力。（二）在单独的科目中，试行几回分科设计。（三）注意偶发事项，采为设计教材。（四）打通各科，试行合科设计。（五）废止科目时间表，改用活动本位的时间表。（如健康活动、建造活动。）（六）试行团体设计，试编各科教材。（七）能力别分组，并多行混合设计。

三、时间表问题

行了设计教学当然要打破科目本位的时间表。在一学级单独应用一个教室；担任教师又属专任职，当然更无规定时间表的必要。但是因为便于指导，采用一种活动的时间表亦无不可。活动时间表，普通又可分两种：一种是在每天早晨订定当天的活动节目；一种是在每天课毕订定明天应有的活动。两者各有所长，各有所短。大概须视年级的高低而定夺。年级低的，适用当天订定的方法；年级高的，适用隔日订定的方法。

还有一种情形，年级高了，上课时数逐渐增多。一个教师不能担任全级科目，兼长各门功课，势必需要请求别位教师帮助，那就不能不有一种时间表了。这种时间表的编法有三种：一种依专科教师的科目（大概把音乐、体育或者是算术划给另一教师担任）而定；一种依学习的活动而分（有练习活动、健康活动、建造活动、研究活动、交际活动等名称）；一种依教室的性质而分（有工作室、研究室、会议室、图书室、游戏室等）。

四、劣等儿童问题

普通很容易有个错误的观念，以为一级中必兼全优等儿、中等儿、劣等儿三种。殊不知优、中、劣三个名词是比较的，不是绝对的。严格说起来，一级中也许一个劣等儿也没有。因为劣等两字，好似含有顽劣不堪、不可教训之意，实际上一级中何尝必有此等人物？即使发现一个两个，绝没有普通所指之多。

并且还有一层，真正的劣等儿往往因为先天遗传的关系，或者因为后天疾病的关系，造成一种不可训教的劣等儿。平常我们往往误解劣等两字的意义，把聪明伶俐的顽皮儿、寡言沉着的静默儿、怕事少动的滞钝儿，一律当他们是劣等儿。于是教师都以非寻常的方法待他们，久而久之，不劣的人，也变成劣了。

凡是有一个问题，往往被聪明儿（优等儿）所提出，得中等儿去奉行，受劣等儿（真的劣等儿）的梗阻，而不能爽快进行。凡事大家已经明白了，劣等儿还是摸不着头路。大家已经练得纯熟了，劣等儿始终莫名其妙，只是呆看人家，不知怎样下手。一切问题，都被他们牵制；一切时间，都被他们耽误。我们要想为了大众的利益起见，想抛弃他们罢，又不忍出此狠手。如果迁就他们罢，又觉得相差太远，一时无法提携。在这两难之间，惟有将少数劣等儿童另编一组，专用旧方法教（注入法或启发法）。万一人数太少，不成一组时，便令他们跟了中等生学（由教师指定）。此法虽不合于教育原理，可是比了无法教他们的，总算略胜一筹。

五、儿童成绩问题

有人说设计教学比了非设计教学好，有人说行了设计反多弊害，到底谁是谁非，不必争论，只要看儿童的成绩如何就可断定。如果成绩好即断定设计是好的；如果成绩坏，当然设计法是不能用了。

但是多数人的见地，欲对于设计教学所教的成绩多数不能满意，这是什么缘故？我以为不出下面几个原因：

（一）因为创行设计教学，历史不久，现在尚在初试时期，一切方法未臻完善，所教成绩当然不能特出。此后定当努力研究，切实改良。

（二）因为批评的人，眼光不同。他们只看了成绩的表面，不查骨子里的成绩如何。好比同样两张图画，一张是儿童照了教师的范画摹临，再经教师修改过的；一张是儿童自己创造的。这两张图画并列一处，试问：谁好谁坏呢？

（三）因为批评的人，故意提高眼光，所以论断不能正确。一般人总喜欢批评别人的成绩，非常苛刻。对于别人的成绩，比了自己的成绩非好过几倍，即不足以使他信服。这种厚责于人而薄责于己的论断，当然不能认为合理的批评。

（四）因为新旧方法所花的时间不同，所以批判的结果也不正确。例如，从前每周有十几小时国文钟点，所教成绩，能够看懂一本某某小说；现在每周只用两三小时阅读指导的工夫，也能看懂一本同样的小说。两相比较，成绩的孰优孰劣不言而喻了。

总而言之，批评成绩的好坏，当在经过上考察，不可单看了结果，就下定论。

（原为《设计教学演讲集》第七章，上海：商务印书馆1931年版）

国
语
科
教
学
论

小学国语科的十个重要问题

引　言

本文研究的范围，照新学制国语科分读文、作文、写字、国语四科，而抽出几个重要的问题略略加以解说。所谓重要的问题并不是根本上的问题，也不是空泛的问题，不过是介绍些寻常容易忽略的实际问题，一切研究的背景是根据于最近教法上的新使命：沉闷的练习，要改成游戏化；散漫的进行，要改成社会化；乏味的学识，要改成故事化；呆板的模仿，要改成作业化。文章谅多缺点，尚祈同志们指教！

讨论本文前为便于阅者起见特立简表说明如下：

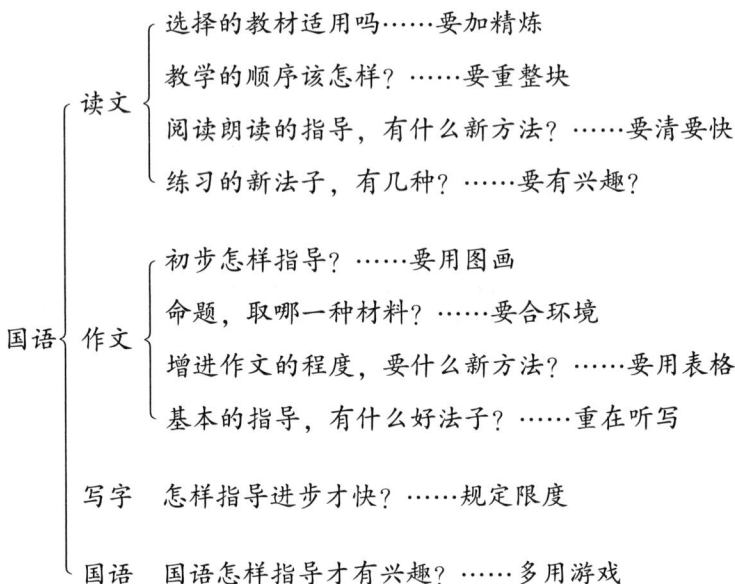

```
          ┌ 读文 ┤ 选择的教材适用吗……要加精炼
          │      │ 教学的顺序该怎样？……要重整块
          │      │ 阅读朗读的指导，有什么新方法？……要清要快
          │      └ 练习的新法子，有几种？……要有兴趣？
          │
          │      ┌ 初步怎样指导？……要用图画
     国语 ┤ 作文 │ 命题，取哪一种材料？……要合环境
          │      │ 增进作文的程度，要什么新方法？……要用表格
          │      └ 基本的指导，有什么好法子？……重在听写
          │
          │ 写字   怎样指导进步才快？……规定限度
          │
          └ 国语   国语怎样指导才有兴趣？……多用游戏
```

一、读文

第一个问题：现在选择的教材适用吗？

（甲）精读的教材选取哪一种？

此刻，各书局里所出的教科书，各学校里自编的教材，都是行过故事化洗礼的。这是读文教学上的一大进步。但是起初经一二人的提倡，各地各机关都很热烈地在那里收集，改编创作各种儿童文学，到现在不患不够用，要虑不合用了。同样一编故事，甲用散文写出，乙用剧本写出，就要比较哪一个方法好；同样一首诗歌，甲写得自然，乙写得不自然，就要拣用哪一首作品好；同样一个物语，要看哪一篇合于儿童口吻；同样一段史话要看哪一个说得清浅有味；同时几篇教材，分配于各年级，要看哪几篇的程度和兴趣适合。以上种种问题，选取精读教材时都不能不注意研究的。

试问，现在的教科书算是精读的教材，能有谁下过一番调查的功夫

吗？我想除了作者的主观外，别无根据了。这里精读的教材何精之有？

我们要做的一件事就是希望有教育行政的机关，或是地方上研究的机关，挟了重资专事调查，把所有的儿童文学分门别类，汇订成册，往各处各学校里去调查。统计那几篇材料，最博得某种程度大多数儿童的欢迎，就定作该年级的精读材料。

1. 我曾见过六年级的教师，兴高采烈地在那里教一篇短短的"鹬蚌相争"的物语故事。不要问教法的好不好，也不必问文字的通不通，只要问这种教材教这帮儿童，到底可以得到多少效果？我料想有几个聪明的儿童，暗地里在那里要说这课书乏味得很，徒然费我的游戏时间，坐在那里等退课呢。——这是年级不合。

2. 我还记得有一个教师，选了一篇小说去教四年级的学生。有人费去三分钟的阅读也能明白大意了，有人要费去 10 分钟的时间才能看完一遍。两人比较起来虽说有智力上的不同，反过来说，也就不合同年级各生的胃口。——这是个性不合。

3. 我也做过一回小小的试验，用同一内容的教材，做成散文故事一篇，韵文诗歌一篇，剧本一出，交给同程度的三组儿童读。结果剧本最有趣，效果最好；散文故事最差。推究原因，或者因为剧本是变成游戏化，最活动，所以收效最大；韵文可唱，也有可取；散文最平直，就难博儿童的欢迎了。——这是题材的问题。

（乙）略读的教材选取哪一种？

精读教材要含有代表文的价值，一星期至多读二篇或三篇。但是希望小学中读文程度的增进，绝不是单靠着几篇精读文得益的。要使他们增进，非多看不会进步快；非专替优良儿童加多补助读本，不会满其欲望，这样说，略读文的价值显露出来了。

既然承认阅读文的重要，接下去的问题就是，要选取哪一种材料呢？最简洁的回答说，"每一种阅读材料要和精读材料联络""每篇材料要适合各年级的程度""每篇行文要比精读材料清浅有趣""既称略说，长篇宜选章回体，短篇宜用联合体"。

1. 略读的材料，到现在还没有人组织过，往往看见名为补助读本，内容是物语，而字句是半文体，试问这种材料供给哪一年级阅读好呢？给高年级读，内容太浅，给低年级读，文字太深，结果等于不适用。

2. 现在认为有价值的补助读本，还是在四年以上有几种可以看看。一、二、三年级竟是没有几本找得到，只为便于教师的选取起见，特介绍几种书名如下：

商务本——故事读本、儿童世界游记、儿童世界、儿童故事、儿童诗歌、常识谈话、理科丛书、少年杂志、中国寓言、伊索寓言、希腊神话、中国新游记、鲁滨逊漂流记、少年旅行团、澳洲游历记、英文故事、儿童书报、儿童剧本、儿童笑话、儿童教育画、好孩子、上下古今谈等。

中华本——儿童小说、世界童话、中华故事、旅行笑史、蒙古旅行记、儿歌、小朋友、小弟弟、小妹妹等。

广学会本——小英雄、海国趣闻、戒烟酒寓言、活水永流等。

青年绘本——公益讲话、社交游戏、苦英雄、德育故事等。

美华书局——儿童故事书、日本神话、酒之罪状、赌博之害、彩票之害等。

卫生教育会——卫生丛书、妇幼报等。

世界书局——童话大观。

旧本小说——三国演义、岳传、水浒、民国演义、今古奇观等。

3. 各书都没有经过审查定夺，哪一种书适合于某年级，最好也要用一番调查的功夫。

4. 一、二年级的补助读本文字简短，绝不能订成薄小的书本，成本又贵又不耐用，应该用单片的图画故事，各片段编辑一个目录。来源可有一个简捷的方法，收集报章杂书的图画，加以说明。

5. 我记得参观南高附小，他们对于阅书非常注重，把所有各书分别程度储藏于各级教室内。这种办法，可说处置略读材料有些端倪了。

6. 有一回我调查劣等儿童的工作，他什么课都不喜欢学，只是手不释卷地拿着一本《三国志》看着。问他什么原因，他说为了这书上有"且听下回分解"一语罢了。原来章回小说有一个使人不得不看下去的魔力。

7. 儿童世界和少年杂志，优点在于无奇不有，缺点在于不一贯。最好有一种专号的书本出来，譬如讲猫的补助读本，要有几个记猫的生活故事，有几篇写猫的形态的诗歌，有剧本，有儿歌，得了一书，可以明白猫的各种知识。

第二个问题：读文教学的顺序应该怎样？

（甲）旧的顺序适用吗？

旧时国文教学的顺序，首推商务本的新国文教案为最完善。此刻就拿它的顺序来作根据。

它的顺序。

第一次：目的指示，直观问答，教授话法，教授生字。

第二次：问答大意，复问生字，试读质问，范读、指名读，教师发问，指名讲，练习读讲，抄写。

第三次：问答大意，练习读讲，摘默，实质深究，形式深究，整理，事实应用，形式应用。

第一次为什么要这样教？为了那时的读文材料儿童不喜欢学，那时的文言材料，儿童不能自学，因此要用指示，要教话法生字。现在白话文儿童文学材料，当然不适用。

第二次为什么要这样教？因为那时的文言文难学，所以要用机械的方法先使他记牢。做练习课业，此刻的读文，当然不适用旧顺序。

第三次为什么要这样教？因为文言文不容易应用，所以要用切实的死功夫，反复地使他明白而能应用。此刻言文一致，不必如此教法。

总看旧的顺序，先从表面入手，后重内容，先从单独的字句入手，后综合全文。都是先零散后整块。文言文不得不照这样教，实在是不适合于儿童的学习心理。

1. 文言文的教学顺序不得不用这种方法，倘使要颠倒次序，抽取几项教学，就得不到大效果了。文言文自有文言文的顺序，换句话说，白话文当然要用白话文的顺序了。

2. 先零散后整块。儿童的学习态度倾向于记熟许多单独的字句上，结果发生无兴趣，整块观念，也得不到。只可以说替字典、文法做功夫，绝不能说，对于大体上学到写什么。所以批评该项顺序是不经济的教学法，是不合时宜的教学法。

（乙）新的顺序该怎样？

有人说新教学法无所谓顺序，这句话未免太专断。有人说顺序不能呆定，应该活用，这句话未免太笼统。总之，我们要承认学习当适合儿童的学习心理。学习进行的自然步骤，我们就当他新的教学顺序，所以不能说没有程序，也不能说呆照顺序。顺序好像是一个大圈子，拿了这个圈子，在无论什么状态之下都可以应用的。

最近依据的读文顺序要算商务本的儿童文学读本和新学制国语教科书的教授顺序了。它的顺序如下。

第一段——动机，欣赏，检查自习结果，解释，吟咏，总括，补充想象，表情吟咏。

第二段——定目的练习，计划练习法，用认字、抄写、阅读、推敲等方法练习。应用，判断。

第三段——指导表演。

新顺序的第一段是什么意思？原来现在的读文材料是儿童文学的材

料，儿童有喜欢学习的动机；现在文学是白话的国语，儿童容易看得懂，只要教师一发动他自然会热心探求了。所以先从大体入手是新顺序中的特色。

第二段是什么意思？既然大体明白了，学习文学的目的可以达到对读文教学的副目的——学得文字记号的应用，外国多与文学分离，特设文法科——还没有顾及。所以不能不下一些练习的功夫使他会用。

第三段是什么意思？是补助读文的兴趣和记忆的表演，要用身体动作从平面的文学改成立体的演习，当然要有趣得多，容易记得。

1. 新顺序和旧顺序，所不同的地方最大的判别在于先零散后整块和先整块后零散的相差。旧的从零散入手，所以只能记得零散字句；新的从整块入手，所以能欣赏到整个的儿童文学，先后调换一下，学习的态度和效果就大相径庭了。

2. 新顺序中的自学机会多，不像旧顺序中都是被动，为什么能使他自学，并不是顺序的改良，却是受着国语和文学的好处。因为喜欢学就不要强迫他学，因为容易学就不要死教他学。新顺序适用于新教材，旧顺序适用于旧教材，大家调一调，大家不合用。

3. 顺序最适于精读的故事材料。韵文剧本还应有个增损的地方，但是大体上总逃不出这个大圈子。

上述的新顺序确实比了旧顺序，进步得多了，但是我还嫌它不纯粹。怎样说呢？试看第一段顺序中，既然重在欣赏大体，竟可以不检查自习结果。（结果可以比较出来）第二段中阅读推敲应用，目的倾向于欣赏方面多，为什么不归到第一段去？第三段的指导表演，完全属于欣赏方面，也应该并进第一段中去，所以我还自拟一个顺序如下：

第一步欣赏——动机，概览，速阅，述大意，深究，补充想象。

第二步建造——计划，表演，预备用品，分幕练习，正式表演，判断。

第三步练习——字片练习,摘默字句,应用。

第一步的用意是什么?可用一句话说尽,就是要使他欣赏全文。

第二步的用意是什么?不过为了表演,不能表演的就缺。

第三步的用意是什么?做读文的副目的,记熟几个文字符号。

这种顺序的背景也是根据于先整块后零散的一条原则。

1. 最好的动机,联络别种课业而来。用活页教材供给他们。其次用多数儿童选取的方法,或由前课临了时引起。否则总不容易找到自然的好动机。

2. 速阅一步功夫,为向来所不注意,实际这一层对于儿童的读书能力上很有帮助。我们应该极力想法养成的。怎样养成?详下面略读指导法。

3. 深究和补充想象,往往连着应用。譬如讲到文中一句:"前面深树林旁有个村庄,两个农人,一夫一妇相对泣着,声极凄惨……"应该和儿童讨论:森林里的景象怎样的?森林旁的村庄,寂寞不寂寞?两农夫年纪多少?身上穿些什么,形容如何?他们为什么哭?兵灾对于农夫有多少痛苦?凄惨声大概是怎样?……一问接着一问,使儿童想象到历历神往,好似书中人物一样。

4. 表演指导,说来很不容易,会有专著讨论,难得其详。这里只可简短说几句:表演的语气不能像背书一般,要和平常的讲话相同。表演的情节,仅可自由插入形容的动作语句,只要不碍大体。表演用品,最好都叫学生做出来。表演完了,非加判断不可。

5. 文字练习的来源,不要使照书上的生字去教。应该逐句读下去,叫学生摘出生字来,抄在黑板上。每个生字下,注出有多少人不识。得到统计的结果,分别轻重去教。譬如摘出一个"村"字,只有一个人不识,想来这个生字不重要的,不必多花工夫去练习。如果有一个生字"泣",有30多个人不识,那么这个生字是重要的生字,应该用一些功夫去练习。以后默写应用，都可以根据这种统计去教，一则有兴趣，一则可以精确。

第三个问题：略读，朗读的指导，有什么新方法？

（甲）略读怎样指导？

读文能力的进步，略读很有帮助。略读的材料宜多。略读的方法主快。统计个人的读书实况，都是略读的应用多，精读的应用少，除非有少数研究家对于专门的学识，需仔细研习之外，余如阅报、阅杂志、读参考书等，都只要应用略读好了。因此略读的方法不能不有个指导。

要使阅读快，教师可用测验式的方法：同时开始阅读，计算全体及个人的速率，考察概念的记忆。每星期中常做一二次，一年之后进步之快，可使你惊奇。

在不用测试式的比赛时，可用略读记载表，表上填月日、题材、阅读字数、阅读时间、平均速率等；再用一个大统计表，比较个人进步的快慢，一年之后也可得非常的成绩。

1. 用一个可靠的略读速率测验：选几篇模范文，是浅显而有趣的材料，测验一级儿童，同时开始，叫各人加句读符号，免去假读弊病。末后附录几个问题，看各人须费多少时间，能答出多少问题。测验人多了，造成一个统计，某年级多少年岁，应该有多少阅读速率。以后就靠这个标准衡量各人的略读能力。现在改进社出的默读测验，可查能力，不可察速率，以后只要补一个标准就好了。

2. 阅读时有不识的字，要养成他们几个习惯：①将读不出的字先查看上下文，自己体会出来；②生字旁摘一记号，跳去生字阅看下去，看能不能也明白大意。③将生字去问近旁的同学；④最后将生字查字典或问教师。

3. 要使儿童学得大意，可用一个游戏法：教师分发一篇新的课文，喊了起同时翻开来看，教师用时表报告"一分钟、二分钟、三分钟……",叫先看好的人举起手来,记载报告的时间。等全体人看完了,把问题表挂出来。表上列许多问题,每个问题下有若干答语,中间有的是对的,有的是不对的,每答都记一个记号,儿童看了以为第几答对的,只要一个号数好了。收集各人的记载纸,可以查各人的阅读能力。结算阅读时间和字数,可以查出各人的略读速率。

(乙) 朗读怎样指导?

教读文不主张用朗读。从前文言时代读出来的字句不就是说话,要熟悉几句语句,不得不专靠朗读,使读得的音调常常残留在耳朵里,一旦做起文来,好像有人对你说话的样子;有的人竟会咿唔咿唔发出一种小声音来,就是证明朗读得来的经验,须用朗读达出来的表现。现在白话文的时代,读的字句,就是说的话,虽不能完全统一,却比从前要多占几分。所以学会说话,就可以作文;学会读文就能使说话有条理。说话可从耳朵里听得出,得来文字可从眼睛里看得来。从朗读得来的经验,比较多转折而多费时间,从默读得来的经验简捷而效果好。所以朗读在现在,几没有存在的价值。

但是在初年级的时代,默读既不能考查他的成绩,又无从指导他常在默读,因此不能不借助于朗读,表现出来。就是高年级有时也须应用着。所以我们只可以说宜少用朗读,不可以说绝对不用朗读。

从前文言文的朗读有一种相沿下来的书生调。大家只是学着这样读,都不知道为什么要这样读,所谓盲从的模仿冲动罢了。此刻用白话文,字句要使人容易明了,岂有音调要使人不懂的道理呢?当然的回答是,现在白话文写的是说话,读的也像说话。换句话说,就是朗读,只要像说话。

1. 试往各处去参观,门外就听得读书之声朗朗,总也想不出读的是文言文呢,还是白话文?进教室一看,原来是读白话文学读本。顿时要使人疑心,白话文也要响声朗读的吗?白话文也要读熟的吗?白话文的调和文言文相同的吗？这样读白话文到底有什么好处？——恐怕少些研究的功夫罢。

2. 朗读有几个作用，先分析一下，再下研究的功夫。依吾看来，①朗读的音调好，可当音乐欣赏，所以韵文是应该读的。②朗读可以考察个人读书能力如何，所以，除用默读测验外，可以加用各人的朗读考验，绝不会通班齐读，可以考察各人的程度的。③朗读可以收集个人的注意力，那么只能限于低年级行用罢了。④朗读可以帮助记忆，想来不过为了少数的听觉型式人罢了。

3. 诗歌的调，近似唱歌，并可自造曲谱，随时练习。故事、小说要读来像戏里的说白一样，剧本要读来有声有色，好似两人对话着。带有地方色彩的小曲，就照了原来的音调唱。

4. 赵元任先生的留声机片中，有个很好的读书调子，他用音符来表明快慢，很可以使人明了。举例如下：

我看見你把風箏高高撲起,還把鳥兒逩上天.我聽見你經過我的四周,好像裙子擦草邊.風啊你動的時候這麼長,風啊你唱的歌兒這麼響,這是真的,地面進開了!方才我坐在公孫樹底下,我想倘使這地面進開了,我們不是都要掉到地底下去嗎?好孩子!你探着桑子嗎?我探着一鑒了.你呢?我一點也沒有.

5. 朗读时可用手势表演动作。读剧本分头排做老人，某排做琼儿，仿着表演时读法。

6. 朗读的声音越低越好，不要引吭长鸣，弄得嗓子都破裂。

第四个问题：作文练习的新法子有几种？

读文属于记号科，除欣赏文学外，第二目的就要着重记号。一个字不能少，写一笔，装错一个偏旁；一句文章不能加些无谓的字句，也不能硬抽去几个字。学习读文完全要从机械练习上得来。从前的练习法要他读得出，用背；要他写得出，用默。不管有没有兴味只知道死做。结果弄到儿童怕学，成绩也不好。现在呢，练习也是逃不了的，不过方法改得活动些罢了。

儿童喜欢比赛，利用比赛可以想出许多读文的练习来。儿童惯于易记易忘，利用弱点，可以定练习的次数和时间来。总之，不要使儿童视为畏途，要他引为乐趣，不要使他知道困难，要他觉得容易。这种方法全靠教师的临机应变。

1. 练习的次数要多，时间要少，最好每天定十五分钟练习时间。

2. 调查儿童难认的字，制成练习片，每次费去五分钟烁闪练习一回。练习得多了，逐片默写一回，把各人默得出的字，抽去不练。因此逐渐加入新片，逐次抽取熟片，新陈代谢地练习下去，这种练习的方法和结果可以告知儿童，使他们感到无穷的兴趣。

3. 低年级儿童可令他们每晚抄书一页，明晨上课时左右行儿童调换批阅课卷一次，方法是看了书校对。校对完了，注出共差几字，签字负责。这样就可以省教师批改的劳力，又可以使批的人多看一遍。

4. 我常调查儿童的错字，往往发现某字为多数人常错的字，某字为某儿童常错的字。推其原因，或者因为相仿字容易混淆，或为难字不易记忆完全，因此，我想可以做一个难字和错字调查表，调查好了再照一套练习片，仿克的斯算术测验练习片办法，专门练习，效果上或者可以帮助不少罢。

二、作文

第五个问题：作文初步，怎样指导？

指导作文法，是一个难问题；开始指导作文，更是一个难问题的难问题。从填字入手罢，未免太呆板；从造句入手罢，未免太束缚；从仿作入手罢，要弄到不会发表；从共作入手罢，要弄到杂乱无章。到底哪一种方法最好呢？谁也不敢说。有一种看图写故事的方法，或者要比较有价值些。

黑板上挂着一幅大挂图，先叫学生仔细看去，然后逐一指儿童简述图中故事。同一画图，儿童自然会讲出不同样的故事来。有时就会讲得异想天开，为成人所想不到的。教师逐一批评奖励各人长处。不但儿童的兴会淋漓，他们的思想因此大为发展。

第二步就叫学生把挂图上的图，缩画在自己的作文簿上，将故事写出来。竟会有一年生儿童写出几十个字的有趣故事来。这种成绩也可算好成绩了。再进一步，就叫他们自己构图，自己记述。再进一步，接上自己出题或命题作文。

1. 一年级上期不必特设作文时间，随机指导用言语缀句。一年下期起开始指导第一步。五六星期后就可接着做第二步。二年起做第三步，三年起做最后的一步。

2. 作文插图的来历，或由儿童自己模仿，或由他们自己发表，或剪贴现成的彩图，或印发同样的简图，都可以和作业联络。

3. 作文的簿子，用新闻纸订成，备他们不会用毛笔写时用铅笔写。

4. 作文的批改，不要太苛求，只要人大致不错就好了。至于如何奖励法，请看下文说明。

第六个问题：命题取哪一种材料？

作文是写意，意从接触环境得来。希望学生有好成绩，先要改良环境，改造环境的标准，使学校与社会沟通。学校或小社会化，教室成小小社会化。从社会化中产生的作文资料，当然有社会化的价值。怎样算是社会化的作文呢？有缺席的学生，写信去催他来；甲校与乙校通信问候或是联络研究一个问题；甲级的人做了短文供给乙级人阅读，诸如此类，作文成为生活环境中的转运机关。作文的背景是活的，写出来的文章当然也是活的，活的成绩比了死的成绩，无论如何总要好上几倍。

1. 举四年级作文题材一览为参考：

集会记载——做演说稿，辩论稿，参观游览报告，周会记录，个人演讲记录，纪念日盛典，有趣的集会风俗，一个娱乐会的经过状况等。

游戏经验——游记，新年的娱乐，新买的一个玩具，捉迷藏的游戏，放风筝的经验，家庭游戏一则，河边偶游，除草工作等。

家庭杂务——假期中的自修，家庭中最快乐的一天，我家小猫的脾气，我的生日，我帮母亲做些什么，我家的小弟弟，父亲在工作回家后的谈话，晚间的消遣，我家的两乡邻等。

想象经验——一个奇怪的梦，一件忧愁的事，一个得意的消息，讲一回避险的历史，做过一回勇敢的事，抱病时的回想等。

自然常识——养小鸡的经验，冬季的村景，采果的经验，雪人的造法，风的工作，鸟类做窠的辛苦等。

实用作品——编一个表演剧本，编一本故事读本，投稿新闻社，通告各机关等。

2. 平常作文由他们自定题目做去，有时要查看成绩，用命题比较容易看些。

3. 可用一个作文题调查的试验，每人分发一张纸片，叫各人写出十个作文题，来统计什么人什么年纪喜欢做些什么题目，根据调查的结果就作为教师命题的参考。

第七个问题：增进作文的程度，有什么新方法？

普通说起来，命题有兴趣，成绩容易好；多做，勤改，课外补习，成绩更容易好。但是一面不能不顾到实在的情形，教师的工作时间够得上吗？所有的题材，都能适合儿童的兴趣吗？缺一于此，难望成功。此刻介绍两个方法于下，可以常用而不弊，手续简单而获益多。

第一种是借助于统计法：每次作文根据缀法量尺批定尺度，一面填到个人的练习簿上去，一面填到学籍统计表上去，使个人自知进步与退步，并知个人在学级中的位置。各级再定一个最低的限度，不到标准的人去行补习，及格后再升入上级去学习。

第二种是借助于竞赛法：儿童自治部中可以设立一个机关，专管全校学业比赛事项，由一位指导教师负全责执行。作文科就可以由该部出通告，定出比赛方法：或以作文种类分，定本期专收诗歌，专收剧本，专收小说等；或以形式分，定本期专收书信，或专收百字文，专收四字句故事一篇等。收得成绩后，评定优劣，分别奖励。

或用传递观摩的方法。六年级成绩与五年调看，五年与四年调看。依次调换，多比较多研究的机会，也可以增进作文的程度。

1. 缀法量尺，此刻只有南京一女师小出的一本。听说改进社也要出一种了，这种量计出来，不但交易时免去争论，平时也有个依傍。是增进程度的最好良药。初用稍感不灵，三四次后就便利了。

2. 个人比较表，就附在作文簿前面，格式如下：

次数	尺度	题目	★进步或退步
1	6	小猫的脾气	
2	7	最快乐的一天	★
3			
4			

3. 学级比较表，有直线、曲线两种。直线每天记载，曲线在一学期始末时比较一次，另用大号统计表，平时挂在教室内，格式如下：

五年级作尺标准7度

号数	姓名	一次	二次	三次
1	史 诗	6	7	
2	王 宏	5.4	6	
3	何长元	7	7	
4	朱天一	8.2	8.2	
5				

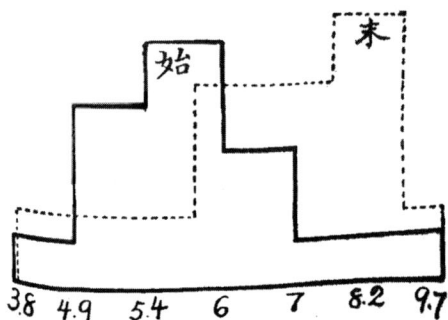

始　末

3.8　4.9　5.4　6　7　8.2　9.7

4. 这种标准尺度也该挂在教室内，备他们随时查对，力求上进。

5. 竞赛法的奖励：或将其成绩露布在新闻揭示处，或者全体集会时，报告其姓名。或酌情给书本笔墨。

第八个问题：作文的基本指导，有什么好法子?

旧时的作文基本指导法，有拼句法，答问法，添字法，正误法，连接法，听写法，添句法，改作法，联句法，敷衍法，省约法等。都觉得太呆板了些，有几种更不适于现在的白话文。据经验上看来，只有听写的方法最有些帮助。

因为作文的条件是意思与字句的组合。意思的扩充，靠托各科知识和常识经验，作文科只可以助长他们将意思如何结构和组织罢了。（组织结构一般由读文科担任，一半在批改订正时指导）字句的用法完全靠托于作文时的练习。

最好的练习法还是听写法。教师预备一个故事或一篇短文，讲一句令儿童笔记一句，逐次加快，记完后左右行调换，校对一遍，表明错字，脱字，不通等记号，照标准分数结算缺点多少，然后交给教师查阅一次，总判成绩，下次报告大众。一则可以省去手续，一则可以增进速度，基本指导，莫善于此。

1. 印象中可以造一种作文速度尺，可以测量各人的作文速力，听写能力。好像克的斯算术练习片的方法一样，平时可以拿来做练习的。

2. 作文基本指导，读文科的练习项，很有帮助。低年级看图讲故事，国语科研究语句组织，都有很大的帮助。

三、写字

第九个问题：写字怎样指导，进步才快？

普通的说法，写字成绩的进步，在于费一分时间得一分功劳。多看自然会长进经验，多写自然会得优美。这种普通方法，我们不必多下功夫去讨论。应该另找一条大路，定我们的研究方针。

第一种要改编现代通行的字帖：各书局出的字帖字迹模糊，字句难懂，只适宜于成人摹临，不适宜于儿童。就有几种为各学校习字帖，也是二而一的东西。据我个人意见看来，应该先做一个调查。调查社会上最通用的是哪一种字？社会上最欢迎的是哪一种字？最繁用的是多少大的字体？最盛行的是哪几种用途？逐项统计，将结果编成真正的学生写字帖。

第二种也要仿照作文，用个人及团体的统计表。不及格的也要设法补修。

1. 据个人的推想，也许是写字的种类，适用半行体的便写字。字体的大小，也许是半寸见方的最繁用。用途是书信便条广告账目等。小学中最低限度的字帖，就照它做成一本，备各人摹临。其他特殊的天才儿，对于写字有特殊兴趣的，当然可以采用坊间本。

2. 临帖时兼习信件账目等格式，不但有兴趣，并且又可以学得普通常识。

3. 写字成绩特劣的儿童，用把笔的老法子，也可以助长不少。

4. 写字讲到实用，速力也要注意。应该规定至少在几分钟里需写多少字。

5. 写字要运用大肌肉和小肌肉，容易疲倦，反而不会进步，要定得时间少而次数多。

6. 低年级不用临帖，也该写有意义的字句，不要抄写杂散无谓的字句，或依偏旁冠底而摹临。

7. 组织写字会，多开竞赛会，很有帮助于写字的进步。

四、国语

第十个问题：国语怎样指导，学生才有兴趣？

这里说国语，指口头的国语而言，教法千变万化，一时无从说起，要写几种有趣味的法子，倒也不多。

国语练习的目的，一则要训练耳朵会听，一则要训练口腔会说。至于从视觉感觉到的文字记号，在小学中看来还在其次。

训练听觉的方法，听留声机算最好，但是不能各校都办。那么不办的学校，可用假留声机的方法。纸或木制成一只留声机模型，教师在后面对着全体人说话，还可仿用口技的方法，教师或同学常在小屏风后讲各种笑话故事。

训练口腔的方法：表演会见宾客，两人对话着；或用硬纸制成假电话机两个，两人学打电话；会用互相问答的法子，教师问甲生一句话，乙生作答后再问丙生一句话，丙生答后问丁生，依次问下去；或用甲行问乙行答；先生问学生答；学生问先生答；总之，以假仿真，多变化，自有兴趣。

1. 除上述方法外，还有几个方法也可以用得。训练耳朵可叫各人掩住了眼睛，专听讲盲人故事，一则有趣，一则不会分心。

2. 训练说话的又一法，叫儿童齐唱诗歌。

3. 在北方国语区域内或不必如此小题大做。

4. 现在希望有专书出世，详载小学中使用的国语游戏教法。

结论：国语科相传下来是不容易教的，现在要想法改成既容易教；国语科是儿童最感枯燥的，现在要改成极兴趣，这是谁的责任？在我们全国小学教师的身上！

（原刊于《新教育》1925 年第 10 卷第 3 号）

小学低年级作文教学法

　　作文教学的目的，在于练习操用文字记号以发表思想；但低学年的作文教学法决却不然，应该反过来说，先使学生们有发表思想的方法，然后自然的练习操纵记号的技能。这句话怎么理解呢？且看下文。

　　作文果然脱不了文字，但是要知道，思想是发表的本体、发表的内容，文字却是发表的外貌、发表的工具。重文字不重思想，是舍本而求末，决无这种道理。你看旧教学法的结果，就可以知道目的一错，方法就错，成绩就差了。旧法教作文，从学习文字入手，先教字的用法。有所谓填字法的，我还记得初学作文时，教师在黑板上写着一行"河中有○"，苦思了半天，才想出一个"鱼"字，填上去交给先生看，先生赞叹不止，以为我能作文了。

　　到现在想来，简直可发一笑。会填一字，于作文能力上、发表思想上，到底有多少的帮助？爽快说一句，不过消磨我们的时间罢了。除了填字法以外，还有填句法、连接法、正误法、仿作法，等等，花样繁多，合人目迷神眩。这一大批的方法，只可以当作杂食用，无聊时当作消闲品，决不能当作一日三餐看待。——用以测验儿童的作文能力或批改作文的缺点。

原来他们自有他们的道理，以为要作文先该学会用字；字用了，再练习造句；句会造了，再练习成文；一步一步由浅入深，决无躐等之理。其实这是成人的理想，无根据的说法。现在用白话文的时代，操用文字不知要容易到几十倍几百倍，尽不妨大着胆子做去，决不要先在字句上用功夫。新方法怎样教呢？最简单的话，是"先总合后分析""先整块后零散"。演释说起来，就是先使他们用言语发表成篇的思想，再教他们用文字记述成篇的文章，利用批改机会时，略略讲些字句的用法。

言语联缀的方法很多，最有价值的，要首推看图述故事了。兹举一例如下：教学本节材料时，宜联络他项事实而行。揭示挂图，令儿童仔细观察，说各人看了图须造一个故事来。

（1）一儿述：天亮了赶快去吃草罢。牛说：哪里去吃草呢？小孩子说：到河边青草地上去吃草。那边有很长的草吃，有干净的水喝，我牵你到最好的地方去。

（2）一儿述：我的父亲叫我帮牛去戽水。牛呀！你快去罢。等水戽好了，我就牵你去吃草，快快跟我去罢。

（3）一儿述：太阳下去了，时候不早了，回去住在棚子里罢。牛叫个不歇，做出不肯走的样子。小孩子说：回去给饼你吃。牛就跟他去了。

以上略举一例，总之这样教来，不但儿童的兴趣很好，发表思想的能力也非常伟大。这一个步骤有了一些根底，就叫他们用以前讲过的故事述出，或是从图画一方面引导进去。举例如下：

第一种，儿童自己画了图，写上一二句极简单的话。

山上有老虎的，你不要去。

话虽只有两句，可是能把全图的意味都写出来了。我们教儿童画图时，要多多地鼓吹他们做这一种功夫。

第二种，也是一年生的作品，不过记述的话要比上图还多些。他写的字在图反面。

一个女孩，走到路上，看见一只桃子，女孩要想偷桃子，

一个人看见了偷挑子，王饼行拉了何全金。

看了这段文字，好像没有做完全，但是他能假定姓名述出一段事实，这是何等繁难的事！我们不要看轻他记得不好，要知道比了从前的填字造句真要活泼得多，有价值得多呢！

第三种，教师顺应他们有看图述故事的兴趣，并且利用他们画图与作文有连同发表的需要，就特制一种新闻纸的作文簿，上半画图，下半记述故事。

一儿记述老太太的故事：（图从略）

老太太叫羊来，老太太对羊说道，我们长久没有开动物的会，我们现在要开了。羊说好的，羊就去请鸟老鼠鸡狗牛马一起来开动物会。

第四种，是二年生的成绩，比了一年生意思和文句似乎要好些。例：

白鸡故事

有两只鸡，红的白的，都很美丽。有一个老女人很喜欢红的鸡，不喜欢白鸡。为什么不喜欢白鸡呢？因为老女人天天给它们吃米的时候，白鸡常常抢米吃的，所以不喜欢白鸡。白鸡把米吃完了，红鸡没得吃，快要饿死了。

看了这段记述，层次清楚，记载浓厚，有教过小孩子经验的人，谁都要说比以前要进步得多了。

第五种，也是二年生的作品，题目是晒太阳。成绩如下：

有一家人家有一个爹爹，有一个妈妈，有一个姊姊，有一个弟弟。爹爹喜欢弟弟，妈妈喜欢姊姊。有一天他的爹爹去做事，弟弟要跟爹爹一同去。爹爹说你为什么要跟我去。弟弟说，外面太阳很多，我去晒太阳。爹爹说，你到屋里去晒好吗？弟弟说，我不要。爹爹说，我买东西你吃好吗？弟弟说，好的好的。姊姊听见了，就走来说，我也要吃的。爹爹说，我不买给你吃，买给弟弟吃。姊姊哭了，妈妈听见了，走出来说，为什么哭？姊姊说，爹爹买糖给弟弟吃，不给我吃。妈妈说，我买给你吃。姊姊就不哭了。

看了这段记述，真要佩服他是个幼童的小说家。他有本领能把家庭的小事描写得淋漓尽致，丝毫不乱，旧时作文哪有这种好成绩？

本文所要说的完了，读者看了，或许要生许多疑问，兹即揣度读者的心理谨答一二如下：

（1）新旧教法不同的要点何在？旧法从字句入手，先零碎而后整块，儿童的发表能力常被束缚。新法从讲述入手，是整个的发表，儿童的思想能自由创造。

（2）所举各例何以都含着故事性质？儿童时代是过的野蛮人生活，原人本是故事化，所以要适应儿童的个性起见，故事材料是最好的供给品了。现在坊间所出的教科书，都探取儿童文学材料，就为这一个意思。因为它是故事，儿童喜欢发表；因为他喜欢发表，创造能力越加丰厚。但是常做故事，应用文不要不会做了吗？这也未必。儿童能够运用文字来发表他的故事思想，难道不会运用文字来发表实用文吗？并且做起应用文来，还能加上一层深刻的描写、精密的判断，比了专教应用文的还要胜三倍呢！

（3）作文的资料哪里来的？有时做设计问题的发表，有时做联络别科的发表，有时是特立的自由发表，有时揭示故事图照着描写。总之，材料很多，只要相机而作。

（4）举例的成绩是否是一级中的好成绩？不错，这几篇都是好成绩。不过这种成绩，完全是儿童的原来笔墨，丝毫未经改削过的。并且一级中类乎这种成绩的，每次作文中常在半数以上。质与量比了从前总要胜得多。

（5）不从字句入手，有无不会用字用句的困难？试行这种方法使儿童执笔作文，约须在一年下期起开始。那时字也识得多了，话也说得连贯了，提起笔来记述，困难要少得多。就是字句的用法，不是完全废弃不教，在订正时也用得到它。二者相较，一则以发表全文为目的，一则以运用工具为目的，目的不同，方法就大相径庭了。

（原刊于《教育杂志》1925 年第 17 卷第 4 号）

小学读文教学的新贡献

读文科从文言改为白话，是一大进步；从阶段式的教顺改为设计的进程，又是一大进步。有此两大改革，读文成绩，还不能有长足的进步，这是什么缘故呢？不是改革原则的不对，是应用原则的不得其法。因此特草本文，以供同志参考：

一、教生字有什么方法？

无论哪一本国语教科书，每课书上的上列或下列，都有几个生字。再查社会常识算术等书，没有生字标出，可见国语教本以教生字为最重要。

但是国语科的重大使命，是否专在教授生字？当然地回答"否否"。它的主旨在于介绍儿童文学，开发儿童的想象，描写动物的生活，充分涵养他们的美感。所以编著课本时，要极力减少生字，唤起儿童的读书兴趣。

有人要问，认识了本课的生字，是否能明了全文？解决这一个问题，可分以下几层解答：

（一）教科中之生字，是编书人的生字，是全书中初次出现的字。

有时儿童对于某生字经常很熟（别种书上读来的，书报上看来的，广告招贴上认识的，从专名字上认识的……）该字就不能称为某儿童的生字了。

（二）各个生字，反复的次数不同，有的反复多次，历久不忘，永远变为熟字；有的只发现了一次，从未反复过，以后再读到这一个字时，视同生字一般了。可以教授生字，不能专依课文上表出者教一教，就算了事，应该叫儿童将课文逐句看下去，各人摘出不认识的字，抄在黑板上，根据质问的人数，定教授的先后。好比一级中有三十个学生，对于"越"字有二十八个人不识，对于"先"字仅有一个人不识，那么，可定先教"越"字后教"先"字，多练"越"字少练"先"字的标准。

认识单个的生字，是否能够连带明白生词？例如认识了一个"许"字，能说对于"许多、也许、许可、姓许的许"等词，都能明了吗？谁也都能回答说，不能不能。因此教学生字时，最好合生词一同提出来教。

字音的辨别，要注意个别的训练。倘使同声齐唱，难免音调混杂，字音反不正确。

字义的解释，要用多方的训练：

（一）教"坐、跑、笑"等字，可用表演的，就用表演法教。

（二）教"黑白、快慢"等字可用比较法教的，就用实物比较法教。

（三）教"窗、椅、书"等字可用实物指示的，就指给他们看。

（四）教"什么、就"等字，可用证明法教的就用证明法教，好比指了粉笔说这是什么东西，指了黑板说这是什么东西等。又如吃了饭就上学，散了学就回家，等。

（五）不得已而要用土白翻译的，就用排比法教。例如教玩耍两字，排示"游戏""白相"一起教。

（六）有两字以上要连教的就连教。例如"睡觉、蝴蝶、为什么"等。

教生字时，辅助的方法，也要注意一下：

（一）写示的字，要大而清楚。

（二）写时宜侧立，使全体人都能看清。

（三）多指名板书。多得练习的机会。

（四）有笔记簿的，每字抄写十次，帮助记忆。

（五）会查字典的自查字典。

学习上最重要功夫是复习，可是学生最怕的也是复习。复习而有变化，可以免除儿童的厌倦。方法有：（一）字片闪烁练习法，（二）字片游戏练习法，（三）哑口表演练习法，（四）抄写练习法，（五）默写练习法，（六）缀句练习法，（七）集类练习法等。

二、用什么方法矫正儿童的读音？

读音应该照国音读，应该照国音方法教。这是不必疑惑的。但是教师的读音尽管正确，发音尽管清晰，对于儿童的得益与否，还要加番研究的功夫。儿童的发音机关，各人不同；儿童的听受能力，也各人不同。要使因材施教，人人得益，须注意以下各要点：（1）教授生字时，要先听清教师或同学的发音，然后模仿。不要先用齐唱法，胡闹一下。（2）初次说的时候，遇到难发的音，易错的字，要多次范读，逐一矫正。（3）发音困难的字，可将声母介母韵母分开来读。教"汪"字，先令合口读 W 音，再开口读 ang 音。教师的口腔有意装腔作势，使儿童易于模仿。（4）凡两字以上的词类，要连在一起教。使音域有自然的变化。读出优美的音调。（5）可以表情的文字，须分别轻重的读法。（6）全文中有一二字不正确的，——好比唱歌时发出不协和的音——

要特别提出，多次练习。（7）凡与方言容易混淆的字，也要特别注意。（8）高年级可用图解法，根据发音的部位去教授。

三、指导欣赏法有几种？

现在的读文，完全是文学的材料。文学能兴起优美的感情，养成审美的欣赏和求美的意思，因此教文学最重要的方法是欣赏。欣赏两字，说来很容易，实行起来，却最困难。因为欣赏要使儿童自己领受，不能由旁人注入。要使儿童自己体味，旁人不能代为说明。困难之点，就在精神的感受。兹将普通注意之点，写在下面：（1）音调的欣赏。儿歌诗文，有韵可唱的，吟唱起来，要随自然声调，不必有意做作。要唱得圆滑爽利，字字合音，句句入调，如能脱口而出，就知道它能欣赏入神了。（2）散文剧本的读法，要读得句读合宜，音节合度，好像对人演讲，见客应酬，说得伶牙俐齿，使听的人自然领会，可以证明读的人欣赏合度了。（3）能否欣赏，要看他的面部表演。文中有喜怒哀乐之情，读起来应该注意抑扬顿挫之语势，把文意完全表达出来。（4）读游记好似身历其境，读传记好似目睹其状，读书时，身为文中主人，这样就能证明它欣赏入神了。（5）阅读时虽不出声，但对于激烈、悲哀、活泼、快乐等神情，似乎都能吐露出来。读时不觉手之舞之，足之蹈之，欣赏程度，达乎极点了。

四、指导朗读有几种方法？

书本应该注重默读，白话文更应该注重默读。但是朗读也有用处：第一是凡有音节的韵文，可当歌唱的，读了能陶冶吟唱的兴趣，欣赏美妙的音调。第二是可以收集各人的注意力，一读之后，精神焕发，疲倦就去了。第三可以调查各人的读书能力，不读不能考察他领会不领会，声音正确不正确。一读之后，真相毕露了。第四是可以帮助听觉型的人，从朗读上学得一点经验。

指导朗读，有几种注意点：（1）读书的声调，韵文像唱歌曲，散文像演说报告，剧文像说白。（2）有依照方言小曲编著的教材，就依原调吟唱。（3）朗读时不能引领长鸣，弄得嗓子破裂。（4）极力免除一种文言调、拉拉调、呆板调、喃喃哄哄的和尚调。（5）要把重要的字，急切的话，读得响亮清楚。（6）语调中要读出语势来。（7）朗读适用于低年级，高年级以少用为妙。（8）一人朗读，众人静听，使注意力集中。（9）读时有错误，切勿立时更正，断其进程，应该在读完了再讨论。

五、指导默读有几种方法？

一般人都以为默读不必指导，并且也无从指导。实际不然。教读文最困难的一点，就是指导默读法。因为阅读速率，随智力而不同。聪明的一目十行，瞬息数遍；迟钝的格格不吐，一遍难竟。一班中因快慢不同，指导法就发生问题了。并且默读不用声调，无从查知读与不读，努力与不努力，指导上又发生问题了。因此指导默读，应该格外仔细研究，救济种种弊病。方法如下：

（一）阅读时有不识的字，要养成以下几种习惯：（1）将不识的字先看上下文，自己体会出来。（2）生字旁作一记号，跳过生字看下去，推想能不能明白大意。（3）将生字问近旁的同学。（4）自己查字典。（5）问老师。

（二）增进阅读速率的方法，有以下几种：（1）喊了"起"同时阅看。（2）规定时间内调查谁看得最快。（3）教师范读，儿童指阅。（4）指名伴教师读。（5）指定阅读长篇课文，逐次加增速率。

（三）读后一定要有考查的方法。（1）轮流演述书中大意。（2）反复讨论。（3）用笔记本考查勤惰。

六、用游戏教学有几种方法？

儿童爱游戏，就用游戏法教，常用的有下列各种：（1）直接游戏法。教材的本身，是个游戏材料，当然就用游戏法教。（2）吟唱游戏法。凡韵文中仿作俗曲小调鼓词的，就依照原调吟唱。（3）表情游戏法。有时教材本身，并非游戏教材，而可以用音乐上的表情法教的就照了唱歌指导。（4）模仿游戏法。文中描写职业生活，或动物生活，有事实可以模仿的，就用模仿游戏法。（5）演剧游戏法。可以表演的，实地演习一下。（6）练习游戏法。凡练习、抄写、阅读等，为减少儿童的厌倦起见，可以参用各种变幻的游戏法，好似试演魔术一般。（7）比赛游戏法。为鼓吹儿童的努力起见，利用他们的好胜心理，用各种比赛的游戏法。

应用游戏法时，要防止几种流弊：（1）不要兴奋得太厉害，超过了疲倦状态以外，使上完这一课后，觉得全身发懒，无心再上他课了。（2）不要流于浮滑。浮滑不是教育。处处要注意。（3）不要使儿童流于放浪。因为游戏是一种有趣的活动，凡是演习的、旁观的，都把全副精神，倾注在游戏上。结果弄到拍手狂呼，仰天大笑，一时秩序大乱。应该养成他们举止文雅、欢笑合度的习惯。

七、复习法有几种？

读书目的中要使儿童记忆、应用，非用复习法不可。方法有以下几种：（1）生活上不常用的字，尽可以少练习。（2）已经练到十分成熟了，不必多费时间去练习。（3）教新材料时，旧的也要有相当的复习。（4）不要在一时内练得太久，以致灭杀练习的兴趣。（5）复习时发现特殊困难，要当新材料教。（6）复习不单是旧材料的反复，要有相当的新组织。

以上七个问题，在读文上占着重要的位置。因此特地提出来讨论一下。误谬的地方，请指正为感。

（原载于《教育杂志》1927年第19卷第8号）

指导儿童复讲故事的研究

关于故事在教育上的价值已有专书及报章杂志等刊物讨论过，现在可以不说。本文专就复讲故事的问题加以研究。各地小学都知道故事的重要，无论课内课外都尽量利用故事，如读书读故事，作文作故事，谈话讲故事，课外阅读，故事演讲班等。对于故事的提倡，可以说热心之至了。但对于怎样指导儿童复讲故事的问题，大都不甚注意，这里有四个原因。

第一个原因是儿童不需要。现在新教学法的基础建筑于儿童的需要上：儿童有学习的需要就教，他不需要便不要教他。儿童对于讲故事阅读故事及听讲故事是需要的，对于复述故事是不需要的，所以不令儿童复述。

第二个原因是儿童怕复述。课余无事，集三四儿童在一处闲谈是他们所喜欢的，如果要指明一个儿童，叫他站在大家大众面前做正式的讲述，他就怕极了。为什么怕向大家讲述呢？这个原因很多，一则他们的语言不成熟，不敢向大众作有组织的讲话；再则他们的姿态没有相当的训练，讲述未免难以引起听众的注意；三则受制于一种怯场病，一见人多立即面红耳赤，格格不能说话。

第三个原因是缺乏材料。儿童所听故事大半从教师处得来，将教师所讲的故事再复讲给同学们听，同学们并不欢迎。若令其在家庭内收集故事，但中国的家庭大多还不能讲一个故事；即使会讲，也不一定能合教育宗旨，还不如不讲的好。如果令其自行阅读书报，则校内既没有适当的图书，自己又没有阅读的能力，也是万分困难。

第四个原因是没有复讲的时间。一级儿童多至四五十人，甚至有加倍的数目，如需一一轮流讲述，每人以三分钟计，四十人亦须一百二十分钟。一周间所上科目很多，这些时间无从抽取。

有此四大原因，所以各校对于儿童复讲故事不甚注意，因此对于此项问题亦少研究报告。现在我们应该希望儿童复讲故事，对于教育上到底有没有价值，怎样复讲才算有价值的复讲，怎样指导才能达到圆满的希望，这几个问题首先弄清楚了，然后可以证明反对复讲法的错误。

先说复讲故事的价值。

（一）可以养成发表习惯。一个人生在现代时代，对于讲演发表应何等重视，对于优良口才的训练当然急不可缓。教育儿童，因趋潮流而合需要，所以发表习惯在校内不得不占有相当的位置。讲到训练时间，应当从小做起，能从幼稚园内即养成发表习惯则更易见效。讲到训练机会，则观察、问答、游戏、谈话、陈述意见等，随时随地都有机会，但各种训练机会中比较最有兴趣，最能包括各种语言的，差不多要首推复讲故事。

（二）可以修炼讲述口才。单单随便讲讲，对说话技能至多可以免去讷讷不出口的缺点，而不能增加优良的口才，唯有指导儿童复述故事，因须共同批评的关系，对于修炼口才，是个最好的机会。

（三）可以练习表情。我国对于说话的训练向来不很注意，教人说话，只要清静温雅而不必有表情，现在因感受世界潮流的关系，逐渐注重说话练习了。现在教育部颁布的新课程中也有说话一科即可证明。同时对于表情的训练也是同样的着重。表情好的，直接可以帮助讲者，使讲者讲得有声有色。间接可以帮助演剧、交际、辩论等，使言语表情表达更加亲切有味。用复讲故事来练习表情，确是最好的机会。

（四）可以增加故事兴趣，儿童对于讲故事的兴趣已经很浓厚了，如果再加复述故事的关系，使他们对于听讲故事更加注意，对于故事的书报更加肯去认真阅读。

（五）可以增加语汇。会说话与不会说话的分别大部分是语汇的关系，语汇丰富的，说起话来侃侃而谈，句句合理，越说越是起劲。例如说一个"来"字，起初只会说"来""走来""你来"等语句，到后来才会说"快些来""马上来""请你来"等语句，再往后会说"你怎么不来""要来立刻就来""喂，请你就来罢"等语句。总之，年龄见长，语汇渐多，说话的技能也就逐渐进步。所以说，令儿童复讲故事，对于增加一些语汇一层，直接间接的都有关系。

（六）可以养成批评的能力。一个人向大众讲述，其余的人都静坐欣赏，讲完了可以共同批评一下。经几次练习以后，个人的批评能力自会增加。批评不是消极的骂人，是积极地养成识别判断的能力，其价值也不亚于欣赏。且一个人只会欣赏不会批评，其欣赏能力也不会增加。必在一次欣赏之后加一次批评才会得到一次经验，经验越积越多，才能养成丰满的欣赏能力，增加优美的发表技能。

综上所述，复述故事具有四个缺点，六个优点，利多弊少，当然应该提倡，毋庸怀疑。兹再把四个缺点反驳一下：

（一）关于"不需要"。一切学习建筑于需要上，这话不错，但需要也可以从两方面说。其一，儿童对于复讲故事不需要，也许没有尝到复讲故事的风味，所以无从知道需要不需要。如果叫他们练习一二回，用竞赛的方法鼓励一下，儿童自会感着需要了。其二，儿童对于"正的学习"不需要，可用"负的学习"引导他。儿童对于复讲故事不需要，可用演讲会、故事比赛会、某某娱乐会等引起复讲故事的需要，那么需要不需要的问题便可解决了。

（二）关于"怕复讲"。畏缩不前不是美德。教育的作用，将好的把它发表出来，不好的把它引导改良。我们要使儿童当众发表，是好的活动，应该把它发达起来。儿童一时怕难，也应当用种种方法诱导他使他不但不怕而且乐于复讲。

（三）关于"缺材料"。名为复讲故事，实在就是儿童演讲。这"复讲"两字并不是依照教师所讲的材料一字不改、一句不漏地复述出来，其范围应该包括儿童的一切演讲而言。所以儿童有缺乏材料之困难可以不生问题。有什么话讲什么话，便是很好的材料，久而久之自会创造新的故事，增添新的材料。

（四）关于"无时间"。讲故事是一种正当的活动，复讲故事也是同样的情形，练习的机会很多，可以划归说话科内，或者划到国语常识等科内，再不然可以加在晨课或晚上课内，或者做儿童自治事业的一种，完全做课外的活动。每天练习时间不宜过长，有了40分钟左右便够了。不必普遍全级，可以逐次轮流，时间问题便不成问题了。

说到这里更可以断定，儿童复讲故事是有利而无弊的作业，各校不妨大胆地实施，无须怀疑。以下再就复讲的材料说一说。

依大概的观察，儿童复述的材料，其来源约有七种：

（一）家庭新闻。儿童在家时间很多，家庭间、邻里间常多新闻发生。这种新闻便可采作故事材料讲给别人听。如雷雨之后讲雷雨新闻，过新年时再讲新年故事，等等。

（二）家庭故事。儿童的父母，受过教育的大多能讲几个故事，儿童即将父母所讲的故事，复讲给同学们听，即使没有故事，讲讲一些家庭琐事，也很好的。

（三）同伴传述。邻里间的儿童或同校不同级的儿童相聚一处，各将所听故事互相传述，再将此类故事讲给本级同学们听。

（四）画片材料。儿童看了画片也会杜撰一个故事，这种故事很可以提高儿童的创造能力。

（五）书本材料。年级高的，能够自己阅读书本，将书内的故事讲给同学们听。

（六）改造故事。儿童将教师所讲的故事或书中所讲的故事加以改造，或将长故事节约成短故事，或将短故事敷畅成长故事，或将几个故事合并为一个故事，或将旧材料加以新组织。这样一来，故事材料不嫌弃少了。

（七）创造故事。儿童一面听故事，看故事，一面讲故事，对于故事的组织法练习成熟后，自然而然有能力创造故事了。

就以上七种材料而言，并无一种材料与教师所讲的完全重复。所以儿童听儿童复讲，绝不至于发生厌倦。

以下再谈指导复讲的方法。

（一）取材的指导。儿童讲述故事，最苦没有相当的材料。指导时，应当用下列各种方法：①听了教师讲过的故事，节述一段；②照了书上的故事讲；③给予一种玩具，令其说明；④给予一种画片，令其报告画中的内容；⑤事前有教师给予相当材料；⑥再照七种材料来源，令其自行收集。

（二）讲法的指导。①教师说话须郑重而清楚。②入手先令口齿清楚的人复述。③对于说话技能不很高明的人，现在课外跟他谈话，使他乐于发表。④不好发表的人，先令其讲述简短的故事。⑤对于口音不清的人指导其基本的发音练习。

（三）姿态的指导。①第一步注意声音的模仿。②第二步练习双簧演讲。③第三步正式地注意姿态训练，初步注意手脚的大动作，其次注意面部的表现，最后注意身体各部的协同表情。

（四）鼓励复讲的方法。①先用志愿讲述。②增加自认的数量。③由教师指名，不讲者听。③由儿童推举，被推的非讲不可。⑤用抽签法轮流简述。

（五）指导批评的方法。①初步练习完全不用批评。②第二步只说优点，不批评缺点。③第三步批评优点与缺点并重。④第四步批评缺点，应说明理由。⑤年级渐高，应分别批评姿态、取材、言语等项目。

（原载于《教育杂志》1931 年第 23 卷第 5 号）

国语科的初步教学法

为了这个问题的重要，特地邀集几位欢喜研究的朋友，来一次临时的座谈会。会中没有酒也没有烟，只有清茶一壶；会中没有主席，也没有书记，大家自由地发表意见。兹就会谈经过记录如下：

一

甲："国语"两字名称上有些不太妥当，照小学课程标准上说明，国语一科包含说话、读书、作文、写字四项名目。实际上，说起国语来，很容易当作单指读书而言。你看国定教科书中的国语课本，就仅仅代表读书一科，而不包括其他三科。还有些人往往将标准语当作国语的代名词，这也足以使人搅个不清。我们为了名不正言不顺起见，应该想个妥当的称法。

乙：我以为"国语"两字，为迁就大众解释起见，就把它当作读书一科的代名词，相对以前所称的"国文"一词。另外用一个"语文"的名称，冠在"说话、国语、作文、写字"四科之上，作为这四科的总称。

丙：这办法很好，可是会不会将"语文"两字解释为"语体文的特征"，或误为"语体"与"文言"的合称？

甲：这大概不会吧！"语文"两字口头上也用惯了。其字义也可以包括"语言和文字"。说话科注重于"语"，写字科注重"文"，读书和作文两科，"语"和"文"各占一半，用"语文"两字总称"说话、读书、作文、写字"四科，再好也没有了。

乙：今天我们讨论的范围是不是单指读书一科？或者四科都要讨论？

丙：现在儿童们读的是明白如话的白话文，写的也是白话文。教育部三令五申叫全国各小学都说标准语。说的就是读的，读的就是发表的，四科必须互相联合，才能研究出一个妥善的办法。所以我主张将四科综合起来讨论。

乙：这办法很对，在初步教学中大家只要注重文字的传授，对于说话、作文两科往往不很注意。实际上，这种思想是错误的。现在儿童读的是国语，尤其是初学的课文，更与口头说话相近。我们要研究国语文怎样教法，必须先从研究谈话怎样教法开始。换句话说，就是要使国语文教得好，必须使儿童的话说得好。说话是国语文的基础，我们必得使它密切地联络起来。

甲：是的，说话应该跟国语文合并研究，就是作文是发表思想的工具，写字是记录思想的形式，各科多有连带的关系，也非混合研究不可。

丙：我也赞成这个说法。将"说话、国语、作文、写字"四科合并讨论。不过，为了谈话的方便计，先把说话一科做开端，大家以为怎样？

丁：说话是读书、作文、写字的基本，照例应该先讨论说话科。

二

甲：说话是社交上最先用到的工具，有了它，人与人之间才能获得更深切的同情和了解。初民为了传达情谊才有说话，所以说话的训练必须造成一个适当的环境，使儿童常常孕育着有趣的生活，引起他们有讨论、磋商、探询、说明、报告、交谈和其他实际的需要。现在课程上规定的演进语、简短故事等，不过许多材料中的一部分材料，顶好而顶多的材料还是要从实际环境中去选取。

乙：所谓实际环境是指哪一种环境呢？儿童在未进学校以前，已经学会许多说话了。这些话都是从实际环境中学来的，那么我们何必再在学校里特设说话一科从事教导呢？

丙：社会上自然学得的说话，其中固然有一部分是好的，但是最大多数的话，内容往往是不合理的，不优美的；形式往往是简陋的，粗野的，不文化的。我们必须借助学校教育的力量来指导儿童说得一口好话，使他们说得更有条理，更文雅，更可以把人类的文化提高起来。

甲：教比不教好，除非哪位老师是不研究儿童心理，不懂得教法的。

丁：有些教师把说话一科看得太严重，不论上课或下课，不论谈话或讨论，不论劳作或常识，听得儿童说话，句句都要考究文法语法，会不会使儿童认为说话为一桩苦事或一件苦工，从此不敢随便开口了。

丙：我也有这样的感想。可是社会上一般人对于说话实在太不讲究了，满口谩骂，句句粗鄙，听了实在使人难受。我们开始教导儿童说话，非切实加以订正不可。

乙：随时随地订正儿童说话的错误，是教师应负的责任。儿童出了学校，在社会上服务时，没有人再来监督他们的说话，订正他们的错误了。所以，我也主张在小学中对于说话的训练，尤其是初步教学，非加以重视不可。

丙：我并不反对随时随地订正错误的办法。不过，我认为说话是一种技能的训练，应该在真实环境中实际需要时学习，才有意义。好比游

泳一定要到水里去练习，弹琴一定要到琴上去练习一样。如果为了说话
而说话，单单叫写演进语和简短故事那是不够的。实际环境不易琢磨，
如果编成一部说话教科书，那种书也能算人造的说话环境吗？

甲：有了书，虽然可以使教师据以为准，可使儿童便于复习，但说
话要靠书来训练，究竟不大妥当吧。

丙：书，也有用处的。不过不必成为教科书，也不必依着次序一课
一课地教下去。我们必须认清书为参考性质，为辅助作用，绝不是唯一
的依赖物。好比学习汽车构造的，可看汽车专书；学习建筑房屋的，可
看建筑专书。但是他们单看书也不行，一定要有实习，这实习就是在真
实环境中去学习。

丁：说来话去，训练说话必须有个真实环境，这是不错的。但是什
么样的环境是真实的环境呢？在春天讲燕子的飞来，在夏天讲蝴蝶的生
长，这算是真实的环境吗？

丙：这不过是学习的动境，不是我所说的真实环境，我的希望是要
使儿童感觉到有练习的说话的需要。好比学校里预备开一个成绩展览
会，大家应付招待的责任，那就有急需学得一口标准语的必要了。儿童
有了急迫的需要，教起来自会有兴趣，儿童也易于接受，进步也快。

甲：现在可以暂时告一段落，大家认清初步的语文教学，非主动说
话不可，要主动说话，非从真实的环境中学习不可。

三

丁：现在再来谈谈说话的具体材料和具体方法吧。

甲：各小学里顶感困难的，不是缺少理论，而是缺少实际的材料和
方法。可是谈到实际的问题，直到现在为止，还是毫无办法。因为各国
早有说话一科，他们积了几十年的经验，对于具体材料和具体方法参考
的材料很多，我们虽然在民国十年公布新学制课程中已列"语言"一

科，可是具体材料和具体方法，至今还不够应用。今天不妨借此机会来讨论讨论进行的方法，会后大家再去分头创造。

乙：这是我们应负的责任。顶好讨论不落旧套，从新的路径上去找新的材料和新的方法。据我看来，我们应该先来一个调查，分别研究：

一、儿童常有哪些说话环境，如定每星期向同学报告见闻所得等。

二、学校中可能造成哪些说话环境，如练习表演、练习讲故事等。

三、学校中能否特造境遇，如组织标准语讲谈会，说错一句就惩罚一次等。

丙：据我看来，国语科的读书调子多数不很自然，老是怪腔怪调地喊，这对于说话训练上大有妨碍，必须加以改良。

甲：不错！这一点很重要，我们留待讨论国语科时再提出吧。

乙：不单是国语科的读书调子应该改良，就是教师平时的说话也不能不加以研究——说得不合理、不优美、不配儿童的程度的比比皆是。从今以后，一方面要跟从会说标准语的教师学，一方面要向儿童方面实地去学。同时要找几本实用的书，向书本里去学，教学相长，才能做个现代化的教师。

丁：对于这一点我却想起一个问题来了。现在教育部通令全国教师，人人都要说一口标准语。这对于统一全国语言上确有很大的帮助。不过，在非国语区域里有些教师从来没有受过训练，一旦要他说国语话，今天读的什么音明天又变了，每次说的话非但别人听不懂，连他自己也弄得莫名其妙。这辈教师，我说还是叫他们暂时仍用土话教吧！一方面叫他赶快想法补习，在最短期间学说一口标准话。学会了再应用，这权宜的办法，不知诸位以为如何？

甲：说话够不上标准，还是不如不说标准话。不过，标准音虽不说，标准词不妨多多采用。例如南方说的"揩台子"，北方标准语应该说"擦桌子"；宁波人说的"阿拉"，标准语应说"我"或"我们"。

标准词说惯了听惯了，对于说话读书和作文上也有很大的帮助。

丙：我们的话越说越远了，应该再回到本题上来，探讨一下究竟什么是具体的材料？什么是具体的方法？

甲：刚才的话并不脱离题目，也是研究本题的根本要图。讲到具体材料，刚才已经说过，应该先从调查入手，随时注意活的材料。讲到具体方法，应该注重演习——一面表演一面练习，不要死板板的，只有先生讲学生听。

乙：说话研究暂时告一段落，我们再研究国语一科吧！（课程标准里定的是读书科）

甲：有人说国语比较说话重要，因为说话随便什么地方都可以学习，随便什么时候都可以学习，唯独国语（即读书）有文字的关系，非由学校里教学不可。儿童在初学年中，生活比较简单，记忆比较坚强。那时能够注重国语，学习日常应用的文字，确是最好的办法。你看课程标准中，低年级规定的读书时间特别占得多，不就是这个用意吗？

乙：文字记号比较难学，尤其是我国的文字更加复杂，非多花一些时间不可。可是也不能专在这方面打算，否则就要变成私塾一样，一天到晚注重读书了。要知道国字虽多，现在常用的白话文，在小学中最多有一千到两千字，已经够用了。要把这些字教儿童记得，会用，只要教法适宜，实际也并不困难。

丙：你的话极对，我看一般学校专重读书，一天到晚只听见儿童们在高声朗诵，费掉不知多多少少的时间，实际上只有短短的一篇文字，用不到耗费这许多时间。

甲：这种磨刀背的功夫，我们应该纠正它。现在先研究国语课的初步教学，应该注重些什么呢？

丁：现在一般人对于国语教学，大多数还是注重"读讲背默"四个字。换句话说就是注重记号的学习。照例，现在改用了浅近的口语文，不应该再像从前用文言文时代那样的教了。据我看来，白话文的教学应该注重在"话"。

丙：从说话入手是对的。在课文没有教之前。先讲故事或先练习表演，使大家有个基础观念，然后再读课文就比较容易了。

乙：着重说话是对的。除此以外。我们还要注意欣赏课文的内容。因为现在的国语课文都取儿童文学材料。文学的学习应该注重欣赏。在未读课文之前先概览全文，欣赏本文的趣味。以后一步一步地学习时，处处不忘欣赏的重要：朗读时注重音调美的欣赏，练习时注重游戏化的欣赏，深究时注重体味内容的欣赏。

甲：现在我们再讨论讨论阅书的方法。在低年级开始教学时，应该怎样指导儿童阅书？

乙：旧时的教法无所谓，阅书只有读书。拿了一本书，总是先生讲学生听，先读字音后解字义，一步一步地呆板教学。这一份工作做完了，接着就是读读读。到再教下一课为止。这样的教法顶大的缺点就是造成一批读死书、死读书、读书死的废物。

丙：一个学期捧着一本薄薄的教科书，无论你教得如何认真，读书的能力不会有多大的进步的。我们必须把阅书的方法改良才行。改进阅书的方法应该从两方面入手：第一是改良阅书的习惯，第二是增加阅书的数量。在习惯方面，我们应该训练儿童一句一句地看，不要一字一字地看，尤其是不能让儿童指一字读一字。顶妥当的训练，就是先用挂文教学，教师指一句，令儿童看一句。教师要指得快儿童看得快，待挂文的阅读训练有了基础，再令儿童拿出课本来看自己书上的文句，这样就可以训练阅读的速率。

在增加阅书数量方面，应该在教室内设置一个小小的图书馆，备足适合于相当程度的图片或书本，使儿童在一学期中能有一百多本书看到。读书的能力自会进步，不必死板板地用"读讲背默"的磨刀背功夫了。

甲：在朗读方面有什么改进的地方？

丙：朗读不单是读书的训练，又是说话的训练，同时也是作文的基本训练。一般学校的朗读法不像读书，也不像说话，简直像念经。这样的训练非但对于说话练习毫无用处，连读书和作文也没有什么帮助，我们应该彻底改良，赶快改良。

丁：改良的要点是：（一）读散文和剧文要跟平常的说话一样，特别要注意表情达意；（二）读韵文和诗歌可以配了曲谱唱，也可以借用谣谚体唱；（三）读散文和剧文，因为要合于口语，不宜用齐读，读韵文诗歌注重吟唱的，不妨采用齐读；（四）对于标点符号，特别要显示出来，务使听的人好像在听播音，在看话剧。

甲：在识字方面，有什么改进的方法？

丁：旧时读书注重识字，实际上他们教识字的方法并不讲究，大半是含糊过去的。例如教一个"手"字，只是唱着"一只手的手"就是完了，连一举手之劳也不肯运用。儿童所得的印象都是模模糊糊，所以后来执笔作文就发生用词的错误了。

丙：初步教学识字，应该分开音形义三方面注意：

第一，在音的方面教师能说标准音的一定要教标准音，两字或两字以上连成一词；读音有变化的，特别注意它的变化。

第二，在形的方面，教师板书的笔顺和笔画必须正确，勿苟且。有些字可以分裂为几组认识的，可以教他们认字的简法。例如一个"群"字，可以分成"君"和"羊"两组；一个"嶽"字可以分成"山""犭""言""犬"四组。这虽与造字来历不合，现在用惯了楷体，也可以不必顾到了。

第三，在义的方面，宜依词解，不宜用单字说明。因为单字列入词中，意义往往不同。例如天气、天然、天性、天下、天天等，同属一个天字，意义就各个不同。其次，是解义方面，必须使儿童彻底了解，不能空空洞洞地单说一句抽象的话。要解释一个"杯"字，顶好拿一只杯子给大家看；要解释一个"象"字，顶好画一只象给大家看；要解释一个"请"字，顶好做一个动作给大家看；要解释一个"但"字，顶好举几句包含"但"字的话给大家听。总之，解释字义要在生活实际景况中学习，不能单靠抽象的说明。

乙：解释生字或新词的意义，要从实际生活中去学习，这是国语教学中一条重要的原则，也是活教育中重要的原则。

丁：对于生字或生词或新词的教学，能从生活出发，更是大大的改革。到了中年级以上解释生字，往往教儿童在字典中去查，实际上这种脱离生活的学习用处极少的。

甲：识字法讨论过了，初步的诵读练习怎样教呢？

丁：旧时的练习完全注重在读与默，尤其是读。什么范读、伴读、试读、指名读、轮流读、排读、齐读、表情读、美读等。读的方法名目繁多，不可胜计。实际上，大半的是浪费的。短短的一篇白话文，无须用这许多死功夫去诵读。我们希望儿童的阅读能力进步，只要多看几本同程度的书，反反复复的高声朗读是没有用处的。

丙："多背不如多读，多读不如多看，多看不如多说"，这几句虽不是名言，至少也是经验之谈，现在学校里大多数是倒行逆施以致国语程度越教越低了。

乙：国语教学包含很广，一时也讨论不完，今天时间有限，我们就此告一段落，再谈一谈作文和写字吧。

四

甲：好极了，现在开始先谈作文。

丁：低年级作文，二年级起才有笔述的作文，一年级只有口述的作文。这口述与笔述怎样支配与运用？

乙：我们先得认清，无论口述或笔述，凡是作文都是思想的发表。有了发表的需要，才能说出话来记出文来，一只空的杯子里倒不出一滴水或一粒物质的。我们要叫儿童发表必先使儿童有丰富的经验，清楚的思路，然后可以执笔为文。所以，指导低年级作文不必专在字的用法、句的用法上做死功夫。只要增长他们的知识，扩张他们的经验，刺激他们有发表的需要，就是很好的指导了。

丙：现在各小学里恐怕还有嵌字嵌句等不是作文的作文。我们应该大声疾呼，把这种思想纠正过来。

甲：纠正的方法，第一，应先使大家知道作文是思想的发表，不是字句的练习——字句练习是副目的，不是正目的。第二步，应使大家知道：作文要在需要发表时发表，尤其在低年级里不必排定了时间硬做。第三步，应使大家知道，口述与笔述同是做作文，同样重要，在低年级里口述比笔述更加重要。

丁：口述作文与说话练习在取材上和方法上有什么分别？

丙：这很容易分别，口述作文是发表，不是吸收说。说话练习虽然也有发表，但大部分不是发表，是吸收——学习新的材料。不过说话与口述作文同样利用嘴巴，处处相关，我们不必很严密地把它分开。

乙：我们知道作文的要点在于发表思想。为了增加儿童的发表兴趣，应多用有图有文的记述。一篇文字，一面由儿童画图，一面由儿童把图意说出来，这是初步作文中顶好的方法。

丁：我们并不注重字句的应用，所以儿童在文章里写错几个字，用错一二句话，虽然也要把它改正，但是并不认为主要，也不因此降低他的作文程度。换句话说就是注重内容，不重形式，注重发表不注重字句的练习。

甲：我们预定的时间还有一刻钟了，作文研究就此结束。再谈谈低年级的写字吧。

五

丙：此刻就来谈谈低年级的写字，应该用些什么材料？用些什么玩具？用些什么方法？

乙：我是主张生活教育的。写文的材料、文具和方法，应以儿童的生活为准则。凡是儿童生活上需要的材料是顶好的材料，儿童能力上会用的文具是挺好的文具，儿童心理上欢喜的方法是顶好的方法。好比儿童为了组织灭蝇队，分写许多灭蝇的标语或小旗，那时写字的需要就发动了。儿童有了学习的动机，对于写字的兴趣自会发生，同时对于字的写法也会特别注意。

丁：写字的设计教学在平常生活里并不多的，除非是专门实验设计教学的新式学校。我们应该再想什么方法使儿童多得机会练习写字？

丙：联络作文，用笔写作，就是练习小字；联络国语，抄写生字，也就是练习小字；联络美术作图画的说明，一面等于作文，一面就是练习小字。总之，写字练习应该多与其他各科相联络。

丁：单独练习写字能否采用？

丙：以往的教法只有单独练习的一法，现在改为需要学习，方法和取材，当然要跟着改变了。不过有时认为一级的写字程度太差，也可以同儿童讨论单独练习的方法。但练习前必须使儿童明白学习的目的，同时需使儿童认清学习的方法。

六

甲：时间虽然已经到了，我们应该总括一下，把今天讨论的要点再提纲挈领地说一说，一面便于我们记忆，一面也使别人看了，也容易留得一个印象。

乙：我来试试看，说来不合请大家补正。

丙：不用客气，请你说吧。

乙：刚才讨论的结果可以归纳为八个要点：

一、总冠四科的名称顶好改为"语文"两字。

二、说话是读书、作文、写字三科的基础，说话教得好，其他三课都会受到影响，跟着也进步起来。

三、说话要在真实的环境中去学习。

四、国语科应把现在所用的识字法、朗读法、阅读书籍法等全部加以改良。

五、要使儿童阅读的能力进步，必须多读课外补充读物。

六、作文的思想发表，比了文句的练习重要。

七、写字也要采用合于儿童生活的教材和教法。

八、语文科的全部——说话、国语、作文、写字应该混合教学，从生活出发再归趋于生活。

甲：时间已过，讨论终结，散会。

（原载于《教育杂志》1947 年第 32 卷第 3 号）

读书赞成要吗？

赞成：所谓读书包含很多，但一般人只以国语科当作读书课，所以开始就把这个问题提出来谈一谈。旧时采为启蒙用的《神童诗》，开宗明义第一句中就有这么两句话："万般皆下品，惟有读书高。" 读书是一向被人重视的。直到现在，我们常听得家长们说起："赶快读书去，做人怎么好不读书呢。" 他们把上学认为就是读书，读书就是受教育。最近各地的扫除文盲运动，也劝人赶快读书，读书跟做人简直分不开来，无疑地，我们必须读书。

反对：现在所提倡的基本教育，识字教育，扫除文盲运动，读书虽属其中一部分的活动，但绝不是整个活动只有读书。从前人把读书看得非常神圣，实在是错误的。从前人有了错误，一直流传到现在，使现在的人个个中了读书的毒。我们为彻底解放计，非废除读书不可。

赞成：从前的人把读书看得非常重要，固然不对；现在的人却也少不了它。因为文化一天发展一天，读书的需要也一天多一天。每天早上要看早报，晚上要看晚报；关于各人职业的进修，必须阅读专门的杂志。其他休闲时间，常把读书作为消遣。世界上的人一天不能缺少食物，也就一天不能离开读书，物质食粮与精神食粮，同样的重要。今后趋势，每个人非但必读书，而且须读很多的书，怎么能够废除读书呢？

反对：从前的人靠读书就可以生活，读书的本身，成为一种特殊的职业。现在情形变了，单靠读书不能生活。今后从电化教育上看来，也许用不到书本了。你有话要跟别人说（面谈除外），可以打个电话去。现在中国跟美国可以直接通话，将来世界万国，也许可以彼此通话。如果你有话要跟后人说，那么有钢丝录音、有机片灌音可利用，也不必靠什么书。即使你要求些知识技能，也可以从幻灯片或电影片上得来，废除书本没有什么大不了的啊！

赞成：将来对于读书的观念，一定要大大地改变，绝不会像从前人那样看作"书中自有黄金屋""书中自有颜如玉"了；但书籍的出版，非但不会减少，并且一定增多。因为无论电化教育发达到什么地步，绝不能像书一样可以自修，可以温习，可以尽各人性之所近而学习的，书的寿命除非是地球毁灭了，方会跟地球同归于尽吧。

反对：从前因为书的不容易出版，往往把读书人看作了不起的人物；现在把读书普遍地推行，大家看得读书并不是一件奇迹；将来也许认为不及电化教育能够传真，能够亲切有味，大家把书看成极平常的东西了。现在我们看到这种趋势，为期望这种趋势的早日到来，所以我要反对读书。

赞成：书本不及实物，记号不及写真，那是千真万确的。但是书本能够补助实物和写真的不足，事实上绝不会废除书本的。至于现在所出的书本，编辑的方法不高明，不合实际应用，那是另外一个问题，今后可以竭力加以改良。书的出版，会跟其他各方面的进步而进步，读书总是废不了的。

反对：现在的教育要从死记教育改到活教育，要从书本教育改到生活教育，书本实在可以打倒了。至少在小学一个阶段里，要注重生活的教育，书本尽可以不用。例如最近教育部讨论小学课程标准，议决小学

一、二年级常识一科不用教科书。将来依此进步下去，三、四年级也不用教科书，五、六年级也不用教科书，再推而广之，小学全部课程都不用教科书，有什么不可能呢！

赞成：你说少用教科书，我也赞同；但在《课程标准》上却规定"国语科应多读各种浅易的儿童读物""常识科应另编补充读物"，其他社会、自然两科同样都有编著儿童用参考书的说明。实在少用教科书多用补充读物，在书本的分量上看起来，非但不减少，而且加多呢！

反对：少读教科书，多看课外书，就出版而论，我不反对；我最反对的是拿了一本书，只是读读读，看来实在有些头痛。

赞成：这样，你是反对死读教科书，并不是反对一切的书，那么我们的意见可以接近了。"读书究竟要不要"的问题也可以解决了。

反对：本来我是反对单读教科书的，更反对现在的读书方法的；可是在无可奈何之中，或者仍旧保留一句话："读书并不是全能，仅属部分的需要。"就算把这个问题解决了吧！

赞成：这样解决很好！

【**总结**】读书是需要的，死读书的习惯应该革除。

（原为《小学国语教学讨论集·问题一》，上海：商务印书馆 1948年版）

"儿童文学"赞成用吗?

赞成: 1. 现在小学课程标准上规定国语教材应以儿童文学为主,当然我们非用儿童文学不可。再就国语教材的演变上看来,现在也已进步到儿童文学的阶段了:

第一阶段以陶冶处世修养为目的。在未兴学校教育以前,私塾里所读的书大都将儿童当作小成人看待,全部注重在处世修养方面。不问儿童懂不懂,爱读不爱读,只凭传统的方法做去,绝不顾到儿童的生活。

第二阶段以习得语言文字为目的。在废科举兴学校以后,到民国十二年(1923年)前,国语教材非从单字入手,即从单句入手。目的在于认识文字,至多可说是习得文言或白话的语言。对于儿童的了解程度虽尚注意,对于儿童的爱好与否,绝不顾及的。

第三阶段以养成阅读兴趣为目的。自民国十二年(1923年)到现在,差不多所有国语教材全以儿童文学为主。其中虽然有些波折,但究竟敌不过世界潮流的激荡。现在除了内容和形式尚需研究改进外,大体已经稳定了。

2. 用儿童文学,采为国语教材,非但不违反处世修养的目的,而且合于语言文字的学习,更能引起阅读的兴趣,差不多能够综合以往各优点，而深合儿童学习心理的。

反对：读书目的有习得语言文字、获得标准语、启发日常生活知识、明白文章作法。这几点，在年幼时学习好了，长大时还是有用的。那些儿童文学，只宜于儿童时期学习，对于将来的立身处世，可说毫无用处。一种学习，现在有用，将来无用，还不如不学。

赞成：1. 习得语言文字，无论哪一科中都可以达到目的。获得标准语，只需在说话科中专门训练。启发日常生活知识，应归常识科负全部责任。至于文章作法，在儿童文学的教材中，也要讨论。国语的最大目的，在于"引起阅读兴趣"及"养成阅书能力"，要达到此项目的，非用儿童文学材料不可。

2. 你说，将来的有用无用问题不能专以有形的成绩为限。欣赏文学，养成高尚的人格，培育优良德性，达成伟大理想等，用处恐怕要比习得语言文字和生活知识，高出几万万倍呢！

反对：现在是建国时期，一切应以科学为主。那些"猫说狗说"的儿童文学违反科学的，应以不用为是。

赞成：1. "猫说狗说"不能代表儿童文学的全体。有许多教材并非"猫说狗说"，而极有价值的。研究一门学问，绝不能以特推常；以特推常即不合于科学。儿童文学的种类很多。散文中有故事、物话、寓言、传记、民间故事、笑话、小说等各种；韵文中有儿歌、民歌、谜语、谚语等各种；剧文中有话剧、歌剧等各种。

2. 文学与科学本属两件事。无论哪一个注重科学的，未尝废除文学。大学中有理科，也有文科，文学与科学，相生不相克的。

3. 关于科学的研究，在初小有常识一科；在高小有社会、自然两科。文学的欣赏别科无法担任，只能归国语科担任了。

反对：1. 你所称的文学并不是儿童文学。儿童文学的材料，优良的极少。例如：

（1）**故事**　故事中往往多封建思想、迷信色彩及违反做人道德的材料。

（2）**物话**　鸟言、兽语，顾了兴趣，往往不顾物性，深究起来就要发生问题。

（3）**寓言**　寓言的来历，大都属于成人们受了冤屈，无法伸张，于是借寓言来发泄发泄。所以寓言材料消极的多，积极的少。儿童读了，恐怕利未见而弊已生。

（4）**传记**　大人的传记，往往记载立身处世的德操或忠诚为国的节烈，对于儿童们的生活，不很相宜；至于选取名人的童年轶事，又苦缺乏相当材料。

（5）**民间故事**　我国民间故事散布各地，材料虽然很多，可是要选纯良而合于教育的也不多见——大都是俏皮、恶作剧、神怪、迷信、荒诞不经的材料，优良的很少很少。

（6）**笑话**　有些名为笑话，读来并不发笑；有些可以引人发笑，可惜违反教育，入选的也不多。

（7）**诗歌**　诗歌中包括儿歌、民歌、山歌、童谣、新诗、旧诗等各项，要选内容足以激发儿童感情，形式便于儿童吟唱的，也不多见。

（8）**谜语**　谜面、谜底适于低年级儿童阅读的虽不少，适于高年级阅读的却不多。

（9）**话剧**　话剧虽很纯正，又合儿童兴趣，外国且有戏剧读本的编辑；可惜一般所谓剧文，只能当作读的剧本，而不能上演的。

（10）**歌剧**　这是有关于音乐与文学的联合创作问题，国内尚不易找到专门人才，好材料也不易觅得。

2. 综上所述，即使认为儿童文学有采用的价值，无奈好材料少，要用也无从用起。

赞成：正因为你所说的各项意见，我们必须竭力提倡，多多创作，使最近的将来有非常满意的材料可采用。至于选材标准，小学课程标准上规定得很清楚，兹不赘。

反对：儿童文学的材料大都是有兴趣的。教育全以兴趣为主，以后遇到无兴趣的材料，儿童将不爱读了，无怪乎现在一般儿童图书馆中，关于文学的书（软性读物）都已破烂不堪；关于科学的书（硬性读物）简直原封不动、无人顾问。长此下去，教育还有希望吗？

赞成：1. 儿童爱看文学的书，你已经承认了。这种好现象，就是我们教育界的喜讯，应该加以发扬光大，满足他们的读书欲。

2. 至于儿童不爱看科学一类的书，主要的原因是编辑体例不合，只用平淡无味的叙述，儿童自然不爱读了。其次是科学环境的不够。要激发儿童爱好科学，绝不单从书上引起。如果社会上有了丰富的供给，学校里有了适当的设备，教的人又有良好的指导，儿童自会有兴趣看科学书了。

3. 至于兴趣问题，可分两方面说：一是读书兴趣应该从小培养起。开始有了阅读的良好习惯，将来对于兴趣较少的书自会爱看。二是兴趣会随年龄的长进而改变。幼年时爱读儿童文学，长大后就会爱读成人文学；幼年时爱读科学故事，长大后也会爱读科学书报。兴趣是学习的芽，应该加以培养而不可以摘去的。

4. 再讲到硬性读物问题，现在已经找到一条路子：以科学的内容，披上文学的外衣，使儿童一样看了爱不忍释。例如《书的故事》《钟的故事》《灯的故事》《十万个问题》《人和山》《人类怎样征服自然》《两条腿》《木偶游海记》《乌拉波拉故事集》《昆虫记》《绿的世界》《人体旅行记》等都用文学的笔调，把枯燥无味的材料，写成栩栩如生的活东西，儿童真爱看呢！

反对：这样说来，整个的儿童读物必须改造一下了。

赞成：当然啦！

【**总结**】国语教材应该以儿童文学为主;就是别的补充读物,也应该采用文学的编法。

(原为《小学国语教学讨论集·问题三》,上海:商务印书馆1948年版)

"字形"赞成用分析法吗？

赞成：国字（从前叫作汉字，因为范围太狭，现在改称国字）的起源，发生于象形。从象形逐步演化，变成现在通行的字。现在国字中，有的仍旧与原形差不多，有的改了不知多少次，有的把旧有的几个文字并合成一个，那些并合的字，教起来应该用分析法的。

反对：1. 现在的字，从图画改成 ☀，对于造字的原意大部分失去了。好比一个"日"字，本来是圆的，四周还有光线辐射出来；现在写起来变成方了，论起理来，谁看见太阳是方的呢？

2. 再如一个"思"字，一拆开来变成"田心"两字。将"田"压在"心"上，还会思想吗？研究该字来历，上边不是一个"田"字，应该写成⊗，○是像人的头颅，×是像脑门。这一个⊗的记号，就是代表脑。西洋人研究思想的主宰是脑，中国人研究思想的主宰是兼脑和心，中国人的研究虽有错误，但该字的造法却很聪明。现在楷体的形状完全改变，拆开来教，就要变成笑话了。

赞成：1. 这"思"字的教法，可以告诉儿童从"⊗"变到"田"。说明白了，他们一定了解更能透彻，记忆更加容易。

2. 再如一个"亭"字，从高的意思，省去一部分笔画，再取

"丁"的声音。把一个字拆开来稍稍说明一下，非但学习起来有特殊的兴趣，从此也知道国字的来历，实在是指导生字的好方法啊！

反对：1. 一个字可能拆的，分成几部分说明，虽然可以增加兴趣，但教师要多一种麻烦，儿童要多一种记忆，也许弄巧反成拙呢。

2. 好比我们教一个"巢"字，可以说明木上有鸟窝，窝上有小鸟，把一个字写成巢。这样会不会使儿童把巢字写成巢巢巢。你想根据《说文》说明，他们就根据你的说明变出奇奇怪怪的花样了。我国各地方言，虽有多种，文字还能统一；现在用了分析法教，也许反而要破坏文字的统一性。

赞成：1. 我们提倡的分析法，并不想做拆字先生，把每个字都分拆开来。我们只希望把能够分析的字分析一下，不能分析的还是照样整块地教。

2. 例如一个"月"字，造意就像一个月形，不必分析了。

3. 我们所谓分析，不一定要参照了《说文》分析，也可以用杜撰的方法分析的。好在国字的演变很多，到现在不过当它是一种记号，不必考究它的来历了。换句话说，文字中能考究的，考究一下；无法考究的，也可以随俗称呼。例如两个新朋友相见，彼此要问起尊姓大名：贵姓？敝姓张，弓长张；请教尊姓？敝姓立早章。其实章字不应该分为"立""早"，照字义说来，应该分为"音""十"，因为古代奏乐时每十节成一章。

反对：1. 这种从俗的分析法，虽然社会上很通用，但是看错的很多；因为看错了，反而造成错字的机会。例如一个"全"字，通常往往说"人王全"，其实不是"人王"而是"入王"（古代写法）。我们教生字时采用分析法，目的在于希望儿童少写错字，结果因为分析错了，反而造成错字，不是为好反成歹吗？

2. 分析法仅能使儿童明白字的结构，写起来不一定就不会错误。

例如"鲜"字会写成"鱼羊","甜"字写成"舌甘"，国字中左右两半拼成的，据有人根据《新字典》的调查，差不多要占250页之多。计：

18页	10页	10页	4页	18页	26页	28页	2页	5页	
亻	土	女	彳	扌	木	氵	牛	王	
6页	5页	3页	2页	3页	18页	5页	5页	6页	
石	禾	衤	立	米	月	马	鱼	鸟	
2页	3页								
阝	夊								

共249页①

3. 左右拼合的字，都有互换的可能，采用分析法，实在没法使人不写错字。

赞成：我们调查儿童的错字情形，左右调位的虽然也有，可是常见的却不是那些错字。我们常见的有以下几种：

（1）多笔画　如"衰迎坐步"……等。

（2）少笔画　如"衫享壹猪"……等。

（3）改笔形　如"射满虏雪"……等。

用了分析法，把一个字的各部分拆开来说一说，好比研究一部机器，把各部分的零件逐件看一看，逐件说明一下，至少对于全部机器的构造更加清楚些，所以我是绝对赞成分析法的。

反对：1. 你要防止错误，非但应该注意把一个字的几部分拆开来教，顶好要更进一步根据杜定友②分析的二十种笔形细细地拆一拆呢（如 丶 乀 一 ノ ㄱ ㄱ 冖 丨 丨 亅 ㄣ ㄥ 乚 乚 乀 丿 く 乙）。

2. 我们认识一个新的朋友，只有大体的印象，见过多次，自会熟

---

① 原文如此，实际共计179页，疑原文有误。——编者

② 杜定友（1898—1967），中国近代图书馆事业和图书馆学的奠基人之一。融东西方图书馆学为一体，在图书馆学诸多领域都作出了突出贡献。——编者

识的。教儿童识国字，也只要认个大体的印象，经过多次反复练习，自会写得出、默得出而不会错误。那些错字的来历，实在因为练习的次数不够的缘故。

　　赞成：1. 我们所用的分析法，不需要分到单体的笔形为止，只要分成整块的几部分。例如：

雲　鎮　章　礁　留　蠱　類　殷　臨　樂　開　函　邐
雪　村　意　謝　醫　嵌　雜　悟　協　戀　間　幽　起
吕　川　亖　川川　吕　品　三川　吕　品品　吕吕　同　凹　巳

　　2. 至于分析的教法，我们也不想违反心理学上的规定"先整个后分析"的原则。开始指导先令儿童看整体的形状；到后来反复练习时，才用分析的方法来辅助。

　　3. 并且规定分析的教法，不是个个字要采用这种方法，仅选值得分析的加以分析。

　　4. 据我们的经验，分析法试用几次以后，儿童懂得这个诀窍，以后看见生字，也会自动地分析了。这种能力，我始终认为在小学里值得养成的。

　　反对：1. 刚才我所反对的理由，也可以归纳成几条原则：

　　（1）每字必须分析，有时会钻到牛角尖去的，我不赞成。

　　（2）每字分析到笔形为止，似乎有些过分了。俗语说"过犹不及"，所以我也不赞成。

　　（3）先分析后综合，违反学习原则，也不赞成。

　　2. 如果仅仅选几个字分析一下，而且只分大块，在先综合后分析的原则下指导，我也认为可以采用。

　　赞成：凡事不能走到极端，我们各述各的主张，彼此讨论一下，得到一个调和的结论，实在是很有意义的。

【总结】有些字值得分析的，用分析法教，但不必太重分析，以致钻进牛角尖去。

（原为《小学国语教学讨论集·问题十》，上海：商务印书馆 1948 年版）

"抄书" 赞成用吗？

赞成：我国文字每个具有特殊的音形义，学习起来比较难，尤其对于形状的记忆更不容易，非有抄书练习不可。

反对：1. 字形的记忆，应从多次认识中习得。好比我们认识一个生客一样，必须多次会面了，才能说得出他的名字，以后劈面过来，也能一见就打招呼。再多几次，就是看见背影，也容易辨得出他是谁了。

2. 现在新编的国语，注重字句反复，一字要有多次的出现；再加课外阅读的注重，生字的见面机会更多，不难把几个常用的字一起记熟。换句话说，就是不必多花工夫抄书。

赞成：多次认识固然可以帮助记忆；可是采用抄书方法，经过肌肉的运动，记忆一定更加强固。而且对于那些差在些微之间的国字，多看不一定会注意，必须多写，才能分别出来。例如：

正	误		正	误		正	误		正	误		正	误
刊	刊		强	强		摇	摇		黄	黄		脚	脚
奋	奋		劫	刼		圣	圣		色	邑		船	船
旨	旨		挽	挽		陕	陕		朵	朵		微	微

反对：注意字的正误，在教生字时就该分别指导。抄书练习，未免太机械太乏味，不合儿童的需要。

赞成：抄书的乏味我们可以想法补救的，只要用个人或团体的竞赛方法就有兴趣了。例如：

（1）个人的

比较同一时间内抄写多少字，比较前后错字的增减数量，比较前后字迹的好坏。

（2）团体的

比较各组的快慢，比较各次的进步情形，比较抄书的分量，比较每人的抄书百分比。

反对：1. 新教学法中为了增加儿童的学习兴趣，往往采用竞赛方法，读书要竞赛，算术要竞赛，作文要竞赛，写字也要竞赛，体育当然常用竞赛，就是美术劳作也有采取竞赛方法的。儿童们一天到晚在竞赛中生活，精神上不太紧张吗？

2. 一级中成绩好的，竞赛的结果，优胜还是属于他们；成绩不好的，结果仍旧不好。常常举行竞赛，往往要使能力高的生骄傲心；能力差的生妒忌心，对于德性训练也不相宜。

赞成：1. 我所说的竞赛，并不像算术测验样的紧张，实际仅有竞赛的意义而没有竞赛的形式，儿童不觉得苦的。至于发生骄傲与妒忌的情形，只要多行个别的前后比较，或者团体的分组比较，就可以免此缺点。

2. 我们教儿童读书，儿童只读课文，虽能背诵，对于单字新词，也会滑过不注意的。我们为使儿童切实注意文字的写法起见，在低、中、高各年级中可以分别几种抄书的方法。

（1）低年级用抄写全文法。（2）中年级用抄写难词、难句法。（3）高年级用抄写成语、要句法。

反对：高年级因为课文长了，需要研究讨论的时间也多了，简直分不出时间再注意于抄书。中年级注意于难字、难句，比较还合理。低年级对于字的基本练习还没有指导，怎么可以就叫他们抄书呢？

赞成：1. 你所说的基本训练，是不是先从描红入手，然后再用映写、临写的方法？其实这是旧的方法，现在有人仔细实验过，不从描红入手，所得的成绩，并不低于描红。抄书，等于临写。开始就从临写入手，事实上是可以行的。

2. 你所说的基本训练，或者是指先从丶一丿丶入手，使儿童懂得运笔方法了，然后再写整个的字。这种方法，也不合时宜了。心理学已经证明无论学习什么事情，必先整个而后分析，先分析后整个是违反学习定律的。

3. 你所说的基本训练，也许要从笔画简单的、间架结构整齐的先入手。这一点也是传统观念的错误。字的难易，跟学习的兴趣有关，笔画的多少与字形的整不整，没有多大出入的。

反对：基本训练，别的可以不管，笔顺的指导似乎不可不注意吧！我们常看见儿童写的字，往往有反写的，有倒写的，笔顺的错误更不必说了。学习心理学上说，开始的训练，不能稍有错误，你对于这一点有什么意见？

赞成：1. 笔顺是运笔的顺序。我们写字时，顺了运笔的次序，比较写得快，并不是有什么特殊的理由。如果真要研究字的来历，现在的笔顺简直是不通，例如一个"木"字，应该从下面写到上面，表明木是由根生枝的，现在先写枝，后写根，那不是不通吗！又如一个"出"字，本来是这样写的：表明草从地上生出来。写起也应该先从根上写起，现在有谁照发生的次序写呢？

2. 就是要讲笔顺，实际也很简单。（1）自上而下。（2）自左而右。其中有少数的字是（3）自内而外，如"远近"等写法；更少数的

（4）自外而内，如"冈间"等写法。只要懂得了这四个重要条件，所谓笔顺，尽在于此了。

3. 我们要教儿童学得笔顺，只需在每个生字初教时特别注意一下，板书写得大而清楚，儿童自易学会，不必另外提出时间来专门指导笔顺。

反对：笔法的顺不顺虽跟字的发生无关，跟字的好坏也无关；但如果采用头尾字典或有研究笔画次序的需要时，就不能不有个讲究了。例如下面许多字，笔顺的写法就各各不同："馬"字的写法有两种

$\begin{cases}① | \ 亠\ 馬 \\ ② 亠\ | \ 馬\end{cases}$，"學"字的写法也有两种$\begin{cases}① \ 爻\ 臼\ 字 \\ ② \ 臼\ 爻\ 臼\ 字\end{cases}$，"成"字的写

法有三种$\begin{cases}① \ 丿\ 厂\ 戈 \\ ② \ 一\ 丿\ 厂\ 戈 \\ ③ \ 丿\ 一\ 厂\ 戈\end{cases}$，"豐"字的写法也有三种$\begin{cases}① | \ 艹\ 凵\ 豆 \\ ② \ 凵\ | \ 艹\ 豆 \\ ③ \ 艹\ 艹\ 凵\ 豆\end{cases}$

赞成：1. 笔顺实在没有研究的必要，如果防患于未然必须指导笔顺，也可以在抄书以前，先提出几个特殊的字来指导一下。

2. 我赞成抄书，并不在于字的写法上，希望他们因为多抄写后，作文时不致发生错字连篇。

反对：1. 儿童写错字很普遍了，好像写一篇文章，非有几个错字不行。非但低年级里错字很多，中年级也不少，高年级仍旧还有，甚至到了中学，升了大学，还免不了要写错字。错字的确应该想法研究，确乎值得注意。

2. 我们希望儿童少写错字，第一要在初教生字时，就注意清清楚楚地教他们（当然不必用错的字形告诉儿童）。其次最有效的方法，是用字片练习。字片的大小，约需八寸长、五寸阔，用洁白而质厚的纸做成。每片可写一字、二字至三字。字体要正，笔画要清。练习时应注意下列各点：

（1）难的字多练，容易的字少练。

（2）新片慢慢加入，旧片逐渐淘汰。

（3）相隔一定时间后，举行总练习一次。

（4）应用间隔练习法，旧片逐渐递减时间。

3. 我们只要常用字片练习，错字就可以减少。

赞成：1. 字片练习一定要用，我并不反对。抄书练习，不妨同时并行。好在抄书由儿童自动学习，教师并不多花工夫。抄过的成绩，可用相互订正法，也不需多花批订时间。运用此法，对于复式单级或者实施能力编制用分组教学的，更可以把它当作自动作业，多多使用。

反对：你以为抄书是最好的自动作业吗？怪不得现在的一般学校常常利用它，这一节是抄书，那一节也是抄书，上午是抄书，下午又有抄书，甚至于惩罚儿童也用抄书。

赞成：你所说的不是抄书本身的缺点，是用法的不对。只要我们限制运用，必然有利而无弊。

反对：我对于漫无目的又无限制的抄书是反对的，如果把方法改良，不称为抄书，而称为抄写练习，再加以有条件的指导，我也并不完全反对。条件是：

（1）抄写的步骤，先抄容易写的字，再抄难字句。

（2）抄写的方法，可以略采竞赛或奖励的方法。

（3）抄写的时间宜少、次数宜多，适合于分配练习。

（4）抄写后应有订正，加以切实的指导。

（5）抄写的成绩以正确为主，迅速次之。

赞成：1. 我还可以补充你一个办法，将抄书与作文的基本练习合并在一起。例如读了一课"哥哥、弟弟、爸爸、妈妈，大家爱我，我爱大家。小羊不爱我，我也很爱它"。可令儿童自由造句，造成："哥哥爱我，我爱他。""弟弟爱我，我爱他。""爸爸爱我，我爱他。""妈妈爱我，我爱她。""小羊爱我,我爱它。""弟弟爱小羊,哥哥不爱小羊。""妈妈爱小羊,爸爸不爱小羊。""我爱你,你爱他,他爱我,我们大家都爱大家。"

2. 每课这样练习,更比死抄课文有用得多、有兴趣得多,以后应该多多提倡。

反对:这种改良的抄书法,我不反对,而且要竭力地提倡。

【**总结**】抄书可以用,最好兼带语句的练习。

(原为《小学国语教学讨论集·问题十一》,上海:商务印书馆1948 年版)

"笔记"赞成用吗？

赞成：读书科采用笔记，由来久矣。的确有许多好处，最大的优点在于帮助记忆。一个字、一课书，单单看过了，读过了还不见得十分清楚；如果把生字的音形义，把课文的大意，把读后的感想，用笔记录一下，自然会记得清清楚楚；这是心理学家几经实验的结果，认为运用肌肉的活动比较容易记忆，大家毋庸怀疑了。

反对：帮助记忆用笔练习，原是无可非议；不过有了笔记，教师必须加以批改。当教师的精力有限，每天作文要改，算术要改，写字要改，美术要改，常识笔记也要改，现在再加上读书笔记，那不是更要加重教师的负担吗？我为节省教师的精力计，希望他们把有用的时间花在更有价值的工作上，所以我是反对笔记的。

赞成：1. 事情的繁不繁是另一问题。因为教师的职务，本来很辛苦的，我们只要看这件工作在教育上是否值得做；值得做就做，不必顾到繁不繁。我们看低、中、高三种笔记的内容，就可以断定笔记的价值何在。

（1）低年级适用

课文题目				
生字和新词				

（2）中年级适用

题目			
生字、新词（形）	音	义	举例
提要			

（3）高年级适用

题目		文体	
要旨		大意	

段落及整理：

记述或感想：

新词注释：

2. 在低年级里做了笔记，可使儿童对于生字的音、形、义，得到进一步的了解，因为经过手的练习更加容易记忆。

在中年级里做了笔记，可使儿童除学得生字外，更能练习字典的用法。懂得了全篇的段落大意，对于阅读的基本训练有很大的帮助。

在高年级里做了笔记，可使儿童除了中年级所得几种好处外，更可以学得字词的用法，及读后的感想，这些训练直接对于作文有很大的帮助。做笔记的功效很大，怎么能说没有价值呢？

反对：1. 照你说来笔记有这许多功能，好像不可废了，但是你得细细考虑，儿童是不是有这种能力？教的人是不是能够参照目的进行？据我看来，一般所谓笔记，全由教师在黑板上写示了，令儿童做个誊文公，这算什么笔记，只能当作抄书。

2. 现在且把方法不提，再就内容上分别说一说：

（1）低年级笔记中写一个"课文题目"有什么用处？生字和新词，儿童也没有能力能够自己提出，还要靠教师的辅助，单教儿童把已经提出的抄一遍有什么用处，如果为了增强记忆，应该用抄书，而不应该用笔记。

（2）中年级笔记要练习查字典。查字典的活动是应该教的，而且在阅读训练上必须教的。不过现在还没有一部理想上合于儿童自己能查能懂的好字典，你看：

首先，字典中注音方面，有了注音符号，还有反切①，还有直音②，

---

① 反切，是古人在"直音""读若"之后创制的一种注音方法，又称"反""切""翻""反语"等。反切的基本规则是用两个汉字相拼给一个字注音，上字取声母，下字取韵母和声调，上下拼合就是被切字的读音。例如，《广韵》"冬，都宗切"，就是用都的声母、宗的韵母和声调作为冬注音。1918年，北洋政府教育部公布了国语音字母（声母二十四个，韵母十六个），反切法遂被淘汰。——编者

② 直音，是古汉语的注音方法，即用同音字来注音，如"根，音跟"。——编者

还有罗马拼音①，叠床、架屋，实在累赘极了。

其次，字典中记形方面，宋体铅字还不能个个与手写楷体相同，使儿童多一番辨异之苦，甲部字典与乙部字典出入很多，标准写法未公布，全国的字形还不能统一。

第三，字典中释义方面，更加有问题了：

①有些字分列许多意义，例如"扣"字。《学生新字典》上注释有五条：敲，例，扣门；阻留，例，扣留；扣除；折扣；纽扣。儿童查得了该字，仍旧不懂应采哪个字义。

②有些字，本来意义极平常，只要口头一说，便能懂得，现在查了字典，反而模糊不清了。例如"朋友"两字，只要令儿童报告有没有朋友，有哪几个朋友，意义就清楚了，现在看了字典：

《实用学生字典》——同类也称朋友。

《学生国语字典》——凡志向、意趣彼此相同的统称朋友。

《辞源》——同门曰朋，同志曰友。

《辞海》——凡相交皆曰朋友。

看了以上各字典的注释，反而弄得莫名其妙了。

③有些字，只需画一个简单的图，就能透彻明了；现在查了字典，反而越搅越不清楚，例如"蝉"的一字，只需在黑板上画一个知了，或者仿作知了的鸣声，儿童就能懂得。现在查了字典，反使儿童如堕五里雾中，无法了解。

《新字典》——虫之善鸣者。

《实用学生字典》——虫名，有夏蝉、秋蝉之分。

---

① 罗马拼音，即国语罗马字，用拉丁字母（也叫罗马字母）拼写汉语的重要方案之一。该方案主要研究者是赵元任，1928 年由国民政府大学院定名为《国语罗马字拼音法式》公布。——编者

《学生小辞汇》——昆虫名，头短，翅透明，雄的腹部有发音器，夏日鸣声很高。

《王云五大辞典》——虫名，头短，口为长吻，翅膜质，大都透明，前翅较大；有发声器，具小皱膜，收缩振动，以发高声。

第四，现在没有好的字典，徒然苦了儿童的检查，苦了教师的批改，等于顶石臼做戏，我始终认为不值得用。

第五，有许多学校，对于课文中的生字和新词，并不由儿童自己查了字典填注在笔记簿上，却由教师从教授书或指引书转录在黑板上令儿童抄的，连查字典的技术也不教，那是更没有意义了。

第六，至于分别段落大意，对于阅读训练上确属重要，只需口头讨论已经够了。不必用笔记把它记录起来。况且现在学校里常用的段落大意，大都是由教师把整张的表抄在黑板上令儿童誉的，儿童只有抄写的动作，并没有经过思考，效果低微极了。例如：

木兰的故事
第一段"女子冻饿"述木兰的家庭生活。
第二段"一天出力"述木兰改穿男装，代父从军。
第三段"她杀敌"述木兰上阵杀敌。
第四段"木兰女子"述十二年间，人家没有知道木兰是女子。
第五段"她工作"述木兰不愿受赏做官，仍旧回家过旧时的生活。

（3）高年级笔记有字和词的用法练习，例如：

同——这句话是我同他说的（介绍名词代名词于动词等）。

和——哥哥和弟弟同上学（连结对等的词）。

跟——厂主和工头，跟工头和工人的关系不同（连结两串已经用"和"连着的对等词）。

这些确属对于作文有很多的帮助，可惜一般教师未见得肯认真指导。如果每课国语教完之后，必然来一次字词应用练习，不但对于字词的意义更加清楚，而且可以扩充儿童的字汇，以后连字造句就便利得多，可惜各校读书笔记中有此一项的，尚不多见。

3. 还有读后感一点，也有用处。不过又因为一般教师怕改笔记——改一篇读后感，等于多改一篇作文——而不肯认真做。这好比王安石行新法，方法虽好而没有奉行的人，结果还是行不通的。

4. 说来说去，笔记虽有一部分有用处，但因应用的人不得其法，徒然使师生两方面各多一种繁重的工作，所以不如不用的好。

赞成：1. 依你的主见，并不是不赞成笔记，而反对笔记，是想把笔记的方法改良，那么我们两人还有磋商的余地。

2. 我以为笔记既然可以训练阅读能力，辅助作文练习，在原则上应该成立，不必废除。

3. 在方法上似可改良几点：

（1）低年级不用笔记。

（2）中年级选用一本浅易的词典，试行自动检查的方法，逐步加以指导。三、四年级中只希望达到初步的训练。纯熟应用，须在五、六年级中完成。

（3）高年级起才用段落大意、字词应用和读后感想。方法应该由儿童自动，教师仅属辅导地位。

反对：这样的结论，我也赞同，不过还得加以补充说明：就是同一年级中不必个个人做同样的工作。如果能力差的，不妨减轻他的分量，减节他的项目。

赞成：这一点，我也赞成。

【总结】有自动能力笔记时，才做笔记。

（原为《小学国语教学讨论集·问题十四》，上海：商务印书馆1948 年版）

"朗读"赞成用吗?

赞成: 1. 据王了一先生的研究,由阅读心理分析起来,国字的作用仍是表音。他说:"我们阅书看报,虽然不必念出声音来,但我们心里仍旧在默念着。换句话说,文字必须先经过语音媒介,然后能引起我们的概念,与图画之直接引起我们美感者绝不相同。由此看来,汉字的作用仍是表音,只不过与西洋文字的拼切作用不能相提并论罢了。"

2. 国字的构成在最初的阶段,虽以形为主,由古代图画文字演进而成,但在现阶段的作用,都是表音,早已以音为主,而变成一种单音节的标音文字了。

3. 我们认清了国字在于标音,所以应该注重朗读。

反对: 谈到国语,大多数的人总以为非读不行,实际"读"也不过占着一小部分的地位,大部分的时间不应该花在"读"上。即使要"读",默读应该比了朗朗高声的读要多些。我们到一个学校去参观,到处听见书声琅琅,每个年级都在打着调子吟唱,不应该就称赞这个学校为优良。相反地,我们听得某校多数是朗读,反是落伍的学校,旧式的教法。

赞成: 我们就不从国字的本身上说,朗读本身确有许多利益。以下分别加以说明：

（1）正目的：

①在非国语区域里，要从国语课本训练儿童学说国语话，非有朗读不可。

②国语的学习，虽然可从眼看文字上得来，但是要使说话能够表情达意，非从朗读入手不可。你看，导演的人绝不是单教演员默读剧本就会成功，必须叫演员一句一句地把剧本高声读熟，才能句句合拍，临时不会慌张。

③读书的训练，要养成儿童许多能力。各种能力中最重要的是阅书的良好习惯。许多阅书习惯中，最要注意有规律的眼动——两双眼睛射在字里行间，成功有规律地移动。因为朗读要靠嘴巴，一字一句读下去的，读时既不会遗漏，也不会重复，读惯了，眼动的习惯，自然有规律了。

④我国不用拼音文字，有许多字单看字形不能读出字音的，我们要训练儿童识字、读书，也非从朗读入手不可。

⑤国语中的诗歌，有依民歌词调编的，更需要出声朗诵，才能表达诗歌音韵之美。

⑥朗读还可以帮助记忆。美国林肯在幼年时，在一个乡校里读书，那所学校，十分简陋。先生常常高声朗诵，学生也跟着高声朗读，声音十分吵闹，邻居们叫它闹市学校的。林肯在这学校中养成了朗读的习惯，以后无论看到什么报章或书本，总是要高声朗诵。有人问他为什么要高声朗诵，林肯说："这样做是在运用两种官能：一是看着自己在读什么，二是听着自己在读什么，这样可使记忆力增强不少。"

（2）副目的：

①朗读可以集中注意。许多学生坐在教室里，时间长了，很容易发生疲倦。如果来一回朗读，可以当作兴奋剂，把萎靡的精神重新振作

起来。

②朗读可以改良口语,有些人长于口才的,即使不教国语也能说得一口流利的话。有些人拙于口才的,就可以从朗读国语上学得说话的技巧。

③朗读可以帮助作文。作文成绩的好坏,对于虚词用法、成语用法的妥当不妥当有绝大的相关,这种虚词和成语的语汇都可以从朗读上学来。

反对:你只知道朗读有许多优点,不知道也有许多缺点吗?

(1) 主要的缺点:

①读白话文不比读文言文,应该像平常说话一样。可是因为朗读惯了,很容易打起调子来唱,一唱就难听了。

②朗读要出声音,要运用舌头,不比默读的只需用眼睛看,因此朗读总比默读慢。朗读惯了,很容易养成慢读的毛病——说话、看书,都变成慢吞吞地不爽利、不简洁。

③朗读惯了,以后见到任何读物,非高声朗读不可。非但看报要朗读,看书要朗读,甚而至于看私人的秘密信,也会朗读起来。这种习惯养成了,会使效率减低,而且也甚难听。

④为了节省时间,节省教师劳力,往往注重团体的朗读,用了团体朗读,非用整齐划一的语调不可,于是呆板调门,无法革除了。

⑤读白话文能够顺口,能够表情达意了,就不必多费工夫作无谓的朗诵。但是因为朗读可以敷衍时间,不期然而然地老是一遍一遍地读下去,把宝贵的光阴,白白地糟蹋,真是可惜之至!

(2) 次要的缺点:

①因为教师鼓励儿童朗读,而且希望读得响,于是个个儿童读来面红耳赤,直到声嘶力竭为止。本来是个健康的儿童,经过多次朗读后,喉咙沙哑了,肺部受伤了,教而忘育,究竟不是好办法。

②因为朗读可以表示在用功读书——默读时，是否在读，听不出，看不出的——于是甲级要提倡朗读，乙级也提倡朗读，全校闹做一团，变成一个闹市，也不相宜。

③因为朗读注重团体的读，一般成绩比较差的儿童，往往学做南郭先生，随声附和，永远得不到一个彻底的了解，这虽不是朗读害他，却容易造成这种不良的机会。

④普通称上学叫"读书去"。好像儿童们到校求学，就为读书；有了书又非读不可。于是相习成风，教国语专重朗读了。各地乡村小学里，科目不甚完备，大多数只教一课国语，国语又特别注重朗读。于是一个儿童到校后，差不多一天到晚只是高声地读、读、读。现在名为实行新教学法，实际还是很旧很旧的私塾教法。

旧时教国语，注重一个"读"字，到现在应该觉悟是不合理了。

赞成：朗读可以测验理解的程度。读一课书，如果读得抑扬顿挫，合乎语气自然，必能断定他完全能够了解课文。

反对：一般朗读的缺点，都是读字而不是读书，所以读来都不像话。虽经我们竭力提倡"读书要像说话"，可是效率极微。因此，我就用过激的做法，爽性反对朗读，一律改用默读了。

赞成：朗读是有朗读的好处，决不能因噎废食。指导朗读的方法，可看《国语小报》第五十一期，谓宜先生的一篇短文。他说：诵读白话文应当遵守下列三条规律：

1. 正确的字音：所谓正确的字音，就是标准的国音跟声调；简称"国音、国调"。理想的白话文，一定是用标准国语写成的，所以念的时候，必须用国音、国调，总能还它一个本来面目。不会说国语的人，可以利用白话文的诵读，帮助他们学国语，但是先决条件，还是必须按照国音、国调读。

2. 适当的语调：这是要拿口语作根据的。说话时的轻重缓急，要整个拿到白话文的诵读上面去，使听的人不知道你是在念书，简直就是在那里说话。千万不要一字一字地念，破坏了白话文的有机组织，只剩了一个一个的死细胞！

3. 活泼的表情：表情也是说话时自然流露出来的，可以跟口里的话相配合，把思想情意更明显地表达出来。一般人说话有表情，在念书的时候，就常有"喜怒不形于色"的神气。其实白话文的诵读，应当极力跟口语相近，不但"有声"，还须"有色"，"有色"就是活泼的表情。念白话文能像柳敬亭说书似的，那才算到了家。

反对：朗读既然跟说话一样，那就不适宜于齐读。既然注重个别朗读，在时间上不是太浪费了吗？

赞成：浪费时间确属事实，不过我们应该设法补救。例如，指名某儿起立朗读时，面部应向全体，不能专向教师，使全体的人都能注意他。其余不读的人，应该细细地听他朗读，发现了错误，等读完后，共同提出矫正。这样，就不至于空费时间了。

反对：现在的国语教学，顶多是朗读，朗读中顶多是齐读，齐读中顶难听的是怪腔、怪调。我不是有意反对朗读，实在因为想不出革除怪腔怪调的办法。

赞成：你既然看出了国语教学的缺点，就可以对症发药，想个救济的办法了。救济办法恰与现在相反，要少朗读，少齐读，注重个别矫正，那么一切朗读的问题都可以解决了。

反对：这几句话，我无可反对了。

【总结】朗读可用，应多个别练习。语调要合于说话，出于自然。

（原为《小学国语教学讨论集·问题十五》，上海：商务印书馆1948年版）

"诗歌"赞成吟唱吗？

赞成：诗歌不比散文，它有音调之美。这音调之美，不吟唱，不能体味到的。

反对：白话诗歌不比旧时的文言诗歌，其音调之美，在于说得自然，并不一定要吟唱。

赞成：所谓说得自然，就是说来有情有致、有高低、有节拍，这样，我就认为是吟唱，不一定像音乐那样，必须含有曲谱性质的，才得称为吟唱。

反对：1. 我国旧时的律诗和词赋，字字调平仄，朗读起来可以按两字一拍或一字半拍的办法，每到一个意义完全的地方，把末尾的音延长一下，使人听来清清楚楚。同时因为节奏的配得整齐，音韵的配得匀称，读起来能够使人辨出字句中的韵味来。

2. 现在的白话诗歌，除了末尾须叶韵①以外（有些散文诗，简直不叶韵的），平仄也不顾了，一句一句就好比说话一样，就不需要打起那种两字一拖的腔调了。

---

① 叶（xié）韵，也作"谐韵""协韵"。诗韵术语。——编者

3. 如果训练成两字一拖的腔调，非但不像说话，而且并不好听。我们常听得西洋人初到中国来传教，说得一口非话非歌的腔调，两字一拖，实在难听极了。

赞成：1. 你说每句读来两字一拖，不顾词性，不顾语句，那当然是不对的。如果根据词语的组织，再依节拍吟唱，我想一定很好听吧！

2. 从前唐擘黄先生（中国哲学家，福建闽侯人）对于朗诵的方法，曾经举过一个例子说："燕赵——古称——多——慷慨——悲歌——之士"有六拍。如读"雨——吾见其湿万物也"只需两拍。读散文尚且可以用节拍吟唱，读韵文哪里不可以吟唱呢？

反对：1. 刚才，我已经说过了，读旧时的文言文可以用吟唱法的，读现在的白话文，无须再用那一套了。

2. 朱自清先生（字佩弦，江苏江都人）在《国文月刊》① 第五十三期上说过："目前小学及初中诵读白话文，都是作一顿而延长之，老师学生都感到这样读法不对劲儿，然而又想不出别的妙法。"又说："白话诗只宜干念，不能吟唱，唱不见得有什么好处。"朱先生所说的几句话，就可以代表我的意见。

赞成：1. 所谓诗歌，诗的意思占一半，歌的意思也占一半。"歌"在学校里打起调子唱的，已经司空见惯了，难道变了诗歌就不能唱吗？

2. 我们常看到不少的歌，内容就是一首诗。歌既然采用诗，难道诗不能变为歌吗？

反对：1. 好的诗，经过专家的精心研究，可以配成一首好曲。不过这些曲谱不容易创造的。第一，对于诗的方面，必须彻底了解这首诗的主旨是什么，组织的特点在哪里，字句间音节如何。对于该诗的内容

---

① 《国文月刊》，是在 1940 年由任职于西南联大师范学院中文系的教授们主办的，主编是著名学者浦江清，先后出任编委的有朱自清、罗庸、沈从文、王力、余冠英等。——编者

和外形，都能细细嚼过，然后能注意到第二部分歌的方面。作一首歌的条件很多，不是三言两语所能说得清楚，最起码的条件必须懂得：（1）曲趣该用什么方法表达？（2）句段与乐段如何配合？（3）节奏与语词如何调匀？（4）字的四声如何与音的高低互相适应？（5）旋律中如何把诗意、情调、标点等曲曲表达出来。这些研究，非对于音乐有特殊修养的，绝不会成功。

2. 现今一般小学音乐教师，对于歌曲的作法也许不能完全懂得，当国语教师的哪里会知道这些呢？

3. 不懂作诗作歌的方法，硬把它打起调子来唱，实在要不得。

赞成：诗歌非经专家配曲，不能随便吟唱，那么我们就请专家把课本中所有的诗歌都配了曲谱吟唱，不是很好吗？

反对：作诗易，作曲难；作好诗固然也不易，作好曲更加难，国内作曲专家能有几人？他们是不是都肯牺牲了自己的爱好为你配曲？即使他们肯为教育而牺牲，为儿童而服务，把现在国语课本中的诗歌，一齐配成各式各样优美适切的曲谱。那时，我们吟唱起来，变成音乐科而不是国语科了。

赞成：依诗作曲是不容易的，那么各地的民歌儿歌，并没有配上曲谱，为什么一般老百姓、一般小孩子都能咿咿呀呀地唱呢？而且唱来能够表达乡调土风，谁说没有优美的曲谱不能唱呢？

反对：1. 儿歌民歌，经过历代口授，慢慢地变成自然的作风了。这种自然的作风，成功也不容易。各地流传的歌词有多多少少，而曲调能有几种？

2. 这种曲调，不过辅助吟唱之美，并不能真正表现音乐的功能。好比旧剧中的西皮二黄等，不管词句的内容怎样，只要编来适合于某某调的，就用某某调唱。

3. 现在我们读的白话诗，既不是来自民间，又不是依据了什么调子作成，唱起来自然难以讨好了。

赞成：现在我们不管旧剧有什么调门，各地民歌有什么调门，音乐上有什么规则，我们只看诗的内容需要怎样说法才能表情达意的，各人就用各人的自来调唱，好不好呢？

反对：只要不破坏诗的意义，也不妨试试；可是与其这样放胆试用，还不如就用说话的语调来得干脆。

赞成：现在各地不是盛行一种朗诵诗歌会吗？他们是不是在那里研究如何吟唱诗歌？

反对：1. 朗诵会是新兴的一种活动。因为自从提倡白话文到现在，虽已得到一半的成功（还有一半是公牍和报章，不能全部改为白话），但诵读的方法，却毫无建设。朗诵会的创立，目的就在研究这方面的工作，可惜到现在还没有达到成熟的地步。如果将来整理出一种条理来，到那时再用吟唱也不迟。

2. 不过，朗诵方法虽还没有研究成功，有几点却可以很肯定地说：
消极的原则：

（1）读新式诗歌，决不能用旧诗的腔调。

（2）读诗可以表情，但不能过分的戏剧化。

（3）两字一拖无理的腔调，万万用不得。

积极的原则：

（1）读者应以作品为主，尽量把好处读出来。

（2）把一个字的头腹尾都念得清清楚楚，于意义重要处，更应清晰地重读。

（3）意义上有抑扬顿挫处，读时应该充分地表达，使所说的话不是平平淡淡，要解说得有力量、有感情。

赞成：这办法，我也赞成。我们一面努力研究，一面多方试验，肯定的答案，且待将来再说吧！

【总结】诗歌可以吟唱，语调必须出乎自然。

（原为《小学国语教学讨论集·问题十七》，上海：商务印书馆
1948 年版）

"讲解" 赞成用吗？

赞成：中山先生在学塾里读书，因为老师只读不讲，他起来反对，要求老师讲书。中山先生是聪明的人尚且如此，我们读书哪能不要讲书。

反对：中山先生那时候读的是文言。文言不是口头上说的话，要了解课文，非用本地的土话翻译一遍不可。现在我们读的是白话（明白如话），而且是浅近的白话，能够识字，就能懂得一句一句说的什么，那何必再讲呢？

赞成：现在读的白话，虽然很浅了，可是究竟跟说话有些两样，要知道我们一个人的思想很复杂，用说话表达出来的，虽有善于辞令的人，也不过能够表达全部思想的几分之几；从语言再转变到文字，能够用文字表达思想的，虽有善于写作的人，也不过能够表达全部思想的几十分之几；即以文字表达说话而论，也不能句句用文字写下来毫无遗漏。现在读的白话文，认为等于说话，不必讲解，无论如何不敢赞同。

反对：小学国语科，从文言改为白话，是一大进步；再从旧小说派的白话改为浅近的白话，又进一步；现在更从浅近的白话，改为大家口头的白话，更进步了。我们用的白话文，慢慢地发展到同说话一样，使一般儿童容易学习，讲解实在不需要了。

赞成：1. 我们说话时，对面一定有人听着。说的时候，可借词调语气的帮助，可借姿态表情的帮助。就是说来有些错乱，前后有些不合文法，只要听的人和讲的人彼此程度相仿，就可以完全了解。我们用笔写在纸上的文句，就不能跟说话一样的自由了。一篇文章，一定要有布局；一段语句，句句要合文法；不是这样，就不能使人看得明白。所以白话文绝不同于说话，至多可以说白话文是精练的说话。

2. 我们阅读那些精练的说话，一定有许多不能直接使儿童明白的地方；要使儿童明白全文，那就非讲不可。

反对：儿童不懂某字某句，应该在提出生字时解释清楚。既然在前面弄清楚了，看书时只需注重看书，无须再讲了。如果全课满是难字难句，非逐句讲解不可，这种课本，根本不合儿童程度，不应该给他们阅读。事实上，各课中所列的生字和难词并不多的，万万不需要读一句讲一句。

赞成：课文中只要有一句话不能使儿童明白，就会影响到整篇课文。例如一句"我们从此重见天日"，儿童不知道什么叫作"从此"，什么叫作"重见天日"；或者他们把"重见天日"四字，误解为"看见天上的太阳很重"。国语注重讲，就想使儿童了解课文意义。

反对：读一句，讲一句，要费两倍时间，简直不经济之极了。而且这种办法，惟有在我们语文不统一的国家里才用得到。世界上凡是语文合一的国家，都没有像我们用读讲的方法教的。我们一面在提倡国语，注重言文一致，一面想追踪欧美，迎头赶上，难道连一点小事也不想改革吗？

赞成：1. 各国的语文教法各各不同。我国采用一形、一音、一义的方块字，教法的确跟外国语不同。我们向来用惯讲的，到现在也不必废除。

2. 并且，从改良语言上看起来，凡是文化程度高的，说起话来，出口成章，这是因为文言字汇积得多了，能把文字引到说话里去（本来文字从说话中来，文字为说话的精练品；现在反把文字插进说话里，使说话的程度提高）。

3. 我们为了提高说话，改进说话，也得采用讲解。

反对：现在是浅近的白话文，本来不讲也会使儿童明白，可是用惯了讲，好像非讲不可。于是把一句清楚简易的话，反而说得啰哩啰唆。例如："我的名字叫作煤，又叫石炭。"用上海土话讲起来要说："阿拉个名字叫子煤，又叫子石炭。"你想，这样训练下去，会使儿童说话流利吗？

赞成：说话流利是要紧的，有了讲解未尝不会流利；而且话的说得好，比流利更要紧。

反对：讲是用土话把标准国语翻译一次。现在正当提倡国语的时代，还用土话来翻译，实在无谓之至。而且提倡国语的初步办法，第一步先使儿童少说土话。现在国语科中用了讲，反使土话加紧训练，实在是阻碍国语进步的。

赞成：你说现在课文统一了，浅近的白话文不必再讲了，我可以相当地表示赞同，可是对于年级高的课文，因为难词、难句很多，讲解似乎不能废除吧！

反对：因为低年级废除了讲，所有的语句，都能使儿童直接了解；年龄渐大，经验渐富，有历年的成绩作为根据，就是到了高年级不讲也不会发生什么问题罢！

赞成：年级高了，对于难词的意义，成语典故的来历，非得解释清楚不可。我们把课文读一句讲一句，目的就在于此。

反对：难词要讲，成语要讲，我并不反对；这些解释应该在提出生字、新词时就弄清楚，等到词语弄清楚了，我始终认为不必再来读一句讲一句。

2. 或者认为废止了讲，不知道儿童究竟明白不明白，那么还有深究的办法。什么叫作深究，深究又是怎么样进行的，在后面还要细细地讲到，现在暂且搁置不谈。

赞成：你把讲解分开前后两段，这倒是个新的办法。今天经你一说，把我传统观念完全打破，从此我也不打算采用读一句讲一句的办法了。

【**总结**】字词解释应该注重。全课读一句讲一句的方法可以废除。

（原为《小学国语教学讨论集·问题十九》，上海：商务印书馆1948 年版）

"深究"赞成用吗？

赞成：学习国语，对于内容的了解和形式的研习，都很重要。这两项工作的推进全靠深究。深究在国语科中的地位，除概览外，就要轮到它了。

反对：儿童经验浅薄，知识未开，哪里谈得到深究。名为深究，恐怕只有随便谈谈而已。随便谈谈，完全浪费时间，还以不用为是。

赞成：1. 你对于深究的实在情形，还不了解，兹举一个例子在下面。课文为："摇摇摇，摇到外婆桥，外婆很爱我，叫我好宝宝。问我爸爸好不好，问我妈妈好不好。我说：'谢谢你！爸爸好，妈妈也好。'外婆听了哈哈笑。"

2. 依"先整个后分析"的原则，先讨论课文的大意：（1）小孩到外婆家去做什么？（看看外婆的身体好不好）（2）外婆记挂着谁？（爸爸妈妈）（3）小孩怎么样回答？（先谢外婆，再说爸和妈都好）（4）这一首儿歌的好处在哪里？（一首可以唱的歌，每句都叶么韵）

3. 再分析深究内容和形式，可依课文次序讨论，不必分开先内容后形式。讨论时最好由儿童自己发问，不能个个问题都由教师发出。本文中可供讨论的问题如下：（1）摇摇摇，摇些什么？怎么样表演摇船？

（令全体儿童仿作）（2）为什么要摇到外婆桥？（距离远，又隔水，非用船不行）（3）为什么称为外婆桥？（大概外婆住在桥边，所以称为外婆桥）（4）外婆很爱我的"很"字可以不用吗？（用了才能表示爱的程度深）（5）外婆为什么很爱他。（他很有礼貌）（6）外婆问的话，可以更调吗？（可以的，先问妈妈跟先问爸爸一样的）（7）好不好的意思是什么？（是指身体的健康不健康）（8）为什么把谢谢你放在前面？（这是客气和尊敬的说法）（9）小孩说时的态度怎么样？（指名试演）（10）妈妈也好的"也"字可以省吗？（省了也通，不过加上一个也字，读起来顺口，更明白）（11）"外婆听了哈哈笑"，可改"外婆听了眯眯笑"吗？（眯眯笑不及哈哈笑，哈哈笑笑得更厉害）（12）外婆为什么要哈哈笑？（听得他说爸和妈都好，并且看见他的回答很有礼貌，以及说话的神气，表达的姿态，都能使外婆越想越有趣味，所以要哈哈笑了）（13）外婆哈哈笑，小孩的态度怎么样？（大概也趁着大笑一阵）

4. 有许多问题，看了课文能够答的，有许多问题课文上没有的。不论问题属于课文的内容或形式，不论问题属于课文的表面或内幕，经过一番深究之后，儿童对于课文的了解必然更清楚了。

反对：问到课文表面，可以考查儿童对于课文是否了解；问到课文以外，无书为证有什么用呢？

赞成：现在的国语，采用儿童文学，凡是对于文学的教学，应该注重欣赏。经过一番深究之后，不但儿童对于课文表面很清楚，而且对于课文内幕也能彻底了解。这不仅有助于儿童欣赏能力的增进，且于儿童的创造能力、想象能力，也会得到深一层的训练。

反对：要使儿童了解课文，何不由教师细细讲解一遍，可以节省许多时间？

赞成：讲解课文，还是只能顾到课文表面的了解；而且讲解总以教师为本位，对于新教育原理上说起来也不适合。

反对：深究的效用，除了帮助了解课文以外，别无好处，何必多费许多时间呢？

赞成：了解课文，不是目的，是一种手段。因为课文的深究有了基础，以后思想也会精密，说话也会周到，作文也会面面顾到。就是对于劳作、美术、音乐等艺术的陶冶，也有不少的帮助。总之，深究的利益是很大的。

反对：不见得吧！如果国语深究有这样伟大的效能，那么学校只需规定国语一科，其余可以不教了。我总觉得儿童对于课本作者的立意未能透彻了解；对于文章的作法，未能明白究竟，实在谈不到深究。即使妄论作品的价值，也不过养成他们有胡乱批判的态度，对于生活上是有弊无利的。

赞成：1. 儿童年龄虽小，批判的眼光早就有了。他们看到一件东西，能够分别出美丑好恶，就是批判的本领。我们使儿童深研课文内容，绝不是令儿童随意胡说。

2. 照普通的情形说来，批评可分三个阶段：

（1）印象的批评

目的在使儿童体味课文的美妙，使儿童读了该课文，能够发生共感共鸣的倾向。

（2）鉴赏的批评

用公正的眼光，批评该课的优点何在、看点何在，使儿童有鉴别读物的能力，同时可以影响于作文能力的改进。

（3）潜意的批评

使儿童了解潜伏于该课课文背后的生命是什么，借以探得事物的真理，获得读书的真正兴趣。

以上三种批评，对于年级高低，虽略有分别，但可以错综采用，斟酌轻重实施的。

反对：批评文章也在深究范围之内，深究的任务，不太繁重吗？

赞成：1. 我们只看深究的重要不重要，不必顾虑到该项活动的繁重不繁重。

2. 深究不但包括批评，而且包括文章结构的研究。一篇文章应分若干段落，如何分成段落，在新式白话文里并无一定的形式（旧时的八股文，才有呆板的规定）。文章结构和段落大意，好像并不需要注重到那些。可是指导儿童思路的清晰、写作的清楚，确有极大的帮助。

3. 不过以往对于结构的深究，都以为是综合的作用，放在末后做的。现在新的读法教学，配合"先综后分"的原则，应该放在前面讨论了。好比我们参观一所学校，一进门必先看看学校大概，再看某某教室、某某办公处，最后才注意于布置是否合适，座位是否相宜。

反对：一课国语，旧式的教学，注意读书、讲书、背书、默书——四个"书"字——认为不合；现在只重一个深究，是否相宜？我虽不敢贸然判断，却不能不有这样的怀疑。

赞成：1. 一篇文章的精读，就要在深究上花些功夫——精读的意义，并不专精于朗读——一篇文章的深究，非但要从思想方面的探讨，从写作方面的探讨，对于字句方面探讨，也包括在内呢。

2. 所谓字句的探讨，可分以下各种：

（1）整个研究——如深究某课内容大概怎样——或写纲要，或列简表。

（2）文体研究——如深究某篇文章，属于哪种文体？

（3）篇章研究——如深究某段文字属于"叙述、引证、对话"中的哪一方式。

（4）句法研究——如深究"你记着，不要把门开！"一句是什么口气。

（5）词性研究——如深究"小"和"很小""最小"的分别。

（6）语的用法——如深究"虽然……但是……"的用法。

（7）词的用法——如深究"只觉得"三字的用法。

（8）字的用法——如深究"却"字的用法。

反对：全文的主旨，在概览之后早已经说明了，何必在深究时再提出来讨论？

赞成：主旨虽在前面说明过了，可是因为文章是整篇的。一篇文章里的一段、一节、一句、一词，都与整篇有关。所以深究字词用法、语句用法、篇章组织等，要随时将主旨提醒。

反对：现在我才明白新法国语教学与旧法的不同，又明白精读与略读的不同，更明白深究的意义和方法了。我可以武断地说一句："国语教师的优良与否，可视深究的是否合宜为断。"从此，我不再反对深究了。

【**总结**】精读的要点，在乎深究，应该特别注重。

（原为《小学国语教学讨论集·问题二十》，上海：商务印书馆 1948 年版）

"背书"赞成用吗？

赞成：读了书，背得出，可以证明课文已经读熟了。如果废除了背书，儿童就不肯用功读书了。

反对：课文无须读熟，读熟了毫无用处。社会上没有一种职业是靠背熟课文的。

赞成：背了书固然不可以赚钱，但是背熟了课文，记得佳句，可使文笔流畅，用处也不小。

反对：文笔的流畅不流畅，第一在于思想的敏速不敏速，第二在于说话的流利不流利。对于读熟课文，虽不能说全无关系，但至少可以说关系不多。因为现在改用白话文了，作文与口语的相关多，与读书的相关少，课文不能背出，作文上并没有多大的影响。

赞成：作文与背书虽不能得到正相关，但读熟了，至少可以帮助一下；如果今后书不读熟，废止背书，将来的作文，不是越作越不行了吗？

反对：课文读来顺口流利是必须的，一定要儿童把全课背出来是不必的。一个儿童能够把国语文课课读得顺口流利，对于作文的帮助已经很多了。

　　赞成：既然认定读课文必须读到顺口流利，那么再进一步能够背诵，有什么不妥呢？况且所谓顺口流利漫无标准，假定以背诵为顺口流利的标准，不是很好吗？

　　反对：读得顺口不顺口，只需读来像说话一样的爽利就认为及格了。一定要使儿童读到背诵为止，不但变成死读书而且浪费时间，损伤脑力，实在所得不偿所失。光绪二十八年（1902年）间，政府为改良私塾，也有过一个规定："凡教授之法，以讲解为要，诵读次之，至背诵则择紧要处试验。若偏重背诵，必伤脑筋，所当切戒。"那时对于私塾读文言，尚且不希望多背，现在读白话文，为什么反要背呢？

　　赞成：课文中有精警的句子，有重要的成语，有新颖的词汇，背熟了不但对于说话可以提高程度，而且对于作文可以生色不少；背书实在是值得提倡的。

　　反对：1. 成语、警句、炼词，要记熟并不反对，在国语练习里应该把它们练熟，至于背诵全文大可不必。小学课程标准不是明白载着："文字的记忆，应当用卡片反复练习；或用视写、耳写、默写等各种方法，不得多责儿童背诵课文。"

　　2. 从前用的文言课文较短，打起调子唱起来，唱熟了也还容易背出；现在改了白话，课文长了，不容易读熟了。即使勉强要他们读熟，也不过属于一时的强记，不久就要忘记的。强记最是乏味，最易伤神，对于未成熟的儿童极不相宜。

　　3. 再则，要令儿童背书，必先令儿童多次诵读；背时还须逐个考查，在学习法上看来似乎太枯燥乏味了。

　　赞成：1. 读文言文打文言的调子，读白话文用谈话的语气，对于读熟课文的效率上是相仿的。我们指导儿童读长篇的剧本，非但课文还要长，而且句句是口头语，演员也会把它读得很熟。背书虽不免有些强记，但是记忆的能力可以从多次背书中训练出来。

2. 背书的方法很多，如：指名背、抽签背、轮背、分组背、交互背、表情背等，错综变化，儿童一定不觉得乏味的。

反对：1. 教育上有个原则，要使儿童养成什么习惯必先考虑这种习惯养成了对他本人有什么用处，对于社会上有什么用处。现在背书的目的，只在帮助说话和作文，尽可以不必提倡背书——用现代的话，写现代的文，给现代人看，确乎不必小题大做，多费宝贵的光阴。

2. 至于讲到记忆的训练，背书用机械的记忆，恐怕记忆没有训好，脑已断丧，以后要记也记不牢了。

赞成：背书并非全无用处，其利有三：

1. 令儿童背诵课文可使儿童多次练习；练习多了，可以记熟文句。上作文课时，不会这也写不出，那也写不出；话没说几句，错字却占了一半。

2. 令儿童背诵课文，可得读书上音调之美，养成他们爱好读书的习惯。

3. 像诗歌等令儿童读熟了，可以随时吟唱，作为消遣，也是休闲教育之一。

反对：三点理由，可以逐一答复：

1. 记熟字句，可用闪片抄写等练习方法，不必背熟课文。

2. 读书习惯，应从多读中训练。背诵只会养成读书缓慢的坏习惯，对于能力训练上非徒无益而且有害的。

3. 背出了诗歌，以便随时吟唱作为消遣，却有些道理，这点值得保留。好在诗歌简短的多，读了几遍，很容易背诵，而且有音韵之美，读时觉得津津有味，不会伤脑的。

赞成：诗歌容易读熟，也容易背诵，古人所说的："熟读唐诗三百首，不会吟诗也会吟。"可见得背书与作文有直接关系的。

反对：1. 在从前文言时代，所读的书完全跟口语不同。那时要想用文字发表几句说话，非将文言字句讲得烂熟，把文言的话变成自己口头上的话，无法写述的。现在文体已经解放，读的书就是说的话，你要发表什么意思，尽可以拿嘴上说的一言一语记录起来便是。说话在于平时的练习，无须特殊记忆。所以背书到现在时代是没有地位了。

2. 在从前把作文看得是一件了不得的事，以为一个人作文好了，什么都变好了，非但他的各种学问都会比人高一等，并且认为他的道德修养，也比人不同，这是大大的错误。以往在科举时代，统治者想笼络人心，就用考试来欺蒙一切，于是一般文人，专在试帖中钻研，个个变成作文的奴隶。他们作起文来，又有固定的格式，那种格式非把它读熟不可，于是读者背书认为绝对的需要了。现在运用白话作文的时代，根本就无须依从何种格式。你要怎么说，就怎么说；各人的个性不同、思想不同，记录在纸上当然也各各不同。把别人作的文字，看看则可以，读熟是根本用不到。既然不需要读熟，"背"当然没有用处了。

3. 俗语所说："熟读唐诗三百首，不会吟诗也会吟。"这好像能背书对于作文上有许多好处，实在是错误的。果然，读熟唐诗三百首，会作诗的一定也有；但读熟三百首仍旧不会作诗的必然很多；否则人人把唐诗读熟后，人人有资格做诗人了，我想绝没有这样容易。反过来说，有人从未读过唐诗的也许能作几首——在唐诗以前的诗人，不就没有读过唐诗而能作诗吗？一般人不去证明这句话的错误，反而移植到国语科上来，好像劝告大家说："熟读国语几百课，不会作文也会作。"他们的教育理想是记忆，不是理解，害了不少的人上它的当。现在要救救小朋友，应该废除背书了。

4. 现在的白话文，字数要比文言文长，有时背起来很不容易。教师强迫儿童一定要背，非常伤脑的。伤了脑，记忆许多有用的东西倒还值得；伤了脑，记忆那些一生一世用不到的东西，真是何苦呢（长大起来，从没有人把一课课文背出来可以换饭吃的。我也编过国语教科书，可是没有一课能够背出来的。背书实在没有什么用处)。

赞成：背书也是一种成绩。一课书读到能够背出，可以说在成绩上告一段落了。书读到未能背出，似乎责任还未卸去，当教师的觉得还不放心。

反对：背书没有用处，根本不能算是一种成绩。即使一般人认为重要的成绩，也不过是一种死成绩，而不是我们所要提倡的活成绩。大家把背书当作买卖的发票根本看错了。

赞成：背书的问题，赞成与反对两派，各有各的理由，一直辩论下去，实在是无穷无尽的。归结一句，课文必须读到顺口为止。未到顺口，已能背出，应该听其自然，不必禁止。到了顺口，还不能背出，也不必勉强。如果有的学校专以背书为目的，儿童背不出书，必须加以辱骂责打，似乎有违教育正道，大可不必。

反对：你承认一部分可背，不是绝对废除背书，那么我也不反对了。

【总结】 诗歌可以背，散文不必勉强令儿童背。

(原为《小学国语教学讨论集·问题二十二》，上海：商务印书馆1948 年版)

"考查"赞成用吗？

赞成：儿童读了教科书是否懂得内容，是否认识字句，快慢是否适合，兴趣是否浓厚，都需从考查中得来。而且有了考查，还可以得到意外的收获：

1. 根据考查结果可以改良教材。教材过深、过浅，都足以影响儿童学习的进步。单教，不考查，不能明白底细；考查越精密，越能分析教材是否适合。

2. 根据考查结果可以改进教法。教材跟教法，是指导儿童学习一件事的两方面。考查成绩发现某项缺点，以后就可以特别注重于某项的指导。

3. 根据考查结果可以发展个性。平常用惯了班级教学，往往不能发现个性的差异，经过几次考查，便知各个人能力的高低，从而注意于个别的指导。

4. 根据考查结果可知教师程度。教师努力与否影响于儿童的学业很大。如果各年级用统一的方法考查，无须偏劳于教导主任和校长的监督，各人自会努力求进步。

5. 根据考查结果可知行政效能。如果联络若干学校举行统一考查，可知各校国语教学的成绩如何。这种客观的测量比了主观的批评，不知要高明得多少倍数。

此外优点还有，即此五点已经可以证明考查必须采用了。

反对：教学好比种树。树种在土里，是否活着可从叶子上查得出来，不必连根拔起。儿童阅读国语，调查他们了解的程度如何，可从朗读上、抄书上、背书上、默书上、作文上查得出来，不必另行考查。

赞成：1. 背书、默书就是考查。这种考查太陈旧了，不合于儿童学习的心理，因此现在要改用一种新式的考查法。

2. 新式的国语考查，可分：(1)认字考查；(2)读音考查；(3)默字考查；(4)字义考查；(5)阅读考查；(6)速率考查；(7)鉴赏考查等。这种考查方法，比较正确而便于记分。

反对：我也看过几本成绩考查一类的书，对于常用的几种考查法，不过玩玩花样而已，在学习心理上看来是极不相宜的。例如：

1. 认字考查：

第一类，圈出正字。写单字四个，一正三误，令儿童圈出一个正的：

　　生　生　生　坐　　　旗　旗　旗　旗

第二类，圈出误字。写单字四个，三正一误，令儿童圈出一个误字：

　　書　書　畫　盡　　　辨　辨　辩　辯

第三类，字形辨别。每一语句，嵌入两个形似的字，令儿童划去不合的字：

　　今令天天气很好　　　走路要靠左右边

第四类，误字改正。将儿童易错的字，汇编成句，令儿童改正。

　　筆　墨　紙　硯　　　猜　誅　遊　戲

2. 读句考查：

第一类，删去冗字。看一句，删去一个不要的字。

公鸡会早啼　大家同上到校

第二类，删去冗句。把不要的句子划去。

（1）有一个小孩子，孩子是小的，名叫司马光。

（2）爸爸种菜，弟弟来帮，弟弟也来种菜。

3. 字义考查：

第一类，留用正字。词句中夹着音同义不同的字，令儿童划去不合的字：

（1）我一定（及）（竭）（极）力帮忙。

（2）他（才）（再）（在）也不愿意参加了。

第二类，留用正词。词句中夹着一个意义相近的词，令儿童划去一个不合的词。

（1）他（虽然）（然而）看了很多的书，可是记得的很少。

（2）他（心思）（意思）很灵巧，做来实在有趣。

4. 阅读考查：

第一类，是非笔答。设正误问题若干，令儿童笔答。

（1）老鼠捉猫，猫吓得就逃。（　　　）

（2）老鼠听得脚步的声音，立刻就逃。（　　　）

第二类，圈出答案。印发一篇短文，后附若干选择题，令儿童将正的答案圈出。

短文为"天上有一个月亮，山上有一棵大树，树上有一只老鹰，树下有一口古井"。

求答：树下有①一口古井②一棵大树③一个月亮④一只老鹰。

以上各例，差不多都是正误混合编制，使儿童辨出一个正的，划去误的。在心理学上不是明白说过吗？要使儿童学习一个正的，不应该把误的给儿童看见。我们成人也常有这种现象，在两个相似的字中往往辨不出哪个是正的，哪个是误的。正误并列，也许越辨越加糊涂。这种考查，我认为非但无益，反而有害的。

赞成： 1. 你所提出的几种考查方法，不无有些研究余地。可是考查的方法很多，不一定全是正误混用的。例如：

（1）认字考查：

第一类，看图选字。一词附有四图，将合用的图划出。

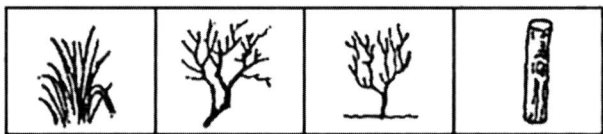

树枝

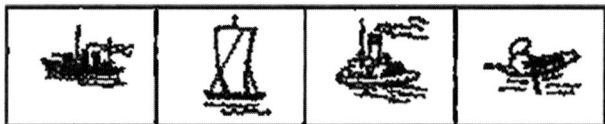

帆船

第二类，看图填字。画一个图，令儿童填一个适当的字。

第三类，默写字词。教师口述难字或难词，令儿童默出。

1. 骑竹马的"骑"字。

2. 每天晚上要睡觉的"睡觉"两字。

（2）填句考查：

第一类，填充字词。将课文中重要的语句，摘出一句来，空着几个字，令儿童填充。

①小羊要吃（　　）。弟弟说："你要吃（　　）。我来（　　）你去吃。"

②牛要吃（　　），（　　）吃不到，只好去吃（　　）。

第二类，看图填句。画一个简单的图，令儿童在图下写一句话。

母鸡同两只小鸡，在场上玩。　　　　　　母鸡在窝里生蛋。

（3）阅书考查：

第一类，标点课文。印发一篇没有标点的课文，令儿童逐句加以标点。

第二类，摘述大意。将已熟的课文，令儿童笔述大意。

第三类，比赛速率。印发一篇课文，令全体儿童同时起读，在规定时间内同时停止，做一记号，看各人能读多少字数。

第四类，推究考查。印发一篇短文，末附若干问题，令儿童作答。答语不在文内找得，须由自己推究出来。

2. 关于读书考查，默读测验的方式很多，可以看几本专门的书。以上所举各例，都不是正误混合的方法，谁说不能用呢？

反对：你说的几种考查方法，果然缺点可免，可是当小学教师的都很忙碌，谁有工夫来编配、来绘写、来印刷呢？

赞成：1. 你所说的是时间和经济的问题，并不是考查的本身问题。在外国的读本中，有现成的各种考查方法附印在儿童读本中。儿童每读完一课，自己考查一下，就可以知道自己的成绩。

2. 我国一时虽不能仿行，但至少应该竭力提倡。现在再补说几句话，就是编制国语考查材料，不是随便写的，至少应注意下列各原则。否则，方法虽好，用法错误，还是得不偿失。编题要点：

（1）材料要选重要的，不要琐屑的。

（2）题目不可太少，应顾及计分的便利。

（3）排列应由易到难，项目应分清。

（4）字句要简明，不能有双关的字义。

（5）答案要显明而确定，使计分容易正确。

反对：以后看有机会，当照着试行一下。

【**总结**】考查应该采取新的方法，不宜单重背书和默书。

（原为《小学国语教学讨论集·问题二十五》，上海：商务印书馆1948年版）

"泛读"赞成用吗？

赞成：1. 一个学期只读一本国语教科书，无论如何，国语的程度绝不会进步得快的。要希望儿童国语进步快，非注意于泛读不可。泛读是广泛地看书，并不像教科书一样的精读。

2. 现在因为印刷的便利，出版物众多。即以儿童读物而论，据最近的估计也有一万册以上。要想在短时间内看多量的书，非用泛读法不可。

反对：儿童能力薄弱，读一本教科书尚感不能胜任，哪有余力再读别的书呢？

赞成：你说，儿童没有能力读课外书吗？绝不是经验之谈。儿童对于课外读物的欢喜，差不多要胜过读教科书万倍。儿童的求知欲不弱于成人，他会不怕艰难地自动学习，甚至于废寝忘食呢。

反对：1. 读书常以精读为贵。现在国语的教法，应先整个而后分析，这好比反刍动物的吃草一样。先是在短时间内把要吃的草尽量地咬，吞到瘤胃里，移到蜂窠胃里。等一下，有了空闲的工

重瓣胃　瘤胃　皱胃　蜂窠胃

夫，再从蜂窠胃里呕出，回到嘴里细嚼，嚼烂了再咽到重瓣胃和皱胃，进肠而消化。

2. 读一课国语，先是概览等于初步吞食；再用深究，从事细细推敲，等于细嚼缓咽。教一课国语，前后要花不少时间，哪里可以分出时间来读别的书呢？

赞成：1. 精读国语，用反刍来比喻，再好也没有了。精读又等于精选某一种菜，吃了固然可以补益身体；但多吃几种花色不同的菜，多中取利，未尝不是滋养身体的好办法。

2. 一个人食量有限，多吃固然要消化不良，有碍健康。但一个人饮食不足，常在饥饿状态中，也不是卫生之道。我们既然知道个个儿童喜欢看书，而且看了爱不忍释，那么为什么不顺应这种需要加以指导呢？

反对：方才所说的时间不够，尤其对于年级高的更觉得难于支配。读一课书开始要摘生字、查字典费去不少时间；第二步是讲解诵读又需费去不少时间；第三步是深究推敲，也需费去不少时间；第四步是练习应用，连笔记的工作也不能在课内完成，哪里可以分出时间来读别的书呢？

赞成：1. 课内精读，可省的时间应尽量节省。如检查无用的字典，空洞的讲解，无谓的朗读，泛泛的问答，无用的笔记等；可省的一律废除或缩短时间，那就可以腾出许多工夫来看别的补充读物了。

2. 补充读物又称课外读物，有许多学校，把它列在课外指导的——有的每天在课前或课后排定一节看书，有的规定为家庭自修之一——只要我们认清泛读的重要，时间支配可以想法的。

反对：你说课外阅读吗？他们课后已经忙碌得不可开交了。你想，每天要有日记，历史、地理、自然也需预习、复习，劳作、美术更需花大量的时间工作。还有儿童自治要办公，童子军训练要做各种活动，哪有空闲的时间来看书。

赞成：1. 儿童在课外很忙，固然是事实。但看书的重要，绝不亚于其他各种活动。你为什么轻视看书而重视别种活动呢？

2. 多看课外书，有许多利益：

（1）使儿童获得自动阅书的基本技能。

（2）使儿童在阅书中找寻丰富的知识。

（3）使儿童养成阅书的正当态度和习惯。

（4）使儿童善于利用休闲时间。

反对：课内读书，有教师指导，儿童尚且感到困难；现在叫他们在课外看书，那不是变成白费时间吗？我会看到街头书摊上有许多儿童在看书，细细一查，其中真能看书的简直百不得一。大多数的看书法可得以下几种情形：

1. 是望书的。走过书摊，向书架上大略地望了一望就走开了。他们尤力看书，也没有兴趣看书，更不懂得怎么样看书。这样的提倡课外看书，还不如不提倡的好。

2. 是翻书的。拿起一本书来，只是一页一页地翻下去，翻到有图的地方稍稍停一下。书没有看懂，本子已经破了。泛读变成了翻读，有什么提倡的价值呢？

3. 是照书的。拿到了书，只用两只眼睛一行一行地看下去。对于书的内容如何，毫不注意，好像照相似的，只照到物体的外形。这样看书，仍旧没有把书看到脑子里去，有什么用呢？

我们希望一个儿童成为理想的看书者，能够摘出大纲，说出要点，而且会把书中旨趣，辨得明明白白，有什么办法可以做到呢？

赞成：办法是有的，只要努力指导，多方训练。下列各点，可供参考：

1. 要有良好的阅书习惯：

（1）选定适当位置——地点安静，光线合宜，座位舒服。

（2）顾及姿势正直——不偏倚，不支颐，不横卧。

（3）保持执书距离——眼与书的距离为直角的一半，45°。

不正确的姿势　　　　　不正确的姿势　　　　　正确的姿势

（4）留意眼睛卫生——不在太强或太弱的光线下看书。阅书时间不过长。

（5）注意默读习惯——喉头不发声，嘴唇不掀动，眼步距离大，眼停次数少，回视、扫视不错误。

（6）养成定时读书——如能每天划出一定时间读书更好。

2. 要有良好的阅书方法：

（1）用脑多于用眼。一面看，一面想；看得快，想得快；遇有疑难的地方，不妨再行复阅一下。万一自力无法解决，就问同学、家长或教师。

（2）要义重于细事。细节小目，能记即记，不记也不妨。对于书中大意，必须扼要记得。

（3）求进胜于量多。多看书，过后即忘，不如对于速率上、理解上、记忆上都有进步的好。

（4）理解急于速率。阅书求得敏速固然重要，但快而不能理解不如先求理解，再求敏速。

3. 要有良好的阅书环境：

（1）供给优良书报。书有好坏，教师应先剔选。优良的书买到了，或用口头报告，或用文字介绍，或用揭示法介绍，以引起儿童阅书的兴趣。

（2）供给工具书物。如字典、词典、图表、地图、画片、照片等，可备阅书时检查的，应尽量多备。

（3）供给发表机会。单看书而没有考查，不能使儿童长期持续下去；注重考查而不注意发表，会使儿童减少兴味而养成怕读书的习惯。顶好的办法，在低年级可用故事演讲会，在高年级中可用读书报告会寓个别考查于集团活动中。

反对：讨论了好久，根本的问题还没有解决。我们要奖励儿童泛读，书从哪里来呢？现在物价高涨，买一本书就要花许多的钱；即使有了钱，书也无从购得。叫我如何提倡、如何指导？

赞成：1. 经费的短绌、书的出版少，是一时的现象，不久就会好转的。我们除了想法募捐、借贷、募集或联合几校办流通图书馆外，顶好的办法，由儿童自己编。

2. 平时作文科内练习写作，除测验考查或应付实际需要外，将大部分作文时间，都用来编书。每次作文，共同设计一个题目，等于规划一本书名。各人的写作，等于分节的叙述。末后附图说明，等于书中的插画。一次作文完毕，等于编成一本书——一本自己编的书。

3. 编成的书，汇订成册，放在本教室内给大家轮流观摩；并可送到下一级去，备他们作课外读物；更可以送到别个学校去，彼此相互调换，书就编不完、看不完了。

4. 作文以编书为目的，写作既高兴，成绩一定好，愿大家多多提倡。

反对：从泛读的提倡，讨论到泛读的补救办法，说来很充畅了。今后当注意这个问题，有机会再试行试行看。

【**总结**】泛读应比精读重要，至少是相等。

（原为《小学国语教学讨论集·问题二十六》，上海：商务印书馆1948年版）

第三辑

数学教学论

小学算术教学随谈录

一

在一个隆冬的早晨，天气非常严寒。王士坐在窗口，一面欣赏雪景，一面捧着一本杂志细细阅读，忽然听得一阵打门声音。他把大门一开，在邮差手里接过一封信。拆开一看，原来是林村中心小学史一丈同学寄给他的。信上的大意是介绍他担任一个级任兼算术科研究主任，必须在假期里计划一个"算术环境布置"的方案。

王士把信读完，随手向桌上一放，默默地想："我在师范里学过几年算术，从来没有提到算术环境的话。此刻叫我着手计划，唯有根据课程标准，分作两方面进行：一是教室内外的布置，一是教学应用的教具。教具方面以往也做过一些，其他再查查书赶做。至于布置方面，非自己用一番心思不可。"

王士一面想，一面就把计划写出来。

（一）使儿童得到数量的经验。如挂衣的钩子，须顺次排列的，一律标明数码。各人用的茶杯是分别保管的，一律标明一个记号。

（二）使儿童得到长度的经验。如旗杆的高，门窗的阔，走廊的长，规定几处标注尺寸，以便儿童自己量量身长，练练目测。不过必须注意一点，不能标记得太多。否则非常不美观，并且弄得五花八门，使儿童看腻了，反而变成漠不关心。

（三）使儿童得到地积的经验。如在通路旁挂一张全校平面图。凡是教室、操场以及走廊、厨房、厕所等等，都标明长宽的尺寸和地积。

（四）使儿童得到面积的经验。如黑板的尺寸、练习簿的尺寸、窗帘的尺寸，都依市尺合成整数，以便教到面积时作为引证说明。

（五）使儿童得到容量的经验。如露天的水缸，水缸外标明容量；室内的木橱，橱窗外也标明容量。再收集一些一加仑一品脱的木箱或铁罐，以备教到英美制容量时参考。

（六）使儿童得到形体的经验。如定做几立方体的注水壶，圆柱体的救火水桶，或者在园庭里分画着梯形、三角形、菱形、圆形、椭圆形等各种花坛，可做平面、立体的观察和说明。

（七）使儿童得到重量的经验。如定制几个石砚，重半斤、一斤和两斤的三种。再收集两个五斤、十斤重的铁球，如能找到 50 斤或 100 斤的石块，更可以做大重量的试验品。

（八）使儿童得到时间的经验。如在全校的中心设一具大钟。钟下记着年月日周和时刻的关系表。倘使可能的话，便收集几种火车时刻表、轮船时刻表和航空时刻表等，揭示在大钟下，使儿童习得时刻表的看法。

（九）使儿童得到钱币的经验。如收集各种硬币或纸币，不论中国的和外国的，一起把它装在镜框里，挂在教室一角，借此扩充儿童认币的经验。

（十）使儿童得到商业的经验。如收集些发票、账簿、单据和各种买卖的照片，放置在走廊的一角，或者放在各级教室里，可以增进儿童的生活常识。

王士很用功，不到一天工夫，已经把环境布置的方案理好了。立刻用挂号信寄到林村，请史一丈老同学转至汪校长。汪校长看了非常满意，来信对于王士大大地赞扬一番。王士看了信，从此对于算术研究的兴趣更加浓厚了。

二

下午王士的同学沈默君来谈天，告诉王士一件事实。他有一个朋友向来称为算术教学的老手，教过不少学生。毕业出来的，差不多个个都能考入某某中学。（当然不合国家规定课程的中学）他的唯一秘诀就是把习题加深。平时除了教科书外，再用程度深的补充练习簿。五年级没有结束，已经把六年级的算术教科书上完了。到了六年级，就用《难题一千》当作课本一题一题挨了次序教。有一次，他的朋友因事请假，叫我去代课。我是向来主张算术应该切于实用的，就出了几门极普通的事实题，结果全班学生能够完全做正的，只有半数，其余错误的无奇不有。我不懂这是什么道理，难道儿童们把容易的题目当作难题算了吗？真是又气又好笑。

"从这一点看来，更可以证明小学算数应该着重使用。凡是一种题目，认为合与儿童用的要把它练习成熟，那些花费心思不切实用的，小学里简直不必教它。这点小意见，老乡以为如何？"

"英雄所见略同。"王士点一点头，且笑且说，"难道只能当作谜儿猜？不能在正课里教，尤其是小学里，儿童们正在发育时期，绝不能把苦闷无用的教材斫丧他们的身体。这些经验话都是老兄从实际经验中体会出来的，哪有不赞同之理？"

沈默君经王士这么一说，兴奋起来了，接着再说："不但难题不必教，我还有一个理想——实际不能算是理想，也是事实——我看到大小商场买卖进出差不多用心算的多，用珠算的少，用笔算的简直难得见到。从来没有看见过算一笔账，要列式子打草稿，再写一个完完全全的答案。那么我们在小学里教算术，为什么要道道地地教儿童们列式子、打草稿和写答案呢？这话说来虽是过激，但也不能不加以研究。"

"是！是！"王士略微坐正，笑嘻嘻地说："话可以这样说法：事实题中含一次手续的，只打草稿就行了，不必列式子。凡含两次以上手续的，要看事实的需要，不需要，才决定应否列式子。总之，并不是各个事实题算起来都要列式。

"至于写答，我也主张只用阿拉伯数字加上一个名称就行了。讲到打草稿的话，我却主张必须完整，否则儿童算错了，也无从查考错在哪里，指导起来很不方便。我对于算数教学可说毫无经验。以上的话不知对不对，还请老兄指教！"

"彼此同道中人，大家不必客气。时光不早啦，改日再见罢！"沈默很谦恭地站起身来，向王士鞠了一躬，匆匆地走了。

三

学校开学了，王士把行李整理了一下，再把收集的算术参考品和自制算术教具一起装成两箱。动身的那天，沈默君也来送他。两人在码头上谈了一刻，然后握手分别。

船上有个穿长衫的挨坐在王士旁边，先向王士点一点头，两人好像很亲昵似的互相搭讪着，"先生尊姓？"

"敝姓王单名士。还没有请教先生贵姓？"

"敝姓周，也是单名，叫吉。因为林村第六小学开学了，我是去上课的。"

"哈！想不到周先生也是同道中人。我所担任的是林村中心小学。"

"是，是，中心小学办得很好，请教先生担任的是什么课？"

"除担任级任外，大部分教的是算术科。"

"算术科吗？在我看来，顶难教了。别的科，只要稍稍预备一下，就能教得有声有色。只有算术一科，随你用尽什么方法，总觉得小朋友们对它毫无兴趣。早先，我也教过算数的，因为越教越乏味，现在改为级任，只教国语常识了。"

"请教算术的难教在哪里？"王士用怀疑的口气问他。

"原因很多啦！"周吉像是得意地说，"一则，因为教科书上的习题太少，匆匆地把它算完了，叫儿童闲着无事就要发生管理的问题。如果让儿童慢慢地去做吧，又觉得懒懒散散，提不起兴头。再则，因为教科书中的习题类多和当地的情形不符，不容易使儿童切实了解。三则，因为校里的教具少，教升斗，没有升和斗，教斤两没有秤和磅，一切单凭嘴里空讲，非但儿童觉得干燥无味，连我自己也觉得味同嚼蜡——我不知道老兄喜欢教算术，有什么高见？"

"我是初出茅庐的人，这情形我却没有经验。"王士侧着头定一定神，继续说，"依我看来，这问题不在于儿童本身，在于取材和方法上。如果我们在取材方面除了教科书外，再加以活材料的补充。在方法方面，该用教具的用教具，可做游戏的做游戏，能讲故事的讲故事，要测验竞赛的就举行测验竞赛。如此教来，不会觉得乏味了吧！"

"老兄的见解极是，佩服佩服！"周吉赞美地说，"这方法非单算术一科应该这样，国语也要这样，常识也要这样，劳作、美术何尝不要这样？只因为我们平时贪懒，不肯花工夫去找活材料，大家只依教科书随便教教，无怪儿童对它不感兴趣了。不过你所说的活材料，究竟向哪里去采取呢？"

"这倒并不难，只要教的人随时随地留意的，到处都有活材料。真所谓取之不尽，用之不竭呢。好比现在我们坐在小轮船上，可算的题目很多啦。我随便说说：1. 算轮船的问题，可分：①船的造价多少？②船的吨位多少？③船的载重多少？④每次开行需煤多少？⑤每天开支需费多少？⑥船的速率怎么样？……2. 算乘客的问题可分：①各等乘客多少？②各等票价多少？③男女老少的人数多少？④行李费用多少？⑤泡茶小账各多少？……3. 算载货的问题，可分：①每次载货多少？②载货怎样计价？③关税怎样完纳？④上下力怎样计算？⑤保险费怎样计算？……

"采用这类活材料，最好再编成故事，用生动活泼的口气教儿童们计算，我想，儿童哪会不感兴趣呢？"

两人谈到这里，轮船已经进港了，林村上疏疏的屋，密密的树，已经隐约可辨。王士和周吉一同把随身携带的行李收拾收拾，准备靠船登岸。

四

船靠了码头，还没有停稳，王士在舱里探头望一望，就看见埠头上有个老同学史一丈君。一丈也已看见王士了。两人互相打了个招呼，一丈不等王士上岸，就跳下船来，一面接着衣包，一面同王士握握手，很愉快地说："今天天气还暖和，一路辛苦吗？"

"还好还好！今天机会难得，遇到这位周吉先生。顺便介绍一下——我们一路谈着天，说说笑笑，并不觉得寂寞。"一边说一边跨上岸去。

王士和周吉在码头上分别后，跟着一丈同到学校里。将近校门，看见汪校长已经在门口欢迎了。汪校长穿着蓝布短装，剪着平顶头，身躯不高不矮，同他的壮健比起来很相称。戴着一副白边眼镜，透露出一副慈祥的眼光，一望而知是个老教育家。

一丈把王士在汪校长前介绍过后，汪校长笑容可掬地说："路上辛苦了，里边休息休息吧。"

汪校长很能干，一面请一丈招待王士，一面就吩咐小工到船上去拿行李。王士听得，回头对校工说："有两大箱算术教具，大都是薄板、细竹和硬纸的制品，不能重压。请你当心。"校工何可一面答应着，一面肩着扁担径自去了。

一丈听王士说有两大箱算术教具，惊异地对汪校长说："我介绍给你的新教员，究属怎样？我校又得一位健将，真是我校之幸，儿童之福啊！"哈哈哈！一丈大笑了一阵，汪校长跟着也笑了。

"好说好说！"王士客气地回答，"这些教具，不过随便做做，想在这里试用。其中有些是师范里读书时做的，有些是接得汪校长通知后做的。各种制品大多粗制滥造，不值高明一笑……"

"我们虽是初次见面，大家不必客气。"汪校长听得兴奋后，无意间把王士的说话打断了。"我校能有像王先生这样的热心，肯花费许多钱许多心思做成一大套算术教具。真是不可多得。"

王氏嘴角边略露一些笑意，继续着说："这些教具中有的是模型，有的是图表，有的作为练习用，有的作为游戏用。制作时也曾注意到六点：①偏重计算；②手续简单；③变化很多；④形式灵巧；⑤质料轻便；⑥色彩优美。这些都是普通的条件，我也并无创见。

"只有几件游戏品是新近计划的，例如'骰子'一样东西，本来是很好的算术教具，可惜大家把它当作赌具玩了。我们不得不更改形式，取其长而去其短。所在把它的质地改为木质，大小改为三立方寸，点子改为数字，玩的地方不在碗里，而在地上。如此更改，谁会想到是一种赌具出身呢？"

"不错不错！"汪校长和史一丈不约而同地同声说着。

"王先生的行李来了。"校工何可一面喘着气，一面对王士说。

"谢谢你！铺盖请你拿到寝室里去，两个大箱子就放在这里吧。"王士指着预备室的一角，很感激地回答他。

五

今天举行开学礼，照例行过仪式后，汪校长向儿童们说几句话：

"诸位小朋友,你们真是幸福,本学期起我们请到一位新先生,就是这位王先生。"一面招呼,一面叫全体儿童向汪先生行一鞠躬礼。"他昨天才到我们校里来,随身带着两个大箱子,据说是上课时给你们看的,给你们玩的。好啦!以后你们可以有戏法看,有东西玩了,真好福气。现在我请王先生来,先同诸位讲几句话。"

一阵掌声未停,王士已经站在台前说话了:

"今天第一次同诸位小朋友见面,我很高兴。我虽没有教过你们算数,可是已经知道诸位的算术程度都不差。诸位没有打听我有多少年纪,也许可以猜到我有二十二三岁,不错。这就是你们的本领好。一个人学算术能算到加减乘除,能做小数分数,都不是真本领。真有算术能力的人,他对一切长短、轻重、厚薄、高低、深浅、冷暖、快慢、干湿,等等,都会估计一下,而且估计得大概不差。

"现在我来讲一个故事给诸位听。我的本乡有个青年姓马,问他多少年纪,只说寅年生的,属虎。说话时总是皱起眉头,额上显出一条深痕,远看很像一个王字,所以大家替他取个名儿叫马虎。

"马虎每天起身,没有一定的时间,常常坐在床上,等太阳光射进窗里,才慢慢地起身。如果遇到阴天,起身更迟了。起身后连鞋袜都没有穿着整齐,已经走出门去。如果有人问他早餐用过没有,他总是说'有些记不清了,我来摸摸肚子吧。'

"有一天马虎把几件衣服、一块毛巾、一双雨鞋、一堆用的东西,想装在手箱里。不料物品多,箱子小,装了好久装不下,用力一掀,手箱坏了。他找条绳子束一束,匆匆地往火车站里去了。他刚踏进车站门口,那火车就开了。他愤愤地说:'火车啊,你不是第一次开,为什么这样心急?我还没有上车,你早早开出去做什么?'旁人听他这么说,都对他笑笑,他以为别人赞同他的议论,也会趁着热闹大笑一阵。

"马虎在车站上等了半点钟,坐着下一班火车去了。火车停在一个小镇上，马虎下车后一颠一跛地走到他舅父店里。舅父见他这般模样，真是又气又好笑。

"马虎在舅父店里住下。有一回一个顾客来买酒，他就端起瓮来一倒，舅父问他：'为什么量也不量，称也不称呢？'马虎说：'横竖酒用水做的，多些少些，何必计较？'舅父听得很气，预备叫他回去了。

"就在那天下午，又来一位顾客向他买赤豆。马虎用两手捧了几捧，收着顾客的票子就算了。舅母一看他收的都是小票，大声地向他说，不能这样糊涂。马虎说：'小票和大票不是同样的一种纸吗？做生意以和气为主，何必十分认真？'舅母听得发怒，决意叫他回去，不收他做学徒。

"诸位想，马虎这种人可以独立生活吗？诸位小朋友中聪明的固然不少，像马虎这样的人也有吗？"

又是一阵掌声，王士就在掌声未停时走下台来。

六

开学礼行过后，大家聚在预备室里。冯文心提着稳重的脚步，平板的脸上浮着浅笑，一本正经地说："老兄的演讲术真不差，故事极浅显，一、二年级小学生也能听得懂，用意却很深，句句切中我国的流弊。我们要复兴新中国，非养成个个人有算术的头脑不可。现在像马虎这样的人实在太多了，应该大大地改造一下，这改造的责任就在我们小学教师身上。"

汪校长走来拍拍王士的肩头，用调侃的腔调说："这改造算术头脑的责任，你该多负一些。你前次计划的算术环境，可以开始工作了。"

"我也这样想，"王士很爽直地回答，"布置算术环境对于改造算术头脑关系很大。好比儿童没有尺的经验，从来没有用过尺，试问尺的题目，怎么会了解？儿童没有见过升斗，只记熟十升为一斗，一斗为十升，试问容量的题目，怎么会了解？儿童没有见过秤，看见一斤重的鱼也许会说十斤重，或者说一两重，试问重量的题目，怎么会了解？布置了算术环境，虽不能保证各个儿童没有困难问题发生，但至少可以减少他们的错误。"

"当然当然！"冯文心顺着王士的口气说，"我虽没有什么能力，也愿意帮助王先生一起干。时间就在明天下午，如何？"王士顿了一顿，慢吞吞地说："这种工作，我本来想请六年级的同学共同参加，现在想把它扩大起来，作一个全校大设计吧。"

"对极啦！"汪校长突然从椅子上跳起来说，"这真是一个好机会，既可以节省教师的劳力，又可以增进儿童的经验，一举两得，何乐不为？那么就请王先生来一个具体的计划吧。"

怎么样分工布置？

午后，王士独自在预备室里计划一个"各级分认布置算术环境草案"：

二年级：收集大小、长短、厚薄、轻重、三角形、圆形、方形、铜币和镍币等各种实物。制作数字表、日期表和各种算术游戏器具。

三年级：收集秤、尺、方寸、方尺等实物。收集升、斗、法币、正方形、长方形和儿童日常生活中的物价调查表。制作加减乘除基本练习表，时刻分的关系表。

四年级：收集磅秤、票据、账折和梯形、平行四边形等实物。制作日期计算法、市用制度量衡进率表、小数速算表等。

五年级：收集有关卖买生活的照片、图画。制作十进非十进复名数进位率表，四则、小数、分数、折扣和简利表。

六年级：收集各式簿记和物价涨落表。制作度量衡市制和公制比较表。分数、百分、利息等心算练习片。其他关于环境布置中室外工作，都归六年级生担任。

（原载于《教育杂志》1948 年第 33 卷第 3 号）

算术成绩究竟坏不坏？

一

星期日上午，有五位小学教师到舍间谈天。他们大都是新教师，对于教学方法颇感兴趣；见有新出刊物很喜欢阅读；有时发生教学上的困难问题就喜欢向人问。这种前进的少年教师，真是可爱之至！

那天，他们谈起算术的教法，起初总以为很容易教的，到后来，越教越觉得困难重重；现在非但教得儿童怕学，连教师也怕教了。其中最大的原因就是儿童的成绩太坏。

不错，成绩坏是要不得的。我们教导儿童的目的，就在想法帮助儿童的成绩好。不过，我们要研究这个问题，必须把这个问题剖析开来，细细地查一查，究竟儿童的成绩坏到怎样地步？

第一位教师报告说："我教儿童学算式题练习，并无什么困难，只有教到难题就没有办法了。我在指导时，一步一步解释给儿童听，问他们懂不懂，他们都点头表示懂的；我再问他们可有什么地方不明白，他们一个也不举手，显然是完全明白了。可是我用相类的题目给他们算算，就会发生莫名其妙的错误。这样教下去，简直令人头痛！"

"究竟是哪一种难题呢?"我好奇地问他。

"我教的是六年级,为了预备升学起见,特定在教科书外,再加以补充练习。我出的题目是:鸡和兔养在一只笼里,数数它们的头有一百个,数数它们的脚,鸡比兔多三十八只,问:鸡和兔各几只?这类题目,简直普通极了,儿童们见了竟会瞠目结舌,无所措手。试问以后再教些深的题目,叫他们怎样挨过日子呢!"

"哈哈!你错了。"我不禁爽然地说,"你先该知道这类题目是不是算术题目?试问:鸡和兔会养在一只笼里吗?谁看见过能养一百只鸡和兔的笼子吗?鸡和兔怎么样数法?是否数了头还要数脚?头脚数过了,是否还不能分清鸡有多少只,兔有多少只?数的人是近视眼吗?是瞎子吗?是呆子吗?近视眼和瞎子一定可以分清鸡和兔的不同,不必请教别人计算;如果是呆子,他数过了头和脚,还要请人计算鸡兔各几只,那么我们不必上呆子的当,跟他去啰唆——这虽是说说笑话,可是一切难题,都是不合实用的。既然不合实用,何必计算呢!

"此刻,我可以郑重地对你说,儿童不会做不合实用的难题,不能算成绩坏。"

二

第二位教师说:"我所说的成绩坏,除了难题不会做有同样的情形外,还有不会排式子的问题。平常我教儿童学算,总是先讲例题,再讲式子,等他们对于式子明白了,然后把草稿练习一遍。现在个个儿童犯同样的毛病,一题到手,没有把字句看得清楚,就动手瞎做。聪明的还会证验一下,看结果合不合,再费工夫重做;愚笨的简直不问错和不错了。

"排式子非常重要,不会排式子就等于不会计算。反过来说,式子会排了,就是草稿中略有错误,也可以原谅他们。要知道,我们学校里教算术，不仅是教他们学得怎么样加怎么样减，最重要的是教他们怎么样看了一个事题，会依了次序一步一步地想。对于曲折多的事题能够求出整个的关系。算术是训练思考的，练习排式子，就是最好的训练思考法，你想重要不重要！"

"哈哈！你又错了。"我仍旧用先前的态度对付他，"原来，我们在小学里教算术，目的在于训练思考呢，还是养成他们有计算的能力？请你查一查课程标准，再谈下去。课程标准上第一条就写着：指导儿童了解日常生活中关于数的意义培养他们数的观念，并没有说到训练思考的话。并且在教学方法第四项中又规定着：解决问题的计算法，应当从儿童的经验以及常识来证验，不必多用论理的分析。式子的排不排，有什么关系呢？"

计算是解决日常生活的问题，试问日常生活中需要计算的时候，有哪些机会要排式子？买萝卜青菜要排式子吗？买肥皂草纸要排式子吗？上大公司去买日常用品，伙计们除开一张发票以外，要排式子吗？银行钱庄里，进进出出全是些钱的计算，他们需要排式子吗？

社会上用不到排式子，学校里偏要教排式子，这教育究竟是什么教育呢？你爱护儿童吗？儿童并不需要那些劳什子。你顾到社会吗？社会上也不需要那些装饰品。你为训练思考吗？他们将来究竟会不会思考不得而知，现在被你搅昏了脑子，却是千真万确的事实。你愿牺牲排式子呢，还是愿意为了排式子牺牲儿童？

退一步想，你或者要说：排式子并不是一个人的主见，也不是新近的发明，早在几百年前，欧美各国已经注重排式子了。自从笔算到了我国以后，向例是注重排式子的。现在走遍全世界，除非不用笔算，除非在小学校不教事题；要教笔算事题，无有不教排式子的。难道我们教了排式子教错了吗？

历来注重排式子，欧美人已经觉得不合了，现在他们教儿童练习算术，只注重计算的正确与否，至于式子的排不排，并不认为一件重要的事。即使练习一下，并不是在低年级里，就需学习；也不是在容易的习题中，需要练习；更不是每题必须排式子。他们认定排式子，不过在许多计算技能中占一个极小的位置。我国模仿欧美，采用笔算，他们由觉悟而改良了，我们为什么不改呢？

再退一步想，就说排式子有相当用处，可以训练儿童的思考。但是必须在逐步试算后，才能排列起来，编成一行有组织的式子。通常除非是一种算法简单的题目，无须打草稿，就能排出式子来；其余手续较难的，都须先打草稿后再排式子。现在说儿童不会排式子，也只有一半缺点，怎能说是全部成绩坏呢！

此刻总结一句话，对于不会排式子，绝不能称他成绩坏。

三

第三位教师说："我所说的成绩坏不是不会做难题，也不是不会排式子，却是背不出公式。学习复名数，对于十寸是一尺，十升是一斗，十六两是一斤，六十分钟是一小时，度量衡时等的进位率，必须熟记明白，才能计算事题，才能应用于社会。这些不像难题的不合实用，也不像排式子的可省手续，却是计算中无可避免的必要条件。现在儿童们竟有背不出，或背错的。成绩真是坏到透顶了！

"不但这样，在练习欧美复名数时，更加纠缠不清了。要他们记熟：1 哷是 2 码，1 码是 3 呎，1 呎是 12 吋。再记熟 1 加仑是 4 夸脱，1 夸脱是 2 品脱，1 品脱是 4 及而，1 及而是 5 安士……儿童个个弄得头晕眼花，连一种单位也记不清了。

"此外，还有计算百分，有百分的公式；计算利息，有利息的公式；计算面积，有面积的公式；儿童记不熟初步的公式，将来怎么样可以记熟代数、几何等数千百个公式呢？"

"这一点，你又错了。"我带着似真似假的口气对他说，"公式是从事实中归纳出来的，并不是先有公式后有事实。那些十寸等于一尺，十升等于一斗，十六两等于一斤等，应该从实际的量、实际的盛、实际的秤中学习，使儿童经过多次反复，自然而然地记熟；绝不能只教儿童记熟公式，不去实际地量、实际地盛、实际地秤，就教儿童计算事题；如果不明白这道理，那就无怪儿童记不熟了。

"至于外国度量衡并不是必须学习的。你查课程标准教学要点第五项，明明说着：'外国度量衡单位以及外国货币的认识跟计算，各地方如果需要，可酌量增加。'换句话说，就是各地方不需要，可以不增加。什么地方需用英美制的，可以教些英美制；什么地方需用苏俄制的，可以教些苏俄制。倘有需要，当地的儿童，对于该国制度，一定常有接触；接触多了，自然不难记熟它的进位率了。

"如果那地方并不需用外国度量衡，你也把各国的度量衡教他们，环境不合，生活不宜，难怪儿童记不熟了。即使你花苦功教儿童记熟，试问：记熟了有何用处？无用的东西记熟后，在教育立场看来有何价值！

"至于百分的公式，也只有'母数×成数＝子数'的公式顶合实际应用。为使儿童了解这个公式计，可用买东西打折扣的事实向儿童说明。就是不记得公式也没有什么关系。其余求成数、求母数等，只可以在算法上当作翻翻花样，实际是毫无用处的。利息的公式，也是一样，只有'本银×利率×期间＝利息'一个公式顶有用处，其余都是没用的。要记熟这公式可用儿童储蓄来练习几次一试，就明白清楚，以后永远可以不忘记了。

"讲到求积的公式，什么正方形的面积为一边自乘，三角形的面积为底边乘高折半，圆形的面积为半径平方乘圆周率等，这些材料，在小学里不过略得一些常识，不能看作重要的知能。儿童能懂更好，不懂也无妨大体。因为学得这些简易的几何常识，绝不能应用于量田量地。换句话说，你如果真要实地测量，只知那些常识也无用处的；如果你不要测量，学来竟毫无用处。只要你放远一些眼光看看，开通一些想想，对于公式的记熟不记熟不必看作天经地义，以为非记熟就认为成绩坏了。

"总括说来，我国的度量衡，只要从多用中求得纯熟，不怕不记得。外国的度量衡，可以不教的就不教；必须教的，也和本国度量衡教法一样，从多用中求得纯熟。至于百分、利息等公式，只依社会需要，学得第一种公式。这一个公式从事实中加以证明就能懂得，并非一件难事；其余附带的几个公式，简直可以不记。

"万一你以为这些公式都与计算有关，对于练习上都有很大的用处，那也可以分列几张表，备随时检查之用。好像打电话时，检查亲友的电话号码一样；何必花费不少时间，硬碼碼地把它记熟呢!

"所以此刻又可以得到一个小结论：儿童记不得公式不能认为成绩坏。"

四

第四位教师说："以前几位先生的话，因为都属于教师方面的主观，算不得儿童的错误。我可以报告一个实情，全属于儿童方面的缺点，你总无可祖护他们的不是了。

"实情是算法的错误，形式有好几种：

"一种是公式记错。应该先乘除后加减的，他们记不得这条定例，算错了。一种是进位记错。有的多记，有的少记，结果都不能求得正确的答案。一种是出于疏忽。或者把6字当作9字，把0字当作6字，把加号认作乘号，把÷号误作+号等。

"算术以正确为主，错误的总不能不认为成绩不好吧!"

"对于这一点，并不是我喜欢唱别调，实在也不能真正认为儿童的成绩坏。"我带着俏皮的口气对他说，"因为错误是人生常有的事，只要问这些错误是否常常发现。如果常常错误，而每次错的情形又相同，那的确是成绩坏；否则，偶然发现一些错误，或者每次错误的情形各不相同，那是可以原谅的，可以设法矫正的，不能断定他是成绩坏。

"对于常常错误的人，认为头脑不清，能力不够；严格地说，就不能插入这班程度中与其他儿童同时学习。所以与其说他成绩不好，不如说他程度不合。与其说他的成绩太坏，不如说学校的编制不合理。

"对于常有错误而情形相同的人，应该查出错误的原因何在，设法加以个别的订正，不应该听他常常错误，而只说他成绩不好。

"对于偶有错误而每次情形不相同的，那是出于一时疏忽，只需在细心从事上加以训导，经多方面注意，多次规劝，不难把这些缺点改掉，不必认为真正的成绩坏。

"要考查算术成绩的好不好，应该放大些眼光看，绝不能因为偶有错误，就认为了不得的大事。好比一个善于作文的人，偶然写错了几个字，不能就批评他成绩坏。一个善于写字的人，偶然写了几个帖体字，也不能就批评他成绩坏。

"因此，我又得到一个小结论，关于算法上偶有——偶有两字须特别注意——错误，不能算是成绩坏。"

五

第五位教师说："我认为成绩坏的情形，不是偶然的疏忽，却是日常的缺点。这缺点也许不仅敝校如此，一般儿童都有这样情形。就是看儿童的练习簿，不是添注涂改就是模糊不清；不是杂乱无章就是前后脱节。总之，看到这种簿子，一定会使你发生草率、难看、无秩序、有难以下笔批订之感。——这些应该算是成绩坏了吧！"

"这或许有些够得上说成绩坏了，但……"

"你又想唱别调了，请你站起来呼吸一下，清清脑子再说话。"那第五位教师有些不服气地预先表明他的态度。

"但是我也有我的意见，"我仍然不怕他们反对，把我的理由继续发表下去。"我以为这是表面成绩的不好，并不是骨子里的毛病。普通一般人很容易把表面成绩认为真成绩，并不追究这种成绩到底有没有价值。好比看到儿童画的图，不问他是否出于创作，或者出于临摹，只依画面批评，断定说是某张画得好，某张画得不好，你能佩服吗？算术成绩的好坏也是一样。

"我们当然希望儿童的算术簿子，本本是清清楚楚，写来处处有秩序。一个等号，写来上下两线同样长，同样阔。一个草式，写来个位对准个位，十位对准十位。用铅笔，不浓不淡。排次序，不疏不密，一看就觉得清楚、悦目、合格式，有发生形式优美之感。可是，事实上不见得这样容易，所以即使有些不整洁，也只能认为小事，不能认为全部成绩不好。

"因为，算术科有算术科的目的，儿童能够计算正确，而且敏速，那么这些簿子不整洁的毛病，只好认为一个小问题，不必大惊小怪，一概抹杀，把它当作坏成绩看待。

"而且，簿子不整洁的毛病，绝不是单在算术科内细心指导可以获得成功，必须在其他各方面同时注意，才能改良这种习惯。看到一个算术簿子不整洁的人，必然对于读书笔记、常识笔记也不整洁，对于自己的抽屉书包也不整洁，甚至于对他的衣食住等一切生活，也不会顾及整洁。习惯已成自然，更改很不容易，我们必须费大力、耐时间，方能渐渐地把它养成一种好习惯。因此，算术簿子的不整洁，是儿童品性的不好，不能单说是算术成绩不好。

"此刻，又可以得到一个结论，对于簿子不整洁的情形，不能认为全部的成绩坏。"

六

这五位教师听我发表这些话后，大家不约而同地说："不会做难题，不算成绩坏；不会排式子，不算成绩坏；不记得公式，不算成绩坏；甚至于方法算错了，也不算成绩坏；簿子欠整洁，又不算成绩坏。我们认为成绩的各方面都不好，你却一概不以为然；试问：怎么样的成绩，才算好成绩呢？反过来说，你以为在哪一种情形之下，才算真正的坏成绩？"

"据我看来，儿童的数量经验不正确，是成绩坏；儿童的思考方法不清楚，是成绩坏；儿童的计算速率不饱和，是成绩坏。"

"什么叫作数量经验不正确？"一位教师好奇地问了。

"那是说不尽说，只能略举几个例子。"我趣味地说，"好比讲到长度，你问他们一尺有几寸？竟可以不加思索地回答你，一尺当然是十寸咯。你如果考查考查他们对于尺的经验是否正确，那就会知道他们的经验实在靠不住。我来告诉你一件事实：有一次，在二年级里讲到尺的时候，我也问儿童一尺有几寸？几寸合一尺？儿童个个含有骄傲的态度，好像漫不经心的样子。后来我把报纸裁成狭条，每人分发一条，叫他们把一尺的长度扯下来。在扯的时候，居然也颇费斟酌，有的嫌别人太长，有的嫌别人太短，大家都以为自己的经验顶正确。我把各人的纸尺收集起来，蘸了水排成一行贴起来，儿童看着也会好笑起来。怎么同样的一尺，长的比短的相差有三倍多呢？——从此儿童对于尺的经验，被我拆穿了。这是一个例子。同样的情形，我们试过好几回，儿童对于算法虽学过不少，但对于基本的数量经验，实在太差了。他们看了一方地不知有多少亩；看了一棵树，不知有多高；看了一条鱼，不知有多重；抄一本书，不能估计应费多少时间；做一只纸匣，不能估计能容多少谷。诸如此类，处处可以表现儿童的数量经验太差。

"数量经验是算术的基本，基本没有打好，谈什么难题不难题呢！所以，此刻可以得一结论，说：儿童没有正确的数量经验，才是成绩坏。"

七

"什么叫作思考方法不清楚？" 又一位教师问我了。

"思考，就是俗语说的转念头。思考不清楚，就是不会转念头，或者说是念头转得不得法。我们时常见到儿童计算事实题时，许多人举手问：这题目用加法还是减法？用乘法对吗？用除法对吗？好了，算术上只有加减乘除四法，如果我告诉了他们，他们简直不必计算。不告诉他们吧，他们简直不会算，这是一种真实的情形。

"还有，他们看见了题目，不问怎样算法，总是拿起笔来在草稿上胡乱地涂：先试试用加法，觉得加法不对，再用减法；看看减法也不对，就用乘法或除法。总之，他们不明白这个题目应该用什么方法计算，只是盲目地乱撞。偶或被他们撞通了，只能说是机会凑巧，不能作为思考正确。我所说的成绩不好，这也是一种情形。

"还有，他们看见了题目，依了次序做去，实际上并无什么错误。不过为了起草时有些小错误，或因草稿模糊而弄错，以致答数凑不正确，证验无法证验。自己因为思考不清，判断不正，认为方才算错了，反三复四地重做，结果仍旧做不出来，这也是一种情形。

"总之，儿童思考不清楚，才是成绩坏。"

八

"什么叫作计算速率不饱和呢？" 又一位教师怀疑地问我。

"那又要谈到课程标准的话了，" 我爽直地说，"课程标准目标第三项上说：养成儿童计算正确迅速的习惯。计算的正确和迅速是同样的重要，已经规定得很清楚了。

"计算应该正确，大家都已明白，而且无论哪位教师都看得很重。惟有对于计算速率方面，很容易忽略。以为计算只须求其正确，不必顾到迅速，实在是不对的。我们在社会上做事，无论在哪一方面对于数量的计算，必须顾到迅速。买卖东西要迅速，结算账目要迅速，在银行钱庄上服务，要注意计算迅速；在大小公司里服务，要注意计算迅速；现在学校里教算术，只注意正确，不顾到迅速，必然变成闭门造车，出不合辙。

"讲到迅速，各人不同的。有人能在一分钟内做完二十题，有人在一分钟内只能做完十题。如果能力上只做十题的，无论如何，不能做到二十题，这十题就是已经达到饱和状态了。我们指导儿童学算，在速率方面，必须使各人达到饱和的程度。好比能做二十题的，现在只做了十八题或十九题，还没达到饱和程度，应该继续练习，务须达到二十题的标准。对于能力上只能做到十题的，他已做到十题了，我们就不必再花无谓的时间，教儿童继续练习。

"现在学校中，往往只认教科书为唯一的教材。上课时除教科书外，不加别的补充教材。教师为敷衍时间起见，就想出抄题目、起草稿、排式子、写答案，或者再费一番誊清的工夫，实在是无聊之至。而且，照这样教下去，非但不会把儿童教好，反而要把儿童教坏了——养成儿童迟慢和敷衍的坏习惯。

"总之，计算速率不饱和是真正的成绩坏。"

九

我说了以上的话，五位教师听了，不再辩证了。我乘此机会，又发表一些意见："要说现在小学里算术成绩坏，是无可讳言的事。但是坏在哪一方面，各人的见解不同。诸位以不会做难题，不会排式子，不记得公式，算法偶有错误，簿子欠整洁，当作坏的成绩。我却以为数量经验不正确，思考方法不清楚，计算速率不饱和为坏成绩。各人观点不同，教法就有差别了。

"诸位试从社会应用方面看，有了正确的数量观念，有了清楚的思考方法，有了敏速的算法，是不是比了会做难题，会排式子，会记公式有用处？偶有错误，簿子不整洁，是不是可以原谅？反过来说，基本没有打好，单学些形式，对于人生有什么用呢？

"还有一点，数量的常识，可用注入的方法在短时间内说明的。对于数量的经验，非令儿童自己体验不可，非有长期的继续训练不可。对于事题的算法，该用分数算或利息算，可以一说就明白的。惟有思考的方法，能令儿童一看见题目，立刻想定用什么方法做，依哪儿个步骤进行，非由儿童自己磨炼不可，非有长期的继续训练不可。对于计算的正确方面，可用实物教具图表等辅助的。要使儿童计算迅速，非由儿童自己熟练不可，非有长期的继续训练不可。惟其训练不易，所以可贵。因此，我敢说正确的观念、清楚的思考、迅速的计算，比了难题、式子、公式、小错误、簿子不洁等为重要。我们要评判成绩的好不好，就该从这些分别上确定。"

"据你这样说，我们并没有不好的成绩，以往所教的都不错了吗？"五位教师好像讥讽，又像打趣地说。

"那也不能这样说吧！你们认为坏的事实上并不坏；你们没有注意到的，只要回想一下：数量观念是否个个人正确？思考方法是否个个人清楚？计算方法是否个个人迅速？你能答个是，就是成绩好，否则就是坏。"

"经你反复一说，此刻明白了。你以为坏的，我们教过的儿童，的确都有这样坏成绩：你不以为坏的，我们早就认为坏了。儿童有双重的坏，真是坏到透顶了。"

"那也不能这样说。总之，我不以为坏的，你们也不必当作坏成绩看；我以为坏的，大家应该把这弊病去掉。切实做去，自然有好的成绩产生。"

"要去掉坏成绩，得到好成绩，可有什么方法可供参考？今天时光不早，拟改日再来领教！"

"大家是同道中人，彼此不必客气。诸位如果不嫌小弟浅陋，不妨随时枉顾赐教！"

"再会！"

"再会！"

（原载于《小学教育漫谈》，上海：商务印书馆 1949 年版）

怎样编制小学算术教案

认真备课是提高教学质量的前提之一。教师对每一节课事前进行了充分的细致的准备以后，应把它写成教案，以便上课时据以执行。这里，谈谈小学算术教案的编写问题，和同志们共同研究。

小学算术课除了部分用到练习课、复习课和测验课外，绝大多数是综合课。这是由于儿童的年龄小，注意力不能长时间的持续。采用综合课在同一教时内常常变换教学的方式和方法，比较适合于他们的心理特征。因此本文就综合课来说明。

算术科综合课的教案项目有多有少，一般说来可以分为以下几项：

甲、教材分析

乙、教学目的

丙、教学用具

丁、教学时间

戊、教学过程

（一）组织教学　（二）订正复习　（三）讲授新课

（四）巩固练习　（五）家庭作业。

教案的详细可视自己的需要而定，这里就详案体例来说明一些具体的方法。

一、教材分析

教师精通教材是教好一堂课的基本条件，只有掌握了教材的精神实质才能确定教学目的和教学方法，通过教学来完成教养和教育的任务。

钻研教材必须掌握三个原则：

一是钻研教材的目的性。把这一堂课内要教什么内容，应该让儿童获得什么新的知识和新的技能看清楚，还要看一看应用题中应向儿童进行哪些思想政治教育，从而可以确定教学的主要目的。

二是钻研教材的科学性。先把本课的例题和前一课或前几课的例题比一比，看出本课的例题有什么特点，对于这个特点要考虑儿童容易接受的具体办法，作为本课的难点来攻破它。编成一个教案，能够抓住特点，突破难点，就成为优良的教案，在教学中能够抓住特点、突破难点，也就是一堂成功的课，

三是钻研教材的系统性，算术是一门系统性很强的科目，每一个教材都是前课的加深和继续，又是构成后课的基础。明白了这一点，一方面在讲授新课时，可以复习旧知识作为讲授新知识的准备；一方面在教学进行中不至于把以后应交的材料提前来说明，打乱教材的系统。例如两位数加两位数的教材，依难易可分为三步：第一步教两位数加整十数，如 $26+30=56$；第二步教两位数加两位数，个位相加不超过十的，如 $45+23=68$；第三步教两位数加两位数，个位相加超过十个，如 $48+32=80$。同样，超十的加法也可以分成几步来进行。现行课本难易都已分好，前后排列很有系统，我们只要把教材反复多看几遍，便不难把它分别出来。

二、教学目的

教材分析清楚以后，可以根据教材内容拟定教学目的。目的要提得

具体、明确、恰当。它包含知识技能方面和思想政治教育方面的要求，可以写成一条，也可以分成两条或两条以上。写成一条的，把主要的教学重点提出一两句话来，写成两条或两条以上的，可以按教养的目的和教育的目的分别列出。但不论目的的条数定多少，条文上所用的字句必须说得明确具体，如"让儿童学会××"和"让儿童熟练××"，虽然只有两字之差，意义是绝不相同的。每一节课的教学目的定得是否恰当，关系到教学质量的高低，必须在充分理解教材、熟悉教材的基础上，根据党的教育方针和算术课的目的任务认真考虑。

三、教学用具

教具有两种，一种是通用教具，像粉笔、指示棒，是各科都要用的，不必把它写在教案上；另一种是特用教具，只有在算术课上需用。凡是本课必须用到的，一定要把它写在教案上，这样便于事前准备，以利于教学。一节课上要用什么教具，要对这一节课的教学过程经过周密考虑后才能确定。不但考虑用什么教具，还要考虑什么时候用、怎样用，因为利用教具是教学过程中的手段，要使它为完成教学的目的服务。在教案上的这一项中，一般写出教具的名称就可以了。教具中有些是自己创造的，必要时可以绘出略图，说明制法和用法，以备查考。

四、教学时间

一节课的教学时间通常是四十五分钟。这四十五分钟大致可以做如下的分配：组织教学最多花去一分钟；订正复习约为五分钟；讲授新课为综合课的重点，差不多要占二十五分钟；巩固练习至少要花十分钟；余下的十分钟作为布置家庭作业用。这样支配仅供参考，并不是说所有的课都应该照此进行。在实际教学中要根据教学内容、教学要求、儿童知识水平等来进行妥善的支配。就学生的心理情况说，一堂课开始五分钟还在准备阶段，注意还不能十分集中；到五分钟以后，一直维持到接近半小时，是精神最旺盛的时间，也是注意力最容易集中的时间，拿这一段时间来进行讲授新课是十分合适的。过了半堂课，疲劳开始，注意力逐渐下降，这时进行巩固练习，来一次紧张的脑力劳动，把精神振奋一下，仍旧可以把工作做好。

五、组织教学

这一环节主要使儿童在身体和精神上做好上课的准备，做好从事学习活动的准备。班级纪律好的，老师跨进课堂，见面以后就可以开始上课；班级纪律差的，需花一分钟或两分钟的时间把秩序安定一下，然后开始上课。用什么方法来安定，可以把它写在教案上。纪律教育要贯彻在整堂课内，一节课开始，固然要注意组织教学；在一节课的整个过程中，也要注意组织教学。要求儿童上课时有良好的纪律，主要靠平时加强思想政治教育。使他们明确学习目的，激发他们学习自觉性和积极性。教师讲课是否有条理、有重点，是否明晰深透，是否能吸引儿童注意、照顾全班儿童，等等，都与课堂纪律的好坏有密切关系。所以，我们不能把组织教学孤立起来，为组织教学而组织教学。

六、订正复习

订正复习可以把它看作一回事，也可以把它分为"订正"和"复习"两回事。所谓"订正"，就是教师在课前把全班儿童所做的上一节课的作业通通看过，查出谁的成绩好，谁的成绩差，哪些人因为粗心大意而发生错误，哪些人还有知识的缺陷，然后把这些情况概括起来，在下次上课做一次订正工作。讲到"复习"有两种作用：一种是为新课作准备的，一种是培养熟练技巧的。准备性的复习，如在新授"37+7"的算法时，可以把20以内超10的加法复习一下；再把整十数加整十数复习一下，如"5+7＝?""30+10＝?"等题练熟以后教新课"35+7"就不觉得困难了。另一种培养熟练技巧的复习，虽于当天的新授材料没什么关系，但对旧知识来说这样的练习也很重要，因为过去学过的知识，不把它巩固熟练，不久便会遗忘，即使没有遗忘，如果算得慢，又常常发生错误，也就不能运用于实际生活。例如"7+5＝?"，第一步让儿童学得7个加上5个共有几个的知识，去用一些教具来说明；第二步是儿童获得口算的方法，先想"7+3＝10"，再想"10+2＝12"。把知识化为技能，进一步要求儿童不要经过两次思维，而能一看两数，立即说出正确的答案"7+5＝12"。要达到这个目的，绝不能靠单一次两次的练习，必须采取科学的复习方法，经过长期的多次的练习，才能获得熟练的技巧。

七、讲授新课

讲授新课是综合课中主要的环节，应该特别把它写得细致。做好讲授新课的工作大致可分为三个阶段：第一个阶段是准备，第二个阶段是新授，第三个阶段是总结。以下分别说明怎样写法：

先说准备。算术是一门系统性很强的科目，每次新授都从旧知识的基础上发展而来，因此，要教好新课，必须先巩固旧的知识。课本中例题前的准备题，就是为了帮助儿童容易接受新课而设的，但课本上的准备题不一定完全适合于当时当地的情况。我们为了使算术课正确地反映现实，让儿童更快地接受新的知识，自编一些补充题作为介绍新课的准备是非常必要的。

次说新授。新授的主要工作是讲清概念和解析算法。算术概念大概可分数量概念、度量衡、时、货币和几何形体的概念，整数、分数、小数的概念，各类应用题的概念等几种。要认清这些概念，除了运用教具外，还需多用黑板图来帮助说明。图和教具都须在教案中说明。

讲到解析算法谁都知道，不用综合法，便用分析法。无论采用哪种方法，问答谈话都占重要的地位。为了使每一句话说得恰到好处，最好在教案中不厌其烦地一一写出来再说总结。总结是概括新知识的要点，指导时或把书上的结语转录在黑板上，让儿童朗读或默写，或者直接拿出书来让儿童读一读。有时还可以指明一二人，要求他们把新授的知识扼要地复述一遍，你打算如何总结，也得把它写在教案上。

这里还须说明两点：第一点要注意运用课本。我们常常看见老师们用小黑板来代替刻板，以为多用一下黑板，少用课本可以集中儿童的注意力，这种想法是片面的。我们为了培养儿童独立思维独立工作的能力，指导他们如何运用课本是非常必要的。课本的用法也须在教案中说明。

第二点，要注意做好检查工作。前面说过，检查工作不宜单独进行，应该分散在各个环节中进行。因此，在讲授新课中也要提出几个人来，接连多问几句，检查检查他们的知识质量。

八、巩固复习

巩固复习大致可分为两阶段，第一阶段是"巩固新知"，第二阶段是"熟悉新知"。一般教师往往只注意"熟悉新知"，而不注意"巩固新知"。事实上，"巩固新知"比"熟悉新知"还重要。当我们把例题讲清以后，问儿童有谁不懂，他们都说懂了懂了。等到拿起笔来做习题时，又是东也举手西也举手，好像什么都不懂了。所以在讲清楚例题以后，必须做好"巩固新知"的工作。

巩固新知的材料可分三种：第一种是用例题相同的材料，仅仅把数字或不重要的事实改一改。如"东风公社买了100部绳索牵引犁，每部定价94元，一共有多少元？"（见初小算术第七册）"可以改为跃进公司买了80部绳索牵引犁，每部定价85元，一共要多少元？"第二种是材料的不同而算法相同的题目，让儿童想一想再做。第三种是用题材不同，算法也有些不同的题目（所谓算法不同主要是参照例题后面习题中比较难的题目而编成）。这三种材料究竟采用哪一种好？要看例题的难易和习题的难易来决定，但不论采用哪种材料，因为都是教师自编的，应把整个题目都抄在教案上。

巩固新知的方法，或指明试演，或全体试演，或兼用两种方法，都需把具体的计划在教案上写出来。

新知巩固以后，接着就是熟悉新知的工作。这一工作通常都称为课堂练习，过去因为检查复习的时间费得多了，往往让课堂练习的机会被挤掉，现在把检查分散在各个环节中，可以腾出时间来多做课堂练习。因为在熟悉新知之前，有个巩固新知的阶段，能使练习时不需老师多讲，而各自进行工作，各自克服困难，从而也就培养儿童自觉的、独立的运算的能力。

习题练习的分量，课本上是划一的，但在实际教学中，儿童能力的差异在算术练习中反映得很明显，能力强的做得又快又正确，可以给他们一些补充练习，能力差的要加强对他们的个别辅导，必要时可以允许他们少做一二个题目。所有这些应该在教案中写好。

九、家庭作业

课本上的习题大部分应该在课内做完。家庭作业可以着重结合劳动、结合生活进行实习作业和制作活动，以巩固儿童的知识及在实际中运用知识的积累。

实习作业如课内劳动，园地上的劳动，家庭里的劳动，地方上的公益劳动中有关计算的，都把它变成题目进行练习。练习的结果在课内交给教师，教师在课后给他们评阅或说明。有时还可以做些量度作业、调查作业、收集资料等。在制作活动方面，如制作教具，制作模型。制的成绩在课内交给教师，教师在课后教他们说明制作和用法，同时可以给他们当面评分。

编好一个教案，对教好一堂课能起很大的作用。我们要分析一个教案的好不好，第一要看"教材分析"钻研得是否深和透，第二要看"教学目的"是否得扼要明确，第三要看"教学步骤"是否清楚而细致，最后才看"教学方法"能否重点突出。一个教案如果能做到这四点，就会得到良好的效果。

（原载于《江苏教育》1960 年第 5 期）

三算结合教学的昨、今、明

我国从清末兴办小学以来，在数学一科中就教口算、珠算和笔算三种算法。因为口算和珠算都从高位起算，笔算从低位起算；珠算用口诀，笔算不用口诀；三种算法各有各的体系，不能统而为一。

因为三种算法，各有各的体系和教法，相互之间得不到互助互利的好处，造成口算不快、珠算不熟、笔算不灵的现象，使教学质量不能迅速提高起来。

回顾从1970年起，初创的三算结合教学，就产生了惊人的效果，全国各地群起试行。但因做法不统一，效果并不一致，不少地区又走了弯路，甚至发生了许多似是而非的问题，从顺境走向逆境，几乎把三算结合教学的历史割断。

从1980年起，枯木逢了春，又复兴起来，订出了三算结合教学大纲，编出了三算结合教学课本，相应地又出版了一些教师用书，使三算结合教学能够更快更顺利地进行。

估计这个阶段，全国各地，都能正规进行试验，把三算的优点搞得好上加好，把三算的小毛小病剔除干净，使三算结合教学的从属地位，一跃而为小学数学教学中的主要地位。

有了这个坚实的基础，到 1990 年后，可以订出新的教学大纲、编出新的学生用书和教师用书，相应地再创造一整套的教具和学具。到那时，不但国内各小学都采用，世界各国也会陆续采用。

就以上所谈各点，下面再细细说明一下。

一、过去的简史

初创时期。1963 年北京中国数学会召开"珠算及辅助工具座谈会"。有人提出一个问题说："珠算本是我国发明的，明朝时传到了日本，他们的政府方面虽然竭力提倡西算（即笔算），可是民间不少人士却认为珠算计算快、用处多，坚持要用珠算，结果成为珠算与笔算同时并用的办法。他们为把珠算搞得更好，经常开会钻研，出书宣传，对算盘方面、教材方面以及教法方面，都继续不断地有所改革、有所创新，其中最大特点是不用口诀来教。不用口诀教珠算，我国早已有人创议过了，因为教的人因循守旧、懒于改革，以致至今仍用口诀教法。现在有东风可借，不妨大胆仿行。"这个提案，受到大家赞同，一面上书教育部从速大力推广，一面分请各地珠算教学者进行试验研究。

上海方面闻风而起，于同年 12 月由上海教育学会召开珠算教学座谈会。好几位到会同志都已行过不用口诀教珠算，因即谈谈各人的经验和感想，并提出一些新的问题。

1969 年由朱孔祥同志在崇明农业中学试行不用口诀教珠算，很快试通了，接下去再在小学高年级里试试，也试通了，进一步到中年级试试，同样也通了；连战连胜，兴趣盎然，便鼓足勇气从头开始试一试。初次试行，困难重重，经过采取数的拼拆方法，慢慢地也试通了。这些看来虽属小事，但对小学数学教学的改革，却起了积极的作用。

这个试验小学，是崇明县的新河小学。一年级小学生从来没有打过算盘，他们把算盘当作玩具，课内课外不停地玩弄，在多次玩弄中练成了熟练技巧。打加百子能在一分多钟打完，打得个个正确，不但全校老师、全体家长都认为少有的奇迹。经过期刊上一宣传，连远远近近的珠算老师都到崇明去听课。听课完毕，回到自己校内，不约而同地都搞起试验来了。

原来各小学都教口算和笔算的仍旧照常进行，没有什么改革，只是加进了一种珠算，成为口算、珠算和笔算同堂兼教。教学的过程，总是先教口算，次教珠算，再教笔算。

这种方式，约莫教了一年。到1970年，看到了口、珠、笔三种算法同堂分教，有一些杂而不纯之感，经过专家的悉心研究，做过一次大型的讲话，才在全县范围内全面推广"三算结合教学"。

从崇明提出了三算结合教学的方法以后，各地的做法却不相同。有的重视口算，认为口算是珠算与笔算的基础，小学教学中应该以口算为主，这一派人称他为重口派。另外有些人，认为三算结合教学，主要是为了一年级开始就教珠算，如果珠算不加进去，便不成其为三算结合教学。这一派的人，便称他为重珠派。再有些人认为口算的学习，仅能用于数目不大、方法不繁的计算，范围不出于低年级。珠算的学习仅仅限于整小数的计算，只作为工具之一。惟有笔算，则从小学一年级起直到大学毕业为止。长期使用着，因此三算应以笔算为主，从而有人就称他为重笔派。这三派的主张，虽然各有各的理由，但就三算本身而言，应以珠算为中心。东邻日本虽没有提出三算结合的话，但他们对珠算的重视在世界范围内可说无出其右了。他们不但重视算盘的计算，最近尤以珠算式的口算特别加以训练，其速度之快竟能赛过电子计算机。由于珠算计算快、效能高，有人就提出小学里可以不教笔算。从而重口派、重笔派的说法都不能成立。

其他还有不少花样，到目前来看，都不能发展三算结合的特点，因此都不能划归在三算教学范围以内。例如：

1. 从一年级起就教口、珠、笔三种算法，教材各定体系，并不结合了教，这样做，不能称为三算结合教学。

2. 从一年级起教口、珠、笔三种算法，但珠算仍用口诀来教，不肯丢掉这个拐棍，逼使儿童算盘打不快，显不出三算的优点，也不该划为三算结合教学范围内。

3. 有的从中年级起开始教珠算，与笔算同时并教，做了笔算，再用珠算来核实一下得数同不同。这种方法，早在 1917 年"中华教育界"七卷六期上笑留先生写过的《小学珠算笔算同课练习之商榷》已经用了。解放初（1951 年）在《绥远文教》二卷五期上赵万容同志写过一篇《把珠算与笔算结合起来》更详尽地说了。这种两结合的方法与三算结合的精神完全不同，是两码事而不是一回事。

其他可能还有几种不同的方式和方法，只能留待以后再补。

在这期间，除了出现几种不同的做法外，还产生了反对的、怀疑的和观望的人，他们没有明慧的识见，没有坚强的意志，更没有奋勇前进的魄力，一天到晚只是唉声叹气，对三算结合教学，自己不看、也不试，只是随口乱批评。

一种人以耳代目，听到小学里要教口、珠、笔三种算法，就狠狠地批评，说是"一种算法，尚且教不好，三种算法同时并教，怎会教得好？教不好就误人子弟，罪过！罪过！"

一种人认为珠算历来都从中年级开始，都用口诀来教，现在出奇出怪要从低年级开始，而且要不用口诀来教，怎么行得通。如果行得通，我可以在热闹街上爬行一圈给你们看！

一种人认为小学生年龄小、身体差，单背一个书包已经感到负担太重，现在再加一把红木大算盘，合起来有靠十斤重，不是要把嫩弱的身体搞垮吗？

这种不怀好意的论调，虽然不起多大作用，但会减弱试者的勇气、延缓试行的日期，于教学改革上带来很大的不利。

还有些人，表面上并不反对，但是骨子里疑团满腹，迟迟不敢试行。举其比较突出的，有以下三种人：

一种人听了三算结合教学，不知道怎么结合法。是不是把三种算法全部结合了教？例如口算教到3+4＝7，珠算也教一教？笔算也教一教？三种方法，同时教一教有什么好处？有没有实际的价值？问问正在实验的人，他们也说不出所以然来。

一种人听到除了"口珠笔"三种算法必须结合外，还增加一个"整小分的结合"和"数式形"的结合，这样结合、那样结合，能不能组织一个新的体系？没有体系，课本怎么编法？没有课本，老师怎样教法？学生怎样学法？

另一种人听到笔算的算法，对加减乘的计算顺序为了进位、借位的方便，都从低位起算，教三算要从高位起算，使它和口算、珠算的方法统一起来。这样一改，就学生来说，他们从头学起，高起低起都无关系。可是老师用惯了低起，一时改为高起，总有些别扭，算不快。仔细想想，究竟要改不要改，正确的主意实在拿不定。

此外还有不少抱观望态度的人，认为三算结合教学，起于民间，虽然成果很好，但不知教育部能不能支持？万一不以为然，那么教的人等于顶了石臼做戏，吃力不讨好，还不如耐心等一等吧。

综观十年初创时期，能把三算结合教学的新生事物，很快推行到全国各地，这决不是件偶然的事，而是它本身确实具有可以提高质量的因素在内。再因为体制非常适合我国的国情，所以能不胫而走，很快普及全国。但到1978年教育部制订了"全日制十年制学校小学数学教学大纲"只字不提三算结合教学，一般人误以为三算教学不行时了，全国各地突然停止试行，只剩极少数的几个学校，仍旧照常进行。

二、现在的情况

巩固时期从 1970 年到 1979 年的十年，在初创的基础上，经过摸索、修改，制订了初步的课程，编出了暂用的课本，探讨了粗率的教法，获得了一些可喜的成绩。那些反对的人，看到了具体成绩，销声匿迹了；那些怀疑的人，有了事实的证明，无话可说了；那些观望的人，得到领导上的支持，陆陆续续地上马试行了。这些都是巩固时期的好现象。

前一时期，因为没有现成的规章可依据，没有一定的资料可查阅，在试行中你走你的路，我行我的道，各地办法很不统一。后来经过中国珠算协会领导研究，在各省、市轮流召开年会，相互交流经验，共同作出决定，纠正了弯路，逐步统一了做法，使三算成果又跃进了一步。

研究三算教学，因为三算以珠算为中心，少不了要把珠算的特点搞得一清二楚。珠算的特点有三：一是它有五升十进的特点。教材编排，至少要编成五升一步、十进一步、分开两步走。二是在算盘上做加减，拨珠靠梁是加，拨珠离梁是减。过去用的加减口诀各有 26 句，在加法 26 句中用到减的占多数；在减法 26 句中用到加的也占多数，在加中有减、减中有加的情况下，无疑地应该采用加减合教法。乘是同数连加的简算，除是同数连减的简算，乘和除也应该采用合教的办法。至于教材如何编配，教法如何适应新的要求，在这十年内一定会作出新的办法。三是珠算计算既不需要列式，也不需要写出符号，其速度之快，比了笔算至少有五倍之差，因此出题练习，决不能抄抄笔算的老样，只做几个数的相加，把加归加、减归减分开来练。改进的办法，现在已经有人尝试了。

其他所有教材，为了三算关系，必须重行估价。例如教过整数四则，可以接教小数四则，把非十进的分数、不便在算盘上计算的，移到最后一学期去教。

量的计量，以公制为主，有十进、百进、千进等几种进率。市制长度与重量也已改为十进，这些都能采取算盘来算。而且量的计量，应该重视实践、重视估算，（进率换算，只用口算来解决，基本上用不到珠算与笔算）不应该注重计算，关于这一点，应该狠狠地改革一下。

几何初步知识，着重拼拼剪剪，画画搭搭，以明确概念为主，也应该不以计算为主。

代数在小学阶段可以不教，把它移到中学去教。理由是：现在行了新的经济政策，全国人民都富裕起来，不但小学可以蓬勃兴起，中学也可以陆续添办起来，即使在穷乡僻壤，进中学也不十分困难了。再一点，因为搞好计划生育，每家只生一个孩子，大家都有力量送孩子上中学，小学不教代数移到中学去教，决不会坐失机会。况且根据专家的研究，认为学习代数的最佳年龄不在小学而在中学。把代数推迟教学是好事而不是坏事。

再就代数教学的优点来说，用代数解难题比用算术解难题容易得多。这话粗听似乎很对，但细细一想却是矛盾的。因为小学里教应用题，大纲上规定只教四步以内的计算，难题绝对不教，根本用不到代数来解。

至于百分数与统计，可以结合应用题经常取用，不必另列一门。

依照这样的办法，制订一个新的课程，从小学一年级起直到六年级止，全部都用三算结合教学。六年中年年有珠算，整数四则教过了，接着教小数四则，再教几种快速算法，使人人珠算技术达到一定的水平。

新的三算课本，其特色有二：一是重视独立自学，二是重视因材施教。

先谈独立自学，近年来全国各地、各级各类学校，都在重视学生自学，好像不教学生自学便不能认为称职的老师。要教学生自学，必须从小学开始。数学是一门系统性、科学性很强的科目，在数学课内不教学生自学，失去这个训练机会，那是非常可惜的。

但是，同样培养学生自学，在方式方法上大有不同。有的名为自学，实则用几个简单的问题略加刺激，绝大部分仍由老师读读讲讲。这样做，自认为心怀好意，实则反而害了学生，使他不能早早学会自学，切切实实地学会自学。这好比父母天天抱着孩子，不让他独自走路，使孩子的两脚，失去了训练机会，以后就更难学会走路了。

要培养学生独立自学的能力，首先要编好一部适于自学的课本。这套课本，要用浅明的文字、优美的插图，步骤从循序渐进到循序快进，再到循序急进。步骤一步提高一步，自学能力就能一天加强一天。

有了适于自学的课本，老师要放手让学生自学。初学走路，难免跌跤；跌了几跤，走路的本领才会学到。

次谈因材施教"人心不同，有如其面"。即使是孪生兄弟姐妹，两人的能力也不会相同。上课时用一刀切的办法，是违反教学规律的。在三算教学中早已有人注意这个问题了。

最早在私塾时代，用的是个别教学，老师费力多而学生得益少。自从废私塾办公学，用了班级教学，老师费力少而学生的得益更少。在三算教学中，既要保持班级教学的优点，又要顾到个别教学的特点，多数人采取折中办法，施行分组教学。对优组学生，充分发挥他们的自学能力，课本让他们自学，习题让他们自练，课本上的题目做完了，让他们自己补充。从而老师可以抽出时间来专门辅导差组生，同时兼顾一些中组学生。

目前，在施行三算的学校里既重学生自学，又重因材施教，就全国范围来说，数量还是很小，而且做法也不彻底，今后必须抓紧抓好这些好办法，加快速度，实切去做。

在三算教学中，还能看到一个苗头，就是顺应时代的大转变，把以教为主的，改为以学为主。在数学教学中，除了继续采用教具以外，还在研究和创造各种学具，为学生自学提供有利的条件。学生自用学具是个新生事物，如何用法，目前正在试验研究中。

综起来说，这一时期的情况在前一时期的基础上作一些调整巩固的工作，总的趋势是好的。分开来说，能得以下许多成果：

1. 三算教学中有了珠算，每个学生都有一把算盘，经他们亲自操作这个学具，使数学中的抽象概念变成具体可看的东西。例如计数、认位、加上、减去，等等，过去要花不少精力来教，结果还是印象不深，不久即忘，现在经过手拨、脑想，一下子就能了解，省时而省心。

2. 三算合教，由于珠算不需列式写符号，珠动数出，既不限数目的大小，又不限用数的多少，立刻能够求出正确的得数。由于珠算的计算快速，直接影响到口算也能快速，间接影响到笔算也能快速。口珠笔基本算法都快了，以后碰到任何算法，都能做得很快。这些快速的成果，各地都有专文报道，这里不再赘述。

3. 口珠笔三种算法都提高了计算的速度，增多了计算的分量，相应地可以降低计算的错误率，使学生产生学算的积极性，同时又增强了老师教算的兴趣。师生双方都对数学爱好后，质量自会提高起来。质量高，兴趣就好；兴趣好，质量就高，循环往复，三算成果自然会比一般方法高得多。

4. 拨珠计算，由于对迅速的要求，非得重视看数快、记数快、运算快、写数快不可。一个人经常受到快速的训练，思维也会快起来，人就变得聪明了。过去教珠算，只注意正确，不注意迅速，手就不会巧，人就不会灵起来。这是用了三算以后一个特大的进步，我们决不能小看它。

5. 少数小学采用电视教具。老师在桌上按电钮，银屏上就出现算题。电钮按得快迫令学生不得不集中注意，快记而快算。就在这个经常集中注意中，能够训练学生具有高度的注意力、观察力和记忆力。

6. 在三算教学中，特别重视学生自学课本。为使自学能力迅速提高，经常举行经验交流会，彼此取长补短，从中就能培养阅读的能力。读得快，记得快，理解得快。

7. 在数学教学中，对应用题的解答，历来认为是个老大难的问题。多少年来虽在各种期刊上登载了不少论文，只是小有功效而不能突然攻破。查其原因，至少可以发现三点：

一点是应用题不能切合社会实际。全国只用一套课本，编者顾了北方，顾不了南方；顾了城市，顾不了山乡。唯一的办法，除了采用统一课本外，要让各地各校自编几种补充教材。施行三算的学校，目前已经有人在做了。

第二点是应用题不能切合学生的实际。有些应用题描写小学生的生活，对他们感到兴趣的，解答起来就比较快。有些描写工厂生活，谈到技术上的问题，非但小学生从未见过，连想象也想象不出来，硬是要求他们解答，简直等于石子里逼油，只能逼逼而已。

据有人统计，中、日新出的数学课本，中国课本中的应用题涉及学生生活的，不到全数三分之一；日本的课本合于学生生活的，约占半数以上。关于这一点，往后有机会改编三算课本时，必须注意及此。

第三点是缺少鲜活的资料。一部课本的出版，从计划开始，经过编写、审核、修改、加图、排版、印刷、运输、发售，拿到学生手里，少则一年，多则两年。在这知识爆炸时代，社会各方面天天都有长足的进步，当初认为新的东西，隔不了多久都变成明日黄花了。

应用题有了不切身、不合时等缺点，就变成永远解决不了的老大难问题。

在三算教学中，既要研究口、珠、笔三种算法如何结合得好，也在研究如何提高解答应用题的质量。据不少小学的试验，都在提倡学生自编应用题。不但在低年级内应用，在中年级和高年级同样都在应用；不但鼓励学生编得多，而且鼓励他们编得快。

在各人自己找材料、自己编题目的过程中，自然而然地培养了独立工作能力和创造的能力。

8. 在三算教学的基本方法中，分出以计算为主和以实践为主两大不同的要求。对于整小数的教材，重在计算，对于复名数和几何知识，重在实践。在多次实践中就能加强操作的能力和估算的能力。

总之，行了三算结合教学，对于成绩的提高，不仅是正确率的提高、速度的提高，更能把整个人才的培养做到踏踏实实、切实有用的全面大丰收。

三、未来的推断

发展时期三算经过前两期的创始和巩固，预计在 20 世纪 90 年代中，一定会达到完善昌盛的目的。

在我国国内初办学校时，由于文化不高，一切教育制度都模仿近邻日本；到了 20 世纪，看到美国的教学方法优于日本，就向美国抄袭；解放后，又主张全盘苏化，向苏联学习。东抄西袭，总因为不能全部适合国情而得不到巨大的效果。

现在全国人民已经站起来了，各项建设已经陆陆续续兴起来了。一个伟大的独立自主的国家，必然要有一套合于国情的课程、教材和教法。三算结合教学，以珠算为核心。珠算是民间久用、常用的一种算法，口算是各民族惯用的一种技巧，再把西算去粗存精溶化在口算笔算中，成为博采众长的一种新办法。这种办法，因为植根于中国土壤中，必会受到全国人民的欢迎，被全国各地普遍采用。

就国外来说，由于前几年美国在小学里试用电子计算器失败以后，立即禁止各小学使用这种计算器，转向日本购买许多算盘，聘请日本专家到美国去教珠算。时隔不久，其他国家相继模仿美国，都教起珠算来了。

　　各国小学向来都教口算和笔算，现在加进一种珠算，三种算法同时并教，必然会共同走上三算结合的康庄大道。到那时，中国的数学的特点越来越显著，中国数学的地位可居于领先的地位了。

[原载于《华东师范大学学报》(教育科学版) 1984 年第 2 期]

《小学数学 100 个怎么教》序言

　　我在华东师大教了三十多年的书，学生对于小学数学教学法总不是那么感兴趣。我问过不少同道的人，他们也有同样的感觉。究其原因，主要是学生来自普通高中，对小学情况不熟悉，直到临近毕业，师大学生跨进小学去实习，才知道小学教材教法的需要。这时才竞相钻研，或者请教有经验的辅导教师，或者查阅合乎实际应用的书刊，对小学教学才逐步产生兴趣。

　　小学是基础教育，小学教师是教育的奠基人，应如何培养大批的初等教育人才，是当前的一个重要问题。《湖南教育》杂志社编辑陈钢、赵慕明两同志，拟定"100 个怎么教"为《湖南教育》的栏题，搜集许多老师的优良作品分期在杂志上刊出，目的在于推广他们的实际经验，提高教学质量。目前已经积满 100 个，为满足老师们进修的需要，再汇集起来出一本集子，书名就叫《100 个怎么教》。我细细地把这本书看了，认为这是一本好书，是一本可以协助培养师资的专著，值得介绍给从事小教工作的同志们认真地读一读。

　　新教师读了这本书，可以起一点借鉴的作用。因为这本书的内容都是些前辈老师经验之谈，看了以后可以直接应用。再加每段都有清浅的注释，既可以学到应该怎样去教，又可以懂得为什么要这样去教，更可以避免盲目摸索、误入歧途的危险，并在"自我培养"中获得阅读和自学的能力。

一般教师读了这本书，由于篇篇文章都是经验之谈，看了以后，可以取人之长，补己之短，可以开拓新的思想，增强新的教学能力，比起别的进修方法，省时多而收效快。并在"自我培养"中可以获得分析和批判的能力。

有经验的教师看了这本书，可以把自己的经验同人家的经验细细地比一比，在比的过程中，会想出新的办法来。再从注释说明中受到不少启发，从具体事例逐步提高到抽象的理论，从而可以促进老化的知识和老化的教法迅速更新，并在"自我培养"中获得探索能力和创造能力。

总起来说，本书的出版，对任何小学数学老师都有极大的用处。老师看了，把积极性提高起来，大家都乐意把自己的心得、经验奋笔直书，写成篇篇好文章，投送杂志社去，编成两百个怎么教、三百个怎么教，以至更多的怎么教，使小学数学的教学质量很快地提高起来。

当前，全国各地正在进行教学改革，迫切需要提高教学质量。本书能够及时供应，让老师们能及时读到这本经验的结晶，教师们一定会非常欢迎，一定会对撰写文章的老师们、编辑补注的同志们表示真诚的感谢。

(原载于《湖南教育》1984 年第 12 期)

优生和差生的辅导

　　任何班级，即使程度比较整齐，也可以指出哪些人是优生，哪些人是差生，优生和差生是客观存在的。过去谈优生和差生的文章不少，但真能帮助优生和差生正常发展有些具体办法的却不多见。这是由于受到时代思想的局限，未能打破旧成见，探索新路子所造成的，以致多年来埋没了千千万万的有用人才。

　　在小学里历来都是采用统一课本，运用统一教法。对优生只能施行拖一拖的办法，不让他先走一步，对差生只能施行拉一拉的办法，课内来不及给他补课，就加班加点到课外去补。用了这样一拖一拉的手法，绿篱才能剪齐，老师才有办法教课。

　　绿篱剪齐以后，上课比较简单。新授时可用统一提问，统一作答；练习时可以统一布置作业，统一检查成绩，等于机器生产货品一样，既能生得多，又能产得快。殊不知学校教育，不同于工厂生产。学生是有头脑的，能力的强弱相差很多，如果用机器生产的办法来对付人才生产，那是十分错误的。

　　在同一班级里上课，能力强的学生，课本内容老师不讲自己也能看懂。现在为了统一教学，老师必须照顾全班学生，不能不讲了一遍再讲一遍。优生听厌了，不能不陪着大家坐号子。这不但使他情绪低落，而且还白白地糟蹋宝贵光阴，可惜不可惜呢？那些差生虽然听过老师几遍讲解，但因旧知识没有巩固，新知识无法吸收，还是不能理解。要想问问老师，老师就报以白眼，并且喃喃自语地把他训斥一顿，吓得他下次不敢再问了。因此，差生就会长期差下去，难有翻身的一天。这样的班级教学，至多只可以说是"半级教学"，半数的人都受到了牺牲。

课堂练习时，因为课本上布置的习题不多。优生只花几分钟工夫就完成了。做完以后不许他做别的工作。只能呆呆地坐等下课。有些不耐烦的人偶然做做小动作，便被老师骂个不停，受到一场没趣。少数几位差生，因为旧技术没有熟练，新算法没有弄懂，做起来慢得叫人吃惊，而且做一题错一题，又会受到老师一顿狠狠的批评。这种情况，一点也不夸大，老师们都是知道的。

既然大家都知道，那么为什么不想想办法呢？据说，办法常在不停地想，因为进度要统一，教法要划一，采取拖住优生、硬拉差生的办法，实出于无可奈何不得已而为之。如果要实行因材施教的办法，让优生尽量发挥他的聪明才智，让差生放低速度慢慢跟上，这种理论谁都知道。只因为优生中的能力强弱各不相同，差生中的差距相差很远，一个班级假如有四十个人，就可以分成四十种程度，随你老师有多大本领，终难应付得了。再一点，学生学习的进度各不相同，练习内容也不相同，老师课后处理这些成绩就不胜其烦了。由于以上种种具体情况，所以划一教学行了将近一百年，至今还是盛而不衰。

以上所谈既点就现在看来，进行了大的改革，改换了自学方法。以后不会再产生了。新的办法，举其大者，有以下几点：

（一）重视自学。目前各级各类学校都在提倡自学。小学是基础教育，必须从早打下自学的基础，培养自学的兴趣和自学的习惯。学生有了自学能力，可随各人智慧的不同而尽量发展，它能使优生能够优上加优，差生能够不会再差，真正可以达到因材施教的目的。

（二）重视分组。班级编制为了适应学生的能力发展，改用"单式编制、复式教学"的方式，把全班分成优中差三组，让优组生完全自学，中组生学会自学，差组生由老师直接辅导试行自学。用了分组方法，老师对能力不同的学生可以从容应付了。

（三）重编自学课本。教法上重视了自学，必须编出一套自学课本。除了把进度放慢一些外，再加多一些图表，增加一些动手试做的材料。学生通过亲自实践，新知识能够自己探索，自学的能力和习惯便会一步一步地提高起来。

（四）施行跳级办法。用了自学办法，学级编制也一定要改一改。现在已有少数学校用了跳级的办法，以后只要照此办法让大家采用。不过，跳级问题涉及好几个方面，将来一定会有详细办法公布出来，到时可以按章执行，不必事先忧急。不过，不能不补说一句，执行跳级办法，必须顾到学生的健康状况。如果身体不是那么坚实，就要劝他慢慢来，不能但顾目前，不图将来。身体搞垮后，对于国家对于个人，都会受到极大的损失，千万不可忽视。

（五）改进成绩批订办法。讲到批订成绩，可在课本末后附编几页答案，让组内学生相互交换订正。如果看到有人错误特多，错得出奇，则要求他课后到老师处补课，彻底纠正他的错误。

（六）依靠测验查漏补缺。每学一个单元，立即进行一次测验，从学生暴露出来的种种不合之处，做好对症发药工作。

（七）做好扩大视野工作。现在是知识爆炸时代，一天不看新书，便会落后一截，希望全国出版界多出一些补充读物，扩大学生的视野，不让他们被本地小圈子所框住。

（八）正确对待生理上有缺陷的学生。对差生要作具体分析。如果生理上有缺陷，不是一般教育能够教好的应该送到特殊学校去。目前没有这样的机构，只能减少练习分量，降低练习速度，让他跟班上课直到毕业为止。

（九）正确对待功课掉队的差生。对一些缺课太多，或者一时没有搞清算法的学生，可仍用课外补课的办法，做好填缺补漏工作，不让班里有一个人掉队。这一点很至要，不能因为人数不多而忽视。

（十）对暂时稍差的差生要特别注意。对一些名为差生实则不差的，更须从分组辅导中区别开来，不能因为目前差，就认为他永远不会改变。例如爱因斯坦少年时是个笨头笨脑的孩子，常被老师留在校内不许他回家；牛顿小时候学习成绩不好，常常遭到老师和同学的欺侮；爱迪生年幼时理解力不强，老师经常骂他是个不折不扣的糊涂虫，最后被追辍了学。他们在年幼时代被认为是差生，但后来都成了伟大的科学家、伟大的发明家。可见，老师们决不能从门缝里看人，以免把人看扁。

总起来说，在飞跃发展的时代，一切都在改革，学校教学当然不会例外。最大的改革，要把过去的"以教为主"，改成"以学为主"，把过去的统一教学改成按能力分组教学，把过去只重视传授知识的，改为重视启迪学生的聪明才智，加强学生的操作技能，使每个人的自学能力、创造能力等，都得到充分的发展。遵照以上各点实施起来，人才便会很快地造出来，很多地造出来，四化建设就有坚实的基础了。

（原载于《湖南教育》1984 年第 11 期）

教坛絮语两则

我今年八十八岁了，一辈子从事教育工作。生平有一嗜好，爱读教育报刊，《江苏教育》是其中之一。最近写了几篇小东西，希望得到同志们的指正。

积极提高小学教师的素质

小学教师是教育的奠基人，他们素质的优差，有关国家文化水平的高低。提高教师素质的方式，多种多样，有长期的，短期的，面授的，函授的，做法不尽相同，但殊途同归，不外乎把他们的思想、品德、业务、技能等素质提高到一个新的水平。时代急速地前进，教法不停地更改。"山中方七日，世上已千年。"人人都有快快进修、一天不进修一天就落后的感叹。这是时代促进老师的重要条件，反过来也是老师促进了时代的必然发展。

在这大好形势下，老师的责任感非常强烈，在思想品德方面，处处重视言教身教，要把每个学生都培养成为有用的人，叫人喜爱的人。在文化技术方面，总在尽心考虑生动活泼的教学方法，把教学质量提高一步再提高一步。

至于业务进修的渠道通常有三条：一是出外听课，二是阅读书刊，三是听讲座谈。以下分别加以简单的说明。

听课

过去听课，重在模仿。听得满意的，回去照做；听得不满意的，暗暗地批评一顿。现在的听课与过去完全不同，不但要取人之长，补己之短，还要追究长的原因是什么？这些特点能不能学到手？对学生"自己学习"适用不适用？在边听课边思维的过程中，还紧紧地思索着我的观察是否细致？我的考虑是否周到？我的记忆是否可靠？经过这样的反复推敲，业务上自会有所提高。

看书

过去，老师们要看书受到种种条件的限制。要买书，书没有；要请教，人没有。现在的形势与过去大不一样，老师们为了配合时代的需要，争取做个称职的教师，都想买些书来看看。况且现在的书出得多，出得好，即使受到时间与经济的限制，也可以好好选购一些。在选购和阅读中，就能培养自己的判断能力、阅读能力和总结能力。习久以后，素质就提高了。

座谈

目前，全国各行各业都在迅速改变，正是一年一小变，三年一大变，知识的周期率越来越快。老师们深深地知道，过去学到的一些知识已经老化了。如果不再进修，很快就落伍。因此大家都想听听专家的讲话，或者听听优秀教师的报告。每次听过以后，往往接着来个座谈。座谈时大家争先发言，谈了再谈，从而可以锻炼表达能力、评议能力和创新的能力。

要进修，就得靠自觉，这是一个最重要的主观条件。丢掉这个条件，即使客观条件再好，渠道再多，也将收效甚微或无济于事。

在游戏中进行教育

我国初有新式学校，距今已历八十来年。那时名为新式学校，实际上许多观念还是旧的。在课堂里，老师在上面闷闷地讲，学生在下面呆呆地听，从来没有一些笑声，也不敢出一些笑声的。约莫过了十多年，国文书中编进了故事、寓言，算术书中增加了心算、珠算，慢慢地顾到了学生学习的兴趣，似乎进步得多了。直到 20 世纪初叶，我国仿行了欧美教法，先在体操和唱歌中采用了游戏活动，然后再把游戏方法移植到算术中去，倡了一个"算术游戏"的名称。

近几年来，看到了儿童教育应以儿童为主体的教育原则，非但重视了阶段教育，而且要想尽方法用游戏来进行教育。我们从教育演变的迹象上看，最早是排斥游戏，继而是采纳游戏，现在是重视游戏。这是与儿童地位的逐步提高密切相关的。

在数学教学中用游戏法来教，非常有益。

一则，可以发展德育：在集体竞赛中，为了避免互相争吵，必须订出不少规则，相约共同遵守，这就能培养民主的作风；在游戏中，要互相协作，共同努力，这就能增强集体主义的教育；在游戏中碰到一些困难，大家会拿出勇气来沉着应付，克服种种难关，这就能培养坚强的意志。

二则，可以发展智育：在教学过程中碰到一些不易理解的数学知识，很多场合可以采用游戏方法来打破难关，获得求知的诀窍；学了数学知识，必须把它转化为技能、技巧，少不得要经过多练，多练又易发生疲劳，要避免疲劳，唯一的办法是采取游戏法来教。课内教了一种游戏，组织儿童到课外去玩，从而可以加深和巩固课内学到的知识和技能。

游戏还可以发展体育：在竞赛游戏中，常有跑跳、追捕、投掷、攀爬等活动，从而可以增强全身或部分肌肉的活络，促进儿童正常的发育；有些静的游戏，须靠机警灵敏来应付，胜利了大笑一阵，这就可让儿童神经松弛，精神愉快，达到健康发展的目的；课外游戏常在阳光充足、空气新鲜的环境中活动，促进了新陈代谢作用，身体便健康了。

我们的教育，应该使受教育者在德智体美四方面都得到发展。小学里采用游戏法教学，就有利于这四方面的发展。因此可以断定在游戏中进行教育是好的，应该提倡的。

不过，由于受到旧教育的影响，对于任何新生事物往往有人会出来反对一阵。在游戏中进行教育，反对得最多的，认为用了游戏固然可以增强学习兴趣，但是碰到用不上游戏的怎么教？我认为，一时确实不易找到这么多材料的，也不一定需要这样做。因为各个科目的性质不同，各有可以引起学习兴趣的办法不必全用游戏法教。

还有人这样说："单就数学一科来说，一时也难于满足要求，怎么办？"回答是一面由老师多读一点国内外有关资料，自己创作；一面鼓励学生共同改编或试编，材料会慢慢增多，教时可以逐步采用，问题就解决了。

（原载于《江苏教育》1984 年第 24 期）

要学生计算迅速

近十年来，日本珠算学术团体多次来我国访问，进行学术交流。日本朋友在学术交流会上作的学术演算，其计算之快可谓达到极高的程度。不用算盘，在头脑里做的珠算暗算也快得能够赛过电子计算器。我国珠算工作者看了以后都说："我国小学里教数学如果再不讲求迅速，那就会在'运动场'上败退下来。"

要学生计算正确，也要学生计算迅速。

学生计算迅速，决不是单靠老师口头上说说"快快快"就能做到的，而要在各方面都做好适当的工作。

（一）消除快必错的顾虑。过去有人认为，在计算要求上同样是欲速不达，其实他们所说的欲速不达，是指毛毛糙糙，盲目求快而造成了不少错误，我们要求的计算的快是经过长期训练，自然形成的。据珠算行家的经验，先讲求正确，后讲求迅速收效比较慢；如果同时提出要求，计算正确和迅速，只要练的次数多，二者是可以同时达到目的的。先讲求正确，后讲求迅速，必然缩手缩脚，担心算错，结果迅速不了多少，甚至稍稍算迅速一些，就会出现错误。把正确与迅速同时要求，那学生自会兼顾到又正确又迅速的要求。这样日积月累，就可以做到计算完全正确，计算高度迅速，如果老师们不以为然，不妨来进行试验。

（二）适当增加习题分量。过去有人主张一堂课的习题不要多，认为多了有碍学生的身体健康。经过实际观察，习题稍多些未必就影响了学生的休息，妨碍了他们的健康。一年级小学生在算盘上打加百子，不到一分钟，已经算完了，最慢的也不过花三四分钟，加百子有九十九道两个数相加，能在几分钟内做完，对身体一点没有妨碍。再就笔写口算题而言，用油印好的习题纸，布置一百多道基本四则式题给二年级上学期学生测试，大概不到三四分钟就可以计算完毕。学生有这样快的计算能力，时间花得这样少，怎会伤身体呢。再就学生的学习心理来说，每次练习开始，思想还没集中，肌肉还没顺适，做起来并不会快。大约再过两三分钟，才会越做越快，达到高度的成效。如果习题太少，刚想动手做做，一下子就做完了，成绩怎么会好？现在课本上的习题，虽比过去多得多，但还不够每个学生"吃得饱"，可以适当增加分量。当然，增加太多，超过限度，同样是不适当的。

（三）平时训练要着重教会学生计算迅速的方法。做基本加法的卡片练习，要求眼看两数，立刻说出得数来，绝对不要让全班学生高喊"几加上几，等于几"。做十以上基本加法，可用先凑十后加余的办法，使学生知道满十进位的道理。到学生明白了这个道理以后，就应该不用这个迂回曲折方法而采取九九加法（过去称为口诀法，例如和两个数相加，能够一下子说出那"七八——十五"，不必呆用先凑十后加余办法）；再如乘和除都用同一九九计算，可以改为"乘除九九"，两种方法，同时并教，可以加快计算的速度。

在计算中，可用口算的尽量多用口算，日本人对于多笔数连加的珠算习题，都用同一数位上三个到五个数先口算加起来，然后拨动一次算盘，这样，拨珠次数少了，速度自然提高了。又如做 $\times\frac{6894}{\quad77}$ 一题，个位上的数乘时，要用乘九九换位乘，到十位上的数乘时，则可以直抄第一次乘得的数，只是把得数的末位与乘数的十位对齐罢了。不必用笨法了。这不是教学生偷懒，而是教学生走捷径。这也是充分发展他们机智的好办法。

（四）采取富于兴趣的练习。计算快速，需要靠多次练习。但是只用同一方式反复多练，会使学生发生厌倦。如果有时用用口算，有时用用珠算，学生就觉得新鲜，会提起精神来全力以赴，如果适当举行竞赛计算，学生更会奋笔直书，为获得优良成绩而加倍努力，其速度之快竟会使你想也想不到。

倘若老师在练习中，运用一些教具，例如速算表、网格表等，学生就会既有兴趣，又能加快计算速度。这对小学低年级学生说来，是一种最好的办法。希望老师们多出智慧，多创造些出来。

（五）积极训练学生眼快手快。眼看习题快和手算习题快，是达到高速效率的必要条件。但要练成眼快手快，决不是一朝一夕可以奏效。例如，眼看一行数字，起初只能看清三四位数字，经过多次训练才能一下子看清并记住七八位数字。要求手写得快，同样也要经过长时期的训练。

（六）对各个学生要求迅速的程度要实事求是。许多学生同样计算一百道两位数加一位数的式子题，快的不到两分钟已经做完，慢的做了十多分钟还没结束。而且做得快的未必会算错，做得慢的未必都正确。计算正确与否，全凭能力的强弱。要求计算迅速，只能是也只应该是要求学生各自达到力所能及的程度，并不是不问一个学生智力如何，学习基础如何，强求跟全班同学达到同样的速度。不过，力所能及的程度并不是永远固定的。目前已经达到什么程度了，经过相当时间的勤学苦练，程度就提高了，新纪录就创造出来了。这种新纪录的不断出现，全靠平时肯花功夫，专心练习。这里，还须补充一句学生计算迅速方面的进步，不是直线上升的，有时因种种关系会出现低谷的状态。出现这种低谷状态时不必灰心气馁，过了低谷，高峰仍会到来。

总起来说，计算必求迅速，而且要让学生自己学到迅速的窍门，练好迅速的技巧。老师也要学会一套相应的辅导方法。

[原载于《江苏教育》(小学版) 1984 年第 11 期]

要搞创造性的学生自编应用题

一般人认为，学生自编应用题是我国解放后从苏联引进的。实则早在 70 年前，杨祥麟先生在当时《教育杂志》上发表《算术科之自学辅导法》一文的末一段，就谈到了"儿童自作题"，即学生自编应用题。只因后继无人，就湮没而无闻了。

苏联的学生自编应用题，通常只要求学生在不完整的题目里，补充一个条件、一个数目或一个问题。这种方法，实际上只能称之为编写应用题的基本训练，教学价值不大。现在，我们应着重进行的是创造性的学生自编应用题。

什么是创造性的学生自编应用题呢？现举口头编题与笔写编题两例简介如下。

创造性口编题。课上，教师说："……现在，你们自己编题，自己计算。"二年级学生很快地口编一个题目："今天爸爸上街去买了 20 个苹果，妈妈又去买了 15 个苹果，一共买了多少苹果？"老师问："这道题编得好不好？"学生纷纷举手说："苹果买得太多了，不节约……"老师支持多数学生的意见，请另一个学生再编。另一学生口编道："我到文具店去买东西，买一支铅笔 1 角 5 分钱，买一块橡皮 1 角 2 分钱，买一本练习本 9 分钱。三样东西共需多少钱?"话音刚落,许多学生说不行,"因为这三种价钱说得都不对……"老师总结时指出,用来编题的数目应符合实际……随后挨个口编,逐个评点,学生对于编题的要求,便能理解得一清二楚。同时,还能在无形之中,使学生获得数的常识,并提高他们的思想品德水平。这就是带创造性的口头编应用题。至于有人说这样做时间耗费太多,是否会得不偿失呢?我以为这是不必过虑的。因为学生头次编错了,浪费了一点点时间,下次他就会改正。一次次地练习下去,学生的进步就会很快,时间的耗费就会逐步减少的。

当然,这种编题方法也存在着一些缺点。例如:

①学生年龄小,经验少,难于找到编应用题的好材料,故往往是今天编"买文具",明天又是"买文具",或者是甲编才"买蔬菜",其他同学就跟着编"买蔬菜",致使题目计算内容很狭窄,计算方法也展不开,不能紧跟课本要求前进。

②学生编题后,要经过评议、讨论,有时候老师已经作了总结,往往还有学生提出不同意见,因而费时较多,练习较少。

③在集体教学中,这种编题常被少数优等生占领阵地,中差生失去学习机会。

不过,凡事都有利弊,我们应分析利、弊的多少,不能因它稍有缺点,就弃而不用。扬长避短,采取积极对策,才是应有的态度。学生口头编题的最大优点,在于培养学生独立的创造能力,发展口头表达能力以及思维、想象、观察的能力等。如果弃而不用,就会失去极好的教育机会。

为扬长避短,我们可用挂图进行教学。一幅挂图,好比一个总的题目,学生看图编,可避免出题困难和取材重复。差生有了具体的形象,就容易同优等生一起编题了。

笔写编题的方式很多,现举一例如下:

在学校举行春、秋游前，预先通知学生回校后每人要编写 10 道的应用题，计算要合于最近所学的内容，题中还需用些插图。这样，学生有了准备，自编题目就不觉得有什么困难了。

正式编题的时候，教师可把全班学生分成几个小组，每组推选一名学生任组长。学生先把算题打好草稿，交组长评阅，组长认为有修改必要的，便发还本人修改。修改后用正楷字誊清，补画插图，交老师批阅。最后，老师可将其装订成册，请绘图能手画个彩色封面，悬挂在成绩揭示处。这种编题方法，便可称之为带创造性的笔写编题。

这种编题有哪些优点呢?

①在活动中可让学生注意数的生活，从而培养学生学习数学的兴趣。

②让学生自己采集材料编题，能使他们理解学习数学的用处。反过来说，就是能使学生学会如何把学过的数学知识，运用到实际中去。

③在编题中让学生自绘插图，既能丰富他们的想象，又可提高他们的绘图能力。

④集体编题可收到相互协助、共同提高的好处。同时，由于老师只需从旁辅导，故又可培养学生独立创造的能力。

⑤如果从小学四至六年级，每年能编二三十本《自编题集》，不仅可提高学生解答应用题的能力，而且还可培养学生的写作能力。

总之，不论是口头编题，还是笔写编题，只要老师放手让他们自己进行创造性的编写，收效一定会非常大的。当前，我们需要大量的具有独创能力的人才。在小学数学教学中，教师着重进行"创造性的自编题"教学，对于培养这种人才是大有裨益的。

（原载于《湖南教育》1985 年第 5 期）

怎样消灭式题计算的错误

任何老师上一堂数学课，总是事先认真备课，认真教导，希望学生做起习题来全部都对，但结果总会产生或多或少的错误，这种情况并不是少数。

错误是常发病，又是多发病，见惯了往往不以为怪，然而，错误不是小事而是大事，从小就必须认真对待。

有经验的老师都知道学生做式题计算时，小错小误经常发生，大错误也不少，有些特殊的错误竟会经过反复推敲也推敲不出来。不过总的说来，不外乎两种不同的类型：一种是"无意错误"，一种是"有意错误"。

无意错误，如看错题目，看错符号，抄错数字，漏掉步骤，等等。这种错误，数量多，但危害性并不大，这次错了，稍一留心，下次不会再犯同样的错误了。

当然，错误不论大小，次数不管多少，有错必须消灭。消灭办法，要在平时教学中对一些漫不经心的学生，特别要他认真工作，细心处事，久而久之，才能减少这种错误，以致完全不发生这类错误。

至于有意错误，并不是说学生存心想做错，而是因为学习时概念没有搞清，法则没有弄懂，把错误的认为正确而产生的。例如：

7×8＝56 误算为 8×7＝65，这是他把乘法交换定律没有学懂所致。

5+5＝1 误算为 5+5＝0，他认为 5 个人分吃 5 个饼，全吃完了。既然是吃完了，答数应该是 0。

$\frac{1}{2}+\frac{1}{2}=1$ 误算为 $\frac{1}{2}+\frac{1}{2}=\frac{2}{4}$，错的理由是：

两人分吃一块糕，再加两个人分吃一块糕，不是四个人分吃两块糕吗？这不是他的强词夺理，而是不明白分数的意义所造成的结果。

计算 $\times \dfrac{24}{7}$ 一题，会发现四种不同的情况：

$$(甲)\ \times \frac{24}{\underline{7}}\ \ 148 \qquad (乙)\ \times \frac{24}{\underline{7}}\ \ 158 \qquad (丙)\ \times \frac{24}{\underline{7}}\ \ 1428 \qquad (丁)\ \times \frac{24}{\underline{7}}\ \ 288$$

甲式的错误出于个位相乘，没有把进位数加到前一位上；乙式的错误，在于只知道满十进一，不知道满二十要进二；丙式的错误，由于老师一再告诫计算时不要忘记进位，他就把进位数明显地写出来了；丁式错得顶出奇，表面看看简直看不出错误所在，经过当面一问才知道，他把加法用的"先加进位数"移植到乘法上用，因此犯错误了。他把个位相乘得 28，写 8，进位 2，先加到十位上，2+2＝4，再做 4×7，得 28，所以最后答数变成 288。

这种有意错误，他有一套歪理存在，错了不认错，而且它的顽固性非常强：这次错了下次还会错。辅导时必须采取课后个别订正法，让他自己说出计算的步骤，从而一步一步地指出错误所在，直到他能够认识错误为止。

不论是无意错误或有意错误，老师见了都会头痛，天天想法消灭，结果天天会产生新的错误，这是因为老师所花的功夫，只在磨刀背，而没有磨刀口之故。磨刀口的办法，必须防患于未然，从根本上做起，要点是：

（一）概念必须彻底弄清楚。该用教具的用教具，该用图表的用图表，经过形象化的感性认识让学生自己悟出一种道理来。概念弄清了，计算法则跟着就会弄清楚，有意错误便不会产生了。

（二）指名板演必须少做或不做。采取班级划一教法的，在每次新授课之后，老师喜欢叫起三四位成绩较差的学生板演，希望从中挑出一些错误来，重重地教训大家一顿。订正时老师起劲地提高了嗓子，加强了调子，反反复复讲个不停。哪会想到少数思想不稳定认识模糊的学生，正与错一时辨别不清，很容易记住了错误忘却了正确，本来可以不错的，反而会算错了。再加上老师把错误情况讲得有声有色，更容易使学生永记不忘。因此，"指名板演"的方法最好不用。

（三）优生教差生必须停止。练习时优生做得快，完成了任务无事可做叫他去辅导辅导差生，好像是互帮互学，无可非议，实则不然。因为优生做完了课本上布置的作业，可让他自己出题再练，做到优了更优。再一点，优生教差生，只会呆呆板板地死教，不会想到如何可以消灭错误。弄得不好，反会搞混差生的头脑，错误越来越多。由此可以断言，优生帮助差生弊多利少，不宜推行。

（四）课堂气氛必须安静。谁都知道上课必须安静，工作必须专心。如果老师穿了皮鞋，经常在桌间来回踱步，再不休不止地插话，使学生的注意力不能高度集中，错误的事免不了要产生。

（五）坐的姿势必须注意端正。上一节数学课，练习时间大概要占三分之一。学生长时间伏案练习，如果姿势不正，极易发生疲劳，疲劳以后种种错误便会不期而然地产生了。

总起来说，任何老师都恨学生计算错误的，但顺藤摸瓜，追本究底研究一下，错误的主要原因，往往不在学生方面而在老师自身。因此恳切期望老师们都来个自我批判，踏踏实实地做好一番教改工作。

（原载于《安徽教育》1985 年第 9 期）

漫话"早教珠算"及其他

珠算是我国的一大发明，也是我国人民常用的一种计算方法。它的优越性已经受到国际上承认，世界各国都有许多人在认真地学习珠算，并有许多国家在对小学生进行珠算教学。但是，我国许多人是自己有宝不知宝，认为珠算只能供"商贾""贩夫"使用，文人学士是不需要用它的。因此，在小学开设珠算课，往往不被人们所重视。直到近年，创造了"三算"教学，废除珠算口诀以后，人们对它才有所重视，并把教学时间，提早到一年级就开始教学。现在，不少学校的实验证明，早教珠算比迟教要好。原因如下：

首先是小学生爱听优美的声音，而拨珠计算能发出唧唧唧唧像小鸟欢叫的声音，煞是好听。越是好听，学生越喜欢拨弄，越是多拨弄，手就越灵活。中国有句俗话，叫作"心灵手巧"。反过来，手巧了，心也自然会灵的。这对于及早开发学生智力，是大有裨益的。

其次，现在用的是班级教学。全班学生同上珠算课时，能从唧唧唧唧的声音中，听得出谁打得快，谁打得慢。这将自然而然地激发学生产生竞赛的心理活动，都想自己胜过别人。于是，学生在不知不觉中便会自己训练自己，使算珠越拨越快，人也就会越来越聪明。人聪明了，手指将会更加灵巧。

这些话，决不是夸张，更不是胡言乱语。日本的学生在未进小学以前，就到"珠算塾"去学珠算，美国的学生却不去学珠算。有人在日本与美国各抽几名学生测试智力，结果是日本学生比美国学生要聪明得多，可见，早学珠算是有很大的优越性的。可以预见，在我国，早教珠算的趋势，不久即将形成。这里有三点值得注意。

在小学教学中，必须驱除旧的实用主义的教学思想。应使大家明确，珠算教学的目的，决不仅仅是为将来的就业，学点计算技术，而主要是使学生手巧心灵，变得聪明起来。

珠算应从一年级起就开始进行教学。在教学时，我们始终应注意训练学生看得快、听得快、拨珠快、写数快、计算快，并且要求快了再快。只有在快速的训练中，才能使人逐渐地变得聪明起来。学生学会快速拨珠技术以后，还应进一步要求他们学会不用手指拨珠，而"用脑拨珠"的本领。计算时，应要求学生脑子中闪现出一把算盘，边"拨"边算，一下子就把答数计算出来。这样的计算日本人称之为"珠算式的暗算"。学会这种算法，速度比在算盘上拨珠快得多，比笔算就不知要快多少倍。

当教师的，总希望自己的学生比别人聪明，但实际上往往并不如愿。我以为在小学中早教珠算，能够促成这一目的的实现。如若不信，不妨看看各地一年级实验班学习珠算后普遍出现的三种现象：

（一）他们能够自觉地学习。过去教珠算都用口诀。采用口诀，就只能从三、四年级开始教学。因记口诀较难，故很多学生都怕学珠算。同时，三、四年级学生已学过两年以上的笔算，再让他们练习，他们也不感兴趣。如果改为从一年级开始早学珠算，算盘既是学具，又是玩具，他们就会十分高兴地去拨弄。这样，就能变"要我学"为"我要学"，效果显然是大不一样的。

（二）他们能专心致志地学习。小学生爱上珠算以后，他们就能寂静无声、一心一意地拨弄算盘，而不管外界的各种干扰。一个人养成了这样专心的习惯，将来学技能、钻学问，就没有钻不通的道理了。

（三）他们能不怕困难地学习。小朋友在一起学习珠算，看到有些同学打得准、打得快，在竞争心的驱使下，他们不必由老师吩咐，自己便会急起直追，而不顾手酸、不顾劳累，迎头赶上前去。日本"珠算教育联盟会"会长荒木勋先生写过一本《学习珠算可以增长脑力》的书。"增长脑力"就是意味着人变聪明。从我国一年级学珠算的三种现象来看，它能使人具备自觉学习、专心学习和不怕困难这三种品质。一个人有了这三种优良品质，将来不管在什么岗位做什么工作，都将会胜任而又愉快。

（原载于《湖南教育》1987 年第 1 期）

谈教学中的时间浪费

现在上课，铃声一响，老师往往已好好地站在教室门口，学生也能很快各就各位。师生互行见面礼后，教师便用流利的语言和熟练、利索的演示动作进行正常的教学活动，学生则密切地配合教师完成教学任务。表面上看起来，一节课分分秒秒也不曾浪费。但只要静静地观察，这中间浪费的时间还是很多的，并且是非常严重的。

先说复习环节。本来，复习既要顾到温故，又要顾到知新，但如果随便温温，那就会浪费时间。例如，在复习中，我们经常看到教师使用一束卡片，并一张一张地揭示，学生则紧跟高唱。不管学生熟悉不熟悉，总是那么来一下。殊不知熟片重练，就是浪费时间；而生片少练，等于为山九仞，功亏一篑，不再补救，也是浪费。这种浪费，是隐蔽的，而且是非常可怕的。

在卡片练习中，为使课堂气氛活跃，教师还往往采用全班齐唱法。如"几加上几等于几"，把"加上"一词唱得特别高亢，把"等于"一词唱得拖长一拍。这样，几十张卡片练下来，少说也要费去五六分钟。倘能运用快速算法，每题只要求学生说出得数，而不读出算式，岂不是既可节省一半的时间，又能够训练学生思维的敏捷性，使学生聪明起来吗？再者，学生的能力是有强有弱的，这样的卡片练习，强者学一次就能记住，弱者却学过即忘，印象点滴不留。而教师采用这种划一复习法，要求全班学生同时起讫，就势必造成强者被弱者拖住，不能快速前进，弱者则因为跟不上全班步伐，逐步对学习失去信心。这样，双方便在不知不觉中就浪费了很多时间。

再说教新知环节。在这一环节里，浪费时间的现象也是相当严重的。例如，数学课本上的例题或习题，都用浅显的白话文写成，班级中除极少数语文水平特差者外，绝大多数学生都能一看就懂。但老师一百个不相信，一百个不放心，每道题都要从头至尾读一遍，讲一遍。明明是浪费时间，他却认为自己教导有方。这样的浪费，可名之曰"自我陶醉的浪费"。

又如，教抽象的教学知识，必须伴以直观的教具。有些教师不知是不懂教具的作用，还是惮于制作教具的麻烦，教新知时，总是把数学课当作语文课来上，致使学生"上课听讲清清楚楚；讲完听完，糊糊涂涂；挨过一夜，记得很少；隔了三天，印象全无"。这是教师不懂直观性教学原则的意义所带来的时间上的浪费。

新知教过后，为了检查学生是否真正理解了所教的知识，教师常采用试探的方法进行抽查，叫优中差不同水平的学生到黑板上板演，多则四五人，少则两三人，其余的学生就坐在座位上做"监察"，专心致志地收集订正材料。这样，上台板演的学生中，能力强的一下子就做完了，能力差的唯恐发生错误，总是冥思苦想，迟迟不敢动手。做"监察"的学生看得厌烦了，很想亲自动手练习，可是碍于划一的教学，只好无可奈何地等待，让时间一分一秒地流逝。板演完毕，教师组织学生集体订正。班上的一些优生以为自己懂了，不喜欢看同学的解答，就去做小动作，一些接受能力差的学生则因为新知尚未彻底理解，不敢妄插一言，只有少数中等学生参加订正。这也是严重地浪费时间。这种形式的浪费由来已久，甚至至今有人还奉为至宝，不肯随便放弃。

订正完毕，学生各自开始练习。课本上规定的练习材料分量不多，全班学生只需花三四分钟就都可做完。练习做完了，有的教师往往怕增加批改之劳，不再出补充题，大家只能静待下课。这更是对时间的白白浪费。

可喜的是，现在的数学新课本比过去进步得多，适合学生的年龄特征，能满足学生的学习兴趣，尤其便于学生进行独立自学和快速自学。我以为，如果教师能很好地运用教材，采用多种多样的教学方法，整个教学过程中就能尽量减少浪费，甚至消灭浪费，做到"明伤早治，暗伤不生"。

（原载于《湖南教育》1987年第10期）

简谈三算结合教学

古代的人生活简单，用数不大，一切计算都用口算解决。后来人事日繁，用数慢慢扩大，口算较难解决，人们就借助树枝来摆弄。仿此，再用竹筹来计算，称为筹算。至今我们用的"算"字，就是"竹具"两字合成的。

有了筹算，数目再大，也可以计算。但算大一些的数必须放在地上摆弄，非但占地较多，而且算得不快，一般人不会操作。因此筹算就慢慢地淘汰了。然而筹算给了人们很大的启示。

有人从筹码计数法上造出了算盘。（算盘的来历各人说法不同，本人立此说法，仅供专家参考。）号码数字的构造是

〡；〢；〣；Ｘ；〇；〸；〺；〻；〥。

其中前三个数字代表三个手指头，第四个数字借四岔路口的意思，第五个数字是上面一个拳头作五，下面无数。最后四个数字从左至右分别是一个拳头加一、二、三、四。古代的算盘，上珠一颗，下珠四颗，显然是根据号码数字制作的。

有了口算，又有了珠算，日常的经济生活都可以应付，为什么还要用笔算呢？笔算是从西方传来的，所以又称西算。西算用的数字是1、

2、3、4、5、6、7、8、9、0，笔画简单，彼此容易区分，笔顺也合乎从左到右、从上到下的规则，可以用它计数，又可以用它计算。中国的号码数字只能计数，不能计算，因此被废而不用。

其实，口、珠、笔三种算法是各有优点，也各有缺点的。口算的优点是计算快，运用方便，不需用纸、笔和算器，随时随地可以运用，并且算法无一定规则，可以灵活使用；缺点是数目大了，就不容易计算，算法繁了，也不容易应付。珠算的优点是大小数目都可以计算，不用列式，也不需任何符号，求答非常快捷；缺点是手头上没有算盘便不能计算，且算盘上只有结果，未留过程，验算时必须复盘一次。笔算的优点是计算过程逐步写清，复核极便；缺点在于速度慢，费时多，而且不备纸笔，就不能计算。

由于三种算法都有一定的用处，因此在小学数学教学中，我们既不能是低年级教口算，中年级教珠算，高年级教笔算；又不能是今天教口算，明天教珠算，后天教笔算；也不能是在一堂课内先教口算，后教珠算，再教笔算。因为这些教法不能充分发挥三种算法的长处，无法达到相互协助、共同提高的目的。最理想的办法，是把三种算法自然地结合起来，进行取长补短和相互促进的教学。

下面，我用"满盘拨珠法"来加以说明。

教学时，先要小学生把每档的下珠都拨上1，再满盘加上1，然后满盘各档减去2。照此办法，利用下珠四颗做各种变化的加减练习，练到人人都熟悉为止。接下去练一练上下珠合并的加减法。小学生经过这样的练习，可以学到口算代替口诀的方法，还可以借助拨珠动作，认识加减关系、计数法和计位法。这种自然的结合，就是三算结合教学的基本精神。至于三算结合教学的最佳阶段，我国不少教师通过实验，认为是小学一、二年级。但这是值得我们进一步实验和研究的问题。现在，不少国家在小学阶段，都把我国的珠算当作新文化引进。可以预见，在不久的将来，他们也很可能会进行"三算结合"的教学。到那时，"三算'如何更好地结合，一定会有更多更完善的新办法，一定会使'三算结合教学"达到一个新的顶峰。

（原载于《湖南教育》1989 年第 1 期）

小学社会科教学法

序　言

　　自从民国十一年（1922 年）时改用新学制后，小学课程中增设了社会一科。当时小学教育界上，很有许多人不知设科的目的何在，更谈不到如何教法的一层。后经各书局发行社会教科书后，群疑由是尽释。可惜大家不肯仔细研究，以为社会教学不过如此如此，弄得把社会课本当作图文书读的也有，当作故事讲的也有，闹成笑话百出，弊窦丛生，一般先知先觉者就起而提议改良，完全采用设计新法。殊不知矫枉过正，为害相同，结果变成专门开会啦，请客啦，天天闹得不亦乐乎，实际上毫无实益可得。于是又有人要想法改良了（并非不用设计法，是把设计方法加以改良）。试问社会一科，究竟应该如何教法呢？著者不揣愚陋，敬将此项问题，约略贡献一些意见。是否有当，尚祈指正为幸。

民国十七年（1928 年）六月一日

总　论

　　人类依社会而生活，社会靠个人的进步而发达。儿童就是将来社会上的主人翁，一定要他明了社会上的种种情形，希望他担当未来的一切事业。但是社会却不绝地在进化，环境又随着进化而不绝地变更。个人生在复杂的环境中，用有限的智力与时间，去应付无限而多变化的社会，哪里可望成功呢？唯一的办法，只有在小学里设立社会一科，从幼年时就使他们学得社会的知识，养成探讨社会问题的习惯与态度。

　　我国自采用新学制课程后，前期小学的课程表中，有社会一科，它的内容包括公民、卫生、历史、地理四项（后期小学，四科分列，不再归并为社会一科）。公民就是从旧时的修身科蜕嬗而来，加以扩充，注重于社会的生活，而不限于个人的修养。卫生就是旧时修身科中，占着一部分的位置，现在把它的内容更加扩展起来，使注意于衣、食、住的个人卫生外，更着重于公众的卫生。历史和地理，旧时仅片段地散见于国文科中，现在把它提出来，重新组织一下，注重研究社会的进化和发展。

　　社会科虽然包含公、史、地、卫四种不同的科目，但是研究起来，不可缺略一科。如果讲了卫生，忘与公民联络；为了地理，不顾历史，这样不必有什么混合的社会科了。我们应该知道课程为了教师研究的便利起见，而分成四种科目，实施上应该把它们打成一片，联成整个的设计教学，才能合于设科的目的。有时有个设计，只能限于一种科目，或者至多联合两种、三种科目，而不能四种一齐联络起来的，也好算是适当的教材。总之，社会科可分为单独的四科，而不能认为四科之上再有一顶空大的帽子。

目 的

社会的发展，人类的进化，全靠各个人的健全。社会研究，就在介绍人与社会接触的一架桥梁。它的目的有以下各项：

（一）使知社会的过去及现在、远及近的情形和社会与人生的关系——人生不能离社会而生活，便不能不研究社会的情状。从前专从个人的见地，谋个人的发达，以期个人人格的完成，是一种错误的见解。要知个人为社会的一分子，当然要他有适于社会的人格，使他成为一个健全的"社会人"。然后将来毕业后，不致与社会格不相入，并且还能替社会谋幸福。

社会科中要研究过去人类的历史，作现在社会的参考；研究现在社会的情形，作处世立身的张本；研究远的社会及近的社会的生活，借此可以明了全世界人类互助合作的关系。

（二）培养儿童观察社会的兴趣，指导对付社会的方法，及尽力促进社会的精神——我国人向来缺乏关心社会的兴趣，社会上无论怎样腐败，也无人监督；社会上无论有多少事业要想举办，也无人肯负责任。专养成了一班腐化、恶化的分子，在上者借款卖国，瘝公肥私；在下者横霸一方，鱼肉贫民。而无人顾问，真是可叹亦可恨！

现在的小学生，应该及早使他们知道社会的情形，负起改良社会的责任，将来出而任事，才能为国效忠，为人民谋幸福。但是社会情形，至繁且复，决非童稚所能彻底明了。在小学中不过希望他们有一些观察研究的兴趣罢了。因为观察不周，不能引起兴趣，无兴趣即不能明了社会的实况，不能应付社会的变化，更谈不到有促进社会的能力了。

社会上的问题，千变万化，决不能使儿童一一备尝。社会教学的功能，只不过指导儿童学得几种对付社会的方式罢了。

社会上的种种事业，虽有成人在那里担当办理，幼年儿童似可不必顾问。但是幼年不学，老年何为？幼年不谋促进社会的方法，长年非但不能化社会，反被社会所化了。国家何能发达，人类何能进步？所以第二条目的，也是社会科中重大的一项。

（三）使儿童明了人类征服自然环境的事迹——研究过去的社会，就使儿童知道社会的逐渐演进。换句话说，就是要知人类征服自然的成绩。凡是人类征服自然的力量愈大，进步就愈快。明了了怎样征服的方法，使后来的人继往开来地再努力去研究改良，促进未来社会的进步。

（四）培养儿童有革命的思想，努力改造社会，誓雪国耻——社会进化中，一面不绝地改良，一面仍有一部分的腐旧势力存在，循环不息地阻挠社会的进步。要使儿童研究社会，不但要使他们明了一切情形，还应当使他们判别哪一种是有益人类的风俗习惯，设法保存它，使成一个健全的社会；哪一种是腐败的习性，足以妨碍安宁的事情，应该就能力所及，奋不顾身地去革除它。这种精神，不是威迫的，不是利诱的，不是盲从的，也不是为己的，乃是出于爱群的至诚，觉得义务所在，自有不得不做的趋向。

此外还要养成一种精神，使知我国与外国交涉失败的情形，及历来给予外国租借割让的耻辱，使儿童具有湔雪国耻的决心。

（五）有促进家庭、学校、家乡、国家的幸福和志愿——儿童是家庭的一员，应该使他明了家庭的情形，谋增进幸福的方法。一面是学校里的一个学生，应该替学校谋幸福；扩而大之，做家乡的一分子，不能不替本乡尽些义务；做一个国家的国民，当然要直接或间接替国家谋幸福。

依中国现状而言，大多数的人民，只知个人私利，不顾团体公利，只顾小团体的利益，不顾大团体的损失，以致全国人民，群趋于营私作弊之途。欲望争存于世界，哪里做得到。所以现在无论中小学校都要增设社会一科，希望能化个人为团体之一分子，能知个人之幸福，必于团体幸福中得来，欲求个人之利益，必于团体利益中得之；并知小团体的存在，须望大团体之巩固。庶几国可强而家可兴了。

（六）有服从法律和尊重领袖、尊重他人人格的精神习惯——做共和国的公民，有享受自由的幸福。但是自由要有范围，要在法律以内发展自由，才是真自由；决不是侵人的自由，就算自由。

缩小说来，凡是一个团体里的一分子，应该尊重一团体的领袖，尊重他人的人格。决不能以己所不欲者，施诸于人，还要厚着脸子向人说道，这是我的自由。

（七）养成社会生活的必要习惯——社会上人与人的接触，团体与团体的交际，都有一种相当的礼貌。欲求儿童能适应于社会，首先在校时养成他们各种优良的习惯，使他们将来立身社会，不为恶习惯所转移。试看有些人何尝不知某事当做，某事不当做。但是一到实行时，便不问好坏，都要作乱犯法起来了，这便是没有养成正当习惯的结果。所以学校教育，就该在童年习惯未成时树立种种良好习惯的根基。

（八）有维持健康的种种常识与习惯——要造成健全的社会，先要养成健全的个人；个人健全的精神，寓于健全的身体。所以对于身体上之种种卫生常识，不可不令儿童确切明了。

由心理学试验的结果，确知儿童幼年时期是养成习惯的绝好机会。

教学卫生时，就该利用他们的动机，养成各种正当的习惯，例如要教他们知道保护牙齿的道理，就教他们练习使用牙刷的方法。养成天天刷牙齿的习惯，使儿童常常从"以做学做"（To learn to do by doing）里得到应得的知识和习惯。

小学里教学社会科的目的，略如上述。其他尚有许多细小的目的，兹为限于篇幅，不便多赘。

选材标准

社会中的事物形形色色，都可以供儿童作教材。但是社会的组织极其复杂，社会的变化极其流动，用有限的精神和时间研究无限的问题，非惟不可能，抑且无裨于实际。所以要用提精挈华的方法，定个选取材料的标准。

第一，所选题材，应该是儿童已经观察过的、经验过的，并有深刻的印象及若干知识的。

第二，所选材料，在程度上和方法上，应该使儿童能够模仿的、能够演习的、能够陈述的。

第三，所选教材，应有社会的价值，可以养成儿童有互助合作的美德，有尊重群体的观念的。

第四，所选教材，应与社会发达、文化进展有深切的关系的。

第五，所选教材，要合于民众化的、科学化的、革命化的。

第六，能代表社会上一种事业及一时代的思潮的。

第七，能养成儿童处事的正当手腕及精明的头脑的。

第八，足以发挥民治的精神，而非帝国主义的。

第九，合于党的策略及主义的。

第十，合于新国家的理想的。

教材来源

教学社会一科，应以社会上的活动做材料，教科书仅供一部分的参考。如果有个教师专捧了一本教科书，从头到尾地诵读一篇、背默一遍，就算尽了社会教学的能事，那么未免太滑稽、太无价值了。应该如何去取活材料呢？以下分别略述一二。

一、实行调查

学校中应把社会调查作教学的基础；使儿童知道社会上的实际情形，明了社会上的实际需要，并把社会上的种种问题拿到学校中来解决，以谋改革。这样把社会中的事实收到学校中来学，学好了再拿到社会上去用。使儿童在校所习，无异在社会上过实际生活。所学即所用，所用即所学，才是真正社会化的教学。

调查的方法有两种：

一种是根据一个问题而调查实况。例如："夏天为什么要特别注重卫生？哪一种食物是不卫生的？"将这问题的各方面，尽力去实地调查。

一种是普泛的调查。将调查的结果分为若干问题，再仔细研究。例如举行一次家庭调查，凡关于家庭中的人物、娱乐、职务、布置等事项，都记录起来，再抽出几个相关的问题，细加讨论。二者各有用处。大概低年级适用问题本位的调查，高年级适用调查本位的调查。

无论哪一种调查，倘能继续不断地进行，社会科的教材，必得源源而来。教学范围，因此渐渐扩充，儿童经验，借以继续改造。社会科的教法，可称完善的教法了。

二、收集疑问

社会既是知识科，普通都以为只要把现成的科学材料分级、分期地灌输到儿童脑子里去好了。实在这种方法，早已被人窥破，认为不适用了。

又有一种方法，完全推翻固定的课程，采用儿童日常境遇里偶发的事项作为教材。这也不对，因为学校里没有相当的设施，儿童所提出的问题，范围一定很狭，有时竟至于无问题可提。即使有些问题，大多是琐碎而无甚价值的问题，对于社会教学亦无多大价值。并且这样散漫的教法太无系统、太无规律，对于社会研究的各特点，决不能兼收并蓄，也不能称为健全的教法。

以上两种方法，各有利弊，比较完善的要算在每月或每学期开始时收集疑问的一法了。

收集疑问时，凡一、二年级学生不能用笔答者，由学生口述，教师记录起来。三年级以上能用笔答的，即分发问题纸，收集各人的疑问。问题中有不关社会科的材料，划归他科教学。有涉及几科以上的问题时，即联络他科，合并教学。

此外还有一个方法，在教室中悬挂一块摘疑板或是一本疑问录，随时由学生写出问题，相机讨论。

收集许多疑问后，可以看出哪几个问题是儿童需要的，哪几个问题是儿童不需要的。什么问题最多在哪一年级提出，什么境遇里会产生什么问题，多做了几回，可以发现最切实、最合儿童需要的社会课程。

三、日常谈话

在每天课前或课后，规定一个时间（视年级的高低而定。大约高年级长些，低年级短些；多至六十分钟，少至二十分钟）。师生随意谈话，讨论到有价值的问题时，把它捉住了，作为设计题材，不过要注意以下各条件：

（一）课前谈昨天的事，作今天的教材；课后谈当天的事，作明天的教材。

（二）少数儿童所发现，而为多数儿童所需要的，也可以提出讨论。

（三）谈话之际，不问有无价值，均须加以相当的鼓励。

（四）遇有重大问题，一时不能解决的，把它记录起来，从长讨论。

四、布置环境

研究设计教学，谁都知道要注重自发活动。但是自发活动绝不是无缘无故凭空会得发生的，一定要靠托丰富的环境，才能感化，才能产生新问题，才能使旧经验不适应而产生设计的动机。以下且把布置环境的问题分设施与设备两方面，约略说一说：

（一）设施方面：

1. 要有供给训练公民习惯的机关，如设级风会、级自治会①、训导团、巡察团、裁判所、自省室、养性团等机关。

---

① 此处的"级风会""级自治会"是当时学校为培养学生良好的品质，训练学生养成良好的公民习惯而设立的组织团体。"级自治会"是完全由学生组织活动的，老师不参与。——编者

2. 要有维护卫生的机关，如设卫生局、清洁检查所、急救院、体育场等各机关。

3. 要有资助修养的机关，如设图书馆、新闻社、音乐会、学艺馆等各组织。

（二）设备方面：

1. 宜将博物馆及图书馆之一部设在一起，便于联络应用。

2. 宜设置标本图书及应用工具。

3. 宜悬挂人物图像、历史、地理挂图、风景画片及卫生模型等。

4. 宜备一沙箱，以供装排之用。

5. 宜备一套卫生用具，供指导实习之用。

6. 另备小黑板几块，供学生摘录问题之用。

五、研究时事

社会组织，非常复杂。欲使儿童在社会上做有力的一分子，非对于现实社会有求了解的兴趣不为功。研究时事直接可以养成关心社会的习惯，激发爱国的思想；间接可以发展解决问题的能力。

兹将研究时事的要项列下：

1. 新闻材料并非完全可以采用，须择重大而适合儿童生活的提出讨论。

2. 研究时事的步骤，在小学中可分六项：（1）家庭的新闻；（2）邻居的新闻；（3）本地的新闻；（4）近郊邻乡的新闻；（5）本省的新闻；（6）本国及国际间的新闻。

3. 时事中可以表演的，即指导表演。

4. 时事中应联络别科的，即联络他科进行。

5. 一、二年级用讲述式，三、四年级用讨论式。

6. 时间每周约以三十分钟为限。

7. 有关于少年冒险勇敢助人等故事、各国科学家的新发明、特殊风俗、奇异天产品①等，都该提出讨论。

8. 凡关于迷信、残酷、淫荡等消极材料，不宜采为教材。

---

① 奇异天产品，原文如此，未详。——编者

课程编制

一、编制的原则

校中设立社会一科，是使儿童明了社会的情形，养成适于社会化的生活，但是不是随随便便教些常识所能达到目的的。有时教得不好，竟会与目的走入相反的路上去，所以欲望儿童收得丰富的与多方的经验，且用最经济的方法求得知识，非厘订一定的目标与精选的材料不可。这种目标与教材的大纲，就是我们要研究的课程。

编制社会课程，至少须遵下列各原则：

（一）能发展儿童的个性，与他们自己的生活联络一气。

（二）须包括一切原有的经验；如身体上的、社交上的、美育上的各种经验。

（三）能使儿童实际去参加、去领受而得到亲切的经验的。

（四）学程是由各种设计组成的，是问题研究和实际活动的结晶，且有弹性的。

（五）课程材料不宜贪多，致无暇整理而呈不消化之现象。

（六）编制课程以多数儿童的能力所及为标准，不过高也不过低。

（七）社会科中公、史、地、卫四项，能依比例分配的。

（八）内容是活动的、有生气的、可以激发儿童努力学习的。

二、编制的步骤

参照前章教材来源，根据上节原则，还不能即行编制完善的课程，应有适当的步骤，把许多材料依据原则精选后，再用几个整理的步骤来整理一下，才能编出一种完善的课程。

第一步　由收集调查的问题，逐项参照课程原则精选一下，把不合原则的材料汰除，把有价值的材料保存起来。

第二步　把整理好的问题，分门别类，评判急、轻、重，而排定一个年级上不同的课程。

第三步　照时令排列先后，就成社会课程的一部分。这种课程可称为合于心理化的、社会化的、科学化的课程。

三、排列的方式

依了上项的各步骤，选取适当的材料，集合起来还有一个研究的问题：

比如在一二周内研究六种事物：1. 树林；2. 缝工生活；3. 家畜；4. 刷牙卫生；5. 我国的国旗；6. 我们附近的小山。六个题目各各独立，研究起来，一望而知为不合新教育的原理——这一种没有纵联络的不适用。

有人知道第一种方法的不适用，便改为几周内规定一个大题目，中间包含六种小问题。例如"我们校里有什么旗？"的一个大问题，中间包含研究党旗、国旗、校旗、级旗、童子军旗、奖旗等六种，把零星的知识戴上一项科学组织的大帽子。这样教法，确实比第一种为进步，但是也不过五十步与百步之差，还是不合于教育的原理——这一种太偏于科学组织的不适合。

第二种既不适用，第三种方法就应运而生。法将规定一个大题目后，再定每周一个小题目，该小题目，须贯彻大题目的纲要。例如定一个过端阳的教材，第一次研究吃咸蛋的理由，第二次研究除五毒与卫生的关系，第三次研究屈原沉江的故事……如此每回研究一个小题目，联络起来便成一个大单元。这种方法，比前几种的价值大得多了。但是还是不满足，更有第四种的排列法产生如下——这一种可称为聚散的联络法，还不能十分满意。

第一种的排列法是依设计的进行。每个小题目进行时，都跟着设计的步骤而进行。不可颠倒，不可躐等。不限定每周有个题目，也不限定一个单元要教几周，全视问题的内容而定。并且也不拘于问题之大小，有时从小问题引起，积大研究，逐渐扩大起来，有时从一个大问题爆发后，分成许多小问题，逐项研究。例如讲到"吃的饭从哪里来的?"一个小问题，可以扩大为"农人的生活怎样? 耕种的步骤怎样? 运输的方法怎样? 米商有几种组织?"越研究越觉得研究无穷。更举一个由大变小的例子，如"五三事件①，我们应该怎样对付日本?"分析起来，可有以下各问题:"怎样可使民众觉悟? 用什么法子宣传? 文字宣传要注意些什么? 图书宣传要注意些什么? 口讲宣传要注意些什么? 游行队怎样组织? 怎样可以打倒日本帝国主义? 怎样可使大家不买日货?"逐项研究起来，可分成几百个小问题哩——这种设计组织的排列法，比较适用。

① 即五三惨案，又称济南惨案。第二次北伐进行期间，日本恐怕中国一旦统一，必不能任其肆意侵略，是以竭力阻挠北伐之进行。日本以保护侨民为名，派兵进驻济南、青岛及胶济铁路沿线。1928 年，国民革命军于 5 月 1 日克复济南，日军遂于 5 月 3 日派兵侵入中国政府所设的山东交涉署，将交涉员蔡公时割去耳鼻，然后枪杀，将交涉署职员全部杀害，并肆意焚掠屠杀。此案中国军民六千多人被屠杀。每年的 5 月 3 日 10 点，济南市都会鸣放防空警报，纪念五三惨案，提醒世人勿忘国耻。——编者

四、使用的方法

社会课程既如上项编制就绪，使用起来，还要注意以下各要点：

第一，遇有偶发事项，应把原定的计划暂搁，先讨论新的问题。

第二，如教学中途时，发觉有种重大的知识和经验，非使儿童知道不可的，也该随机插入正式课程中讨论。不能有自然的动机，就用诱导暗示的方法来引起。

第三，问题的范围，可视年级的高低而自由伸缩。

第四，有种问题仅属少数人的疑问，应设法介绍给公众知道。

第五，视学校设备之多寡，校外教学之便否，得增减课程的一部分或大部分。

五、课程纲要

一年级：

1. 家庭的生活概况。

2. 个人的卫生习惯。

3. 节日纪念日的研究。

二年级：

1. 续一年级。

2. 对于学校及居境的观察研究。

3. 原始人的生活。

4. 异方人的生活。

5. 公民的活动。

三年级：

1. 续前。

2. 对于省、县、党、国的责任。

3. 事物发明史。

4. 增进健康的卫生常识和公共卫生大要。

5. 本国的现状。

6. 急救治疗法。

7. 学校自治机关的服务。

四年级：

1. 续前。

2. 本国的历史及组织。

3. 时事研究。

4. 本国与世界的关系（包含国耻史略）及世界大势。

5. 地球的研究。

6. 史、地观念的整理。

7. 党纲、党义。

六、细目编法

社会科的课程大纲，订法如上述，社会科的课程细目，也不能不说明一下：

（一）凡课程上已经订定问题的，可照表内分填各种细目。例如：

目的——即设计的大问题。

怎样注意公众的卫生？

计划——即分析许多小问题。

1. 什么叫作公众卫生？

2. 公众卫生为什么很重要？

3. 注意公众卫生有什么利益？

4. 现在有哪几种公众卫生已经能够实行了？

5. 这几种卫生事业还有改进的办法吗？

6. 街道何以必要清洁？不清洁有何害处？为什么有的街道不清洁？怎样可以常保清洁？

7. 不洁的饮料何以能传染毒病？本地的饮水清洁吗？怎样改良？

8. ……

实行——即儿童的活动。

1. 共定取缔吐痰的规则。

2. 举行扫除街道的活动。

3. 建议改良本市的公众卫生。

4. 讲公众卫生故事。

5. 新闻部特出公众卫生专号。

6. 揭示关于公众卫生运动的照片。

7. 散发关于公众卫生的传单。

8. ……

判断——总结束。

1. 对于公众卫生应有几种知识记着？

2. 应有何种习惯要注意养成？

3. 用何法劝勉他人恪守公众卫生的法则？

4. 用何法可以协助监督公共机关注意公众卫生？

（二）此外还有一种临时发生的问题，课程中不能预先订定的，用何法可以规定细目呢？事实上惟有定出一个模式的大纲。一切问题都依照大纲略略准备一下，即与儿童一壁讨论，一壁设计进行。大纲如下：

1. 这一个问题值得提出研究吗？

2. 教师应具何种目的？

3. 儿童应具何种目的？

（1）怎样引起学习的兴趣？

（2）从哪一方面入手，使儿童肯尽力研究？

4. 应该准备些什么东西？

（1）教师需用何项参考书本？

（2）儿童需用何项参考书本？

（3）应备何种教具（如图表、照片、仪器、模型、工具等）？

（4）应有何项准备（如收集、调查、揭示及布置环境等）？

5. 怎样规定步骤？

（1）计划、实行、判断。

（2）调查、计划、发表。

（3）收集、调查、讲述、讨论、制作。

6. 应注意哪几个中心的问题？

7. 应注意哪几种活动是儿童可以实行的？

8. 哪几种成绩应该收藏的？

9. 照以上各项计划做去，能达到教学本问题的目的吗？

七、学习最低限度的标准

1. 能知居境（包含本地、本省、本国）的区域、出产、交通、公共机关、重要都市、商埠及现在政府的组织。

2. 能知衣食住行的进行大概及原料来源等问题。

3. 具有实行个人卫生及公众卫生的习惯。

4. 明了个人与家庭、学校、职业的关系和服务的责任。

5. 有投票、选举、集会、提案等关于自治的常识。

6. 能知一年间各种重要纪念日的由来（国庆纪念日、国耻纪念日、伟人纪念日等）。

7. 能知中华民国建国史的大概。

8. 能明了党纲、党义的大意。

教材编著

我们希望儿童能从书本中学得知识和扩张经验，一定要用许多同程度或低程度的儿童读物，才能养成阅读的习惯，学得丰富的知能。

我们试查现在各书局出版的儿童用书中，可借社会科参考的能有几种？其中可供一、二年级阅读的能有几种？严格地说起来，可说一本也没有，哪得不闹知识荒呢！

社会科用书既是这样的重要，又是这样的缺少。目前最切要的问题，就要想法从速编著适当的读物以济急需。兹将编著上重要的标准，列举几条于下：

一、关于内容方面

（一）切近实际生活的　教育是生活的过程，离开实际的生活，直无教育可言。例如研究合作的一个问题，应该借蜂蚁的故事间接说明；或就同学间合力举办一事说明。如果只叙些合作的意义，合作社的组织，等等，非但读了不能明白，反把清楚的头脑弄昏了。

（二）合于儿童程度的　年级低的，常编一种图多字少的书本，说明一种生活的情状。例如供一年级用的卫生补助读本，可绘一套从早到暮的种种习惯（早起、开窗、整理被褥、朝操、刷牙、漱口、早餐、运动、园作、散步、睡眠）。使儿童从看图中明了卫生的观念。供给三、四年级用的读物，应将每一问题（问题来源参考课程项内），编成一册小书。例如编"吐痰"一书，内容即叙明吐痰对于个人的关系，对于群众的关系，处置吐痰的方法，用浅显有趣的文字，插入精美的图表编成。

（三）用字浅近的　编书用字，当然采用语体。但一字一句还须十分斟酌；务使生僻的字、雕琢的词，一概弃而不用。新近编辑国语教科书，大都能注意此层。独有普通的儿童用书，不能注意及此，殊为可惜。希望今后无论编著何项读物，都能根据各年级识字的最低限度做标准，可以造福儿童不小。即或有几个不得不用的术语，应该另加注释或附图说明。

二、关于体例方面

（一）编著社会用书的体例，大概有以下十种：1. 谚语式；2. 歌曲式；3. 图解式；4. 对话式；5. 叙述式；6. 自述式；7. 书信式；8. 日记式；9. 条例式；10. 纪事式。其中尤以叙述式与纪事式最占多数。

（二）编著课文的格式也有多种：1. 一个题目下即叙一段正文，普通多用此式。2. 将题目改成问题。3. 题目后再附几个小问题，然后叙述正文。4. 题目后列正文，正文后再列问题，寓有复习考查的性质。5. 正文前有"想"的一项，正文后有"做"的一项，使儿童在阅读前有充分的想象、精密的参考；在阅读后把所学的知能，一一表达出来，可增兴趣而资记忆。以上各式，各有相当的价值，当视年级高低、材料内容的不同，而确定采取适合的格式。

三、关于形式方面的

（一）外观优美　如能全书都用彩图精印，那是最好。万一办不到，至少对封面要用彩图。

（二）装订坚牢　当注意纸张坚实、装订牢固、能经久不易破损的为贵。

（三）印刷合宜　字体大小，行距离接，都该依据一定的标准。不可一味节省纸张而伤害儿童的目力。

（四）形式统一　儿童用书，凡书体、字体、标点、术语等都须统一。更希望于书面上印一种统一的分类编目，使人易于查阅与保管。

教学方法

社会科教学的真正目的，在于从事实出发，再归结到事实上去。教科书不过是一种工具，好比《上海指南》《邮政章程》一类的东西，供人翻阅参考之用罢了。在教学社会科之先，这一个观念，应该弄得非常清楚，不至于误入歧途。但是一般人不知怎样教法。只知拿了教科书，向儿童说明要读哪一课，将课文读一句讲一句，再复讲一遍，如时间已到，即行下课。如有余时，齐声诵读若干遍，读到铃声响时为止。这种教法，对于本科的目的，完全相反。对于儿童自身，毫无实益。反使他们多尝一些苦味，倒不如不设这一科的好。

社会科不是读书科，也不是空谈料，应该注重实际研究的功夫。本科教学的目的，就在于适应生活，生活既没有一定的方法，遇着什么境遇，便用什么方法来对付。社会科教学，也该随机应变，采用各种活动的方法来指导。兹从各种活动中抽出几种相似的活动，约略分述于下：

一、观察法（包括游历参观)

人从大自然中进化来的，要研究人的问题——社会问题——当然要回到大自然中去研究。户外观察及游历参观就是研究大自然的方法。教学时应注意下列各条件：

（一）观察。不但希望他们能得真实的知识，更希望他们能从粗疏的观察进为精细的观察；从散漫的观察引到有秩序的观察。

（二）观察有部分的、全体的、短期的、长期的各种方法。当视材料内容分别采用。

（三）参观须有良好的组织和确定的方法。因为儿童一到户外便把室内的学习态度放弃了。实施时当支配各人有相当的活动，就不致被外界所纷扰。

（四）在天朗气清的日子，要多多举行户外教学，养成良好的习惯。

（五）参观之前，先定目的，讲明方法。参观之后，注意作业报告，共同评判价值。

兹举参观火车站之实例如下：

1. 参观前先由教师调查一下，备实施时参考。

2. 带领儿童参观时，注意买票、乘车、下车等手续及方法。

3. 观察车站之构造、待车室之设备、各处所贴之广告、站长站员工役等之职务与服装。

4. 车辆的名称——机车、客车、货车。

5. 转运货物的方法及手续。

6. 路轨的种类及信号的用法。

7. ……

一次参观所得，胜读许多书本。如有机会，宜多多利用。如学校、商店、工厂、农村、市镇、共同机关、交通机关、伟大建筑物、偶发事项及名胜古迹的地方都可参观。

二、调查法

调查的方法有两种：一是通信调查；一是直接调查。两种方法，可以单用或兼用。直接调查，先期由教师往调查地观察一回，作指导之准备。调查出发前，先讨论调查方法，应守之规则。参观时，分组举行，切实指导。调查后须做笔记，再共同讨论一个要点作为结束。通信调查，由师生共同拟具办法，规定格式，通函询问。调查既得结果后，共同集议一下，作为结束。

兹举调查学校附近商店、公共机关的实例如下：

在上海调查一条马路旁的店铺和机关，结果查得学校、公安局、米店、图书馆、俱乐部、商务印书馆、印刷制造厂、救火会、鞋店、粥店、电气间、钱庄、菜面馆、理发店、杂货店、布店、陶器店、旧货摊、糖果店、火车站、小菜场、商品陈列所等各不同之商店及公共机关。将调查结果加以讨论：

1. 学校应该设计在哪里最好？

2. 公安局做些什么事情？

3. 米店里的米从哪里来的？

4. 图书馆有什么用处？

5. 俱乐部有什么利益？①

6. 商务书馆做些什么事情？

7. 印成一本书要经过多少手续？印好的书怎样发卖到各省去？

8. 救火会怎样组织的？

9. 上海的鞋店为什么多做皮鞋？皮从哪里来的？

10. 粥店里的粥供给哪一种人吃的？

11. 电气间有什么用？

12. 钱庄有什么用？

13. 菜面馆供给哪一种人吃的？

---

① 利益：指对人的好处。——编者

14. 现在的理发店还有什么不卫生之处？

15. 杂货店里卖些什么东西？

16. 布店里国货多呢，还是洋货多？

17. 陶器从哪里贩来的？

18. 旧货摊上的东西从哪里收来的？

19. 糖果店里的食品有哪几种是不合卫生的？

20. 火车站的讨论详见前参观项。

21. 小菜场的用处有几种？怎样可使其清洁？

22. 商品陈列所的用处在哪里？国货能与外货竞争吗？国货为什么不能畅销？关税对于商业有什么关系？怎样可把关税收归自主？

23. 路的两旁设边路是什么意思？

24. 这种路怎样筑法的？路面为什么要这样造法？

25. 阴沟、自来水的管子怎样装法？

26. 路灯的设置妥当否？

27. 这一条路上有什么缺点？应该怎样改良？

从调查一条大路，可以代表许多道路；调查一处的商店及公共机关，可以代表许多的商店及公共机关。这种研究法又实际，又有兴趣，真是最有生气的一种教法。

可供调查的资料有：1. 同学的住处；2. 物价；3. 邻近的职业；4. 家庭的费用；5. 附近的船埠；6. 本地的工艺品；7. 社会上的偶发事项。

三、收集法

收藏是儿童固有的本能，教育上若能善为利用，可得美满的效果。惟须注意以下各点：

（一）收集时可分组进行，例如有人专收图片，有人专收邮票。同种目的中，再可分配各人负责收集一二种物品，例如有人专收商家广告，有人专收报章图画。

（二）收集物品须标明姓名，比较多少，借资鼓励。

（三）收集时另组审查队，专司鉴别。

（四）另组保管队，专司登记、收藏、保管之责。

（五）全体收齐后，开一展览会结束。

兹举收集钱币的例子如下：

1. 第一步讨论何种钱币？——讲演、研究、参考。

2. 分别钱币的种类——金币、银币、铜币、铅币、纸币、代用品。

3. 分组收集。

①矿质钱币组（金、银、铜、铅）。

②纸质钱币组（钞票、支票、钱票、角票）。

③外国钱币组（矿质及纸质）。

④古代钱币组（或用图代）。

⑤登记收发组。

⑥鉴别组。

⑦保管组。

4. 筹开展览会。参考第十二节展览法。

收集的种类很多，通用的有织物、花纸、工艺品、画片、钱币、玩具、邮票、广告、商标、照片、文具、书法及伟人相片等类。

四、演讲法（讲故事法）

一段故事或一种常识，儿童不能自力研究的，可用演讲式教学。单指故事说起来与文艺故事大同而小异。文艺故事重在兴趣与想象，社会故事重在德性的修养或是常识的灌输，所以教学起来也有分别。讲述社会故事应行注意之点如下：

（一）言语浅近，少用术语。

（二）语句清晰，少重复累赘。

（三）要利用颜面、手足的帮助表达，但不能流于油滑。

（四）遇有重要关键处，须郑重讲述。

（五）随时插进相当的问题，引起儿童研究的兴趣。

（六）讲德育故事、卫生故事宜设法指导实践。

（七）讲史地、常识、故事多加讨论。

（八）讲述故事有关别种活动甚多，宜设法多应用。

兹举讲述"非洲矮人生活"的故事一例如下（括号内的字，是表明教师的设问）：

（你们看见过矮人吗？大概有多少长？）世界上有一种很矮的人，他们的大人只不过和我们的小孩子一样高；男子顶多不出四尺，女子顶多不出三尺。（你们各有多少高？四尺高同什么人一样？三尺高同什么人一样？）他们都住在树林里。（为什么不住在房子里？树林里的生活好不好？）有的人是黑色的，有的人是红色的，他们只在腰里围了一条布，其他并不穿什么衣裳了。女人们比较多穿一件用树皮、树叶做成的短裙子。（我们的皮肤是什么颜色？他们不穿衣裳会冷吗？为什么不怕冷？那里气候大概怎样的？）矮人没有房子，多住在树底下。有的只是造成蜜蜂窠样的草屋，四尺高、四五尺大、一尺半高的小门刚够一个人的出入。（我们的教室，有多少高？有多少大？门有多少大小？他们的房子，只可比到我们见过的什么房子？）他们也有些讲究的房子，前后各有一个门，预备做逃走的出路。（他们为什么要逃？）他们的床是用树枝和树叶铺在地上做的。（我们睡的床用什么东西做的？他们为什么没有讲究的床？）

矮人爱打猎，善用弓箭。打猎时，能连射三四箭，第一箭没有打中，第二箭已经射出去了。（什么叫作打猎？你们见过打猎吗？用什么东西打的？你们会射箭吗？你们会用箭打猎吗？）他们也会做陷阱，在地上掘了一个大潭，盖些树枝和树叶，等野兽走过，一失足便落在潭里，立刻用弓箭去射死它。（为什么要用陷阱？陷阱有什么缺点？）他们把捉到的野兽切了肉片放在火上烤一下，或者熏一下，就拿来吃。把野兽身上的毛皮卖给人家，换一种弓箭和刀，或者换些烟和山薯来吃。（他们为什么不吃饭？我们吃肉怎样吃？他们的吃法和原始人的吃法有什么不同？）矮人也会捉鱼，用一块肉缚在绳子上，投到河里去，他们有时也会钓到几条大鱼的。（我们的捉鱼方法有几种？哪一种最便利？）

矮人不会耕田种东西，除了吃兽肉外，最喜欢吃香蕉。看见了香蕉，就用箭向香蕉的柄上一射，香蕉就落下来了。种香蕉的主人看见了箭，就明白这种意思，替矮人留着些，等他们来拿去吃。有时矮人很客气，把一块肉放在拿香蕉的地方，算是香蕉的代价。他们吃香蕉的本领很大，一口气能吃六七十个。（谁吃过香蕉的？香蕉柄大概有多大？他们怎样会射中？主人为什么不责罚他们？）矮人不会说自己的一种话，都是学些附近别种黑人的说话，他们的身体虽是矮小，却十分勇敢。住在他们相近的异族人，谁也不敢欺他们的。可惜现在被白人所征服了，剩下的只得逃往深山旷野中去过活，从此人种逐渐改少了。（他们怎么会被白人征服？）

讨论完毕可就故事里作种种发表作业，或画想象图，或作矮人雏形，或装排矮人生活模型。使一个故事变成一个很长的设计。

五、讨论法

使儿童研究社会科功课，并非只在灌输呆板的知识，而在于养成他们有探讨问题的兴趣，有解决问题的能力。所以讨论一项很重要，特于下章提出详细说明。本节只列指导时应注意的各点及实例如下。

注意点：

（一）观察现在社会上有什么可供研究的问题？从新闻、谈话、阅书上引起。

（二）那种问题从何发生？设法调查研究。

（三）这个问题发生后，影响多少事情？

（四）用何法解决这个问题？

（五）怎样实行？

（六）预卜有什么效果？

例如筹开一个小商店的讨论问题如下：

1. 本商店应题什么名称？各提意见，逐一板示，经充分讨论后付表决。

2. 地点应在何处？注意地点的便利、宽窄、美观及便于保管。

3. 应定何种规章？至少须定组织大纲、服务细则、买卖须知等各条项。

4. 应如何布置？注意设置橱柜、橱架、桌椅、存货处、装饰品、广告处等地点。

5. 应办何种货物？各开货单付审查。

以上各问题讨论终结后，各编计划书一本，备实行时参考。

六、游戏法

"游戏"两字，是我们常用的称谓；游戏对于教育之关系也是一般人所深知的。游戏与生活是一致的。工作即是游戏，游戏即是生活，故游戏对于人生的关系极密切。

教社会一科，不当专重书本。遇有可用游戏法教的，即用游戏法教，使他们学习有兴趣而肯努力。

指导游戏时应注意之点，略述如下：

（一）社会游戏与体育游戏、音乐游戏各异其趣。当注重获得相当的经验与知能，不当专重娱乐身心。

（二）实行以前，当充分设计。

（三）实行之后，当充分批评。

（四）游戏时教师也要参加，不能袖手旁观。

（五）游戏当以普遍全体为贵，不能专供一二人的活动。

更举实例如下：

题目　美国纽约公立学校里通用的刷牙操

牙刷、牙粉、冷开水、脸盆

1. 刷外面　见图一

动作　左侧——一、二、三、四、五、六、七、八、九、

十、十一、十二、十三、十四、十五、十六　浸

右侧——一……十六　浸

正面——一……十六　浸

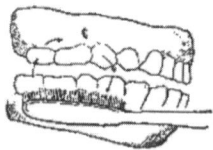 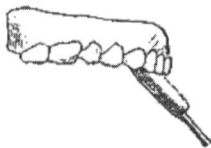

图一　　　　　　　　　图二

2. 刷里面　见图二、三

　　上面左侧—— 一……十六　浸

　　上面右侧—— 一……十六　浸

　　上面正面—— 一……十六　浸

　　下面左侧—— 一……十六　浸

　　下面右侧—— 一……十六　浸

　　下面正面—— 一……十六　浸

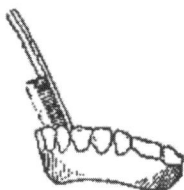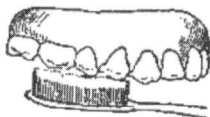

图三　　　　　　图四　　　　　　图五

3. 刷咀嚼面　见图四、五

　　上面左侧—— 一……十六　浸

　　上面右侧—— 一……十六　浸

　　下面左侧—— 一……十六　浸

　　下面右侧—— 一……十六　浸

七、模仿法

模仿是重度他人的生活，使儿童寓求知识于游戏之中。实行前须切实考量当时之情形，模拟各人的体态，然后表达起来可以形容毕肖。

指导模仿应行注意之点略述如下：

（一）模仿他人生活的一部分的叫模仿；全部分的就称表演——有时也很容易混淆，为说明便利计，就分成两节。

（二）模仿各种发声（如呼贩声、报告声、鸟兽声、机器声等）可练习口技。教师应随时注意设法用手指的帮助，而能成酷肖的声音。

（三）模仿各种体态当分别男女老幼的不同，各职业的特点，如在银幕上表演的一般。

（四）模仿各种生活。模仿原人的生活应用想象的功夫，仔细考虑；模仿现社会上的生活，应充分观察，切实练习才能成功。

更举指导的实例如下：

题目：开水果店

开会前的活动：

1. 参观水果店。

2. 讨论水果店的布置。

3. 制作假果品——联络工艺。

4. 练习买卖礼仪。

5. 练习开发票——联络算术。

6. 调查买卖的手续招待法。

开会中的活动：

1. 装排商店。

2. 陈列果品。

3. 买卖货物，开发票。

4. 招待幼童。

5. 招待老人。

6. 招待妇女。

开会后的活动：

1. 卖者的态度对不对？

2. 买者的态度对不对？

可供模仿的材料很多，如农人生活、铁匠生活、木匠生活、渔人生活、小贩生活、皮匠生活、原地人生活、异地人生活、各种职业界的生活等。

八、表演法

社会上有许多事情，不能直接观察的，只能用图画与文字来介绍，但是图画只能描写有形的事物，文字只能描写抽象的活动，都不能深印儿童的脑筋，使他们很深切地了解。比较妥善的方法，只有赖于表演。表演能把将来的需要，化为现在的需要；能把平面的、抽象的事迹，化为立体的、具体的事情；能把空谈的事情，化为实行的事情。例如表演过去的史绩、异方人的生活、重大的新闻，一经表演，就觉生气勃勃，如亲临其境，目睹其状，既感兴趣，又易记忆，真是社会科中的好教法。

兹就指导表演的应注意之事项略述如下：

（一）人物服饰均须与儿童讨论。

（二）在表演前选择材料、编排演习、制作景物，都须通力合作，养成互助合作的精神。

（三）一种**表演**，必有一种寓意，大忌专事迎人取笑，而成游荡嬉戏。

（四）服饰中不能用布制的一概可用纸制。

（五）表演完毕后须充分地批评。

兹举古史短剧"发明熟肉"的实例如下：

登场人

咀嚼：是一个年老的女人。

捷足：一个壮年男子①，是女人的孙儿。

鸽子：捷足的弟弟。

鹰眼：一个年长的穴居人。

布景　一座荒野的山上，有一个深而且黑的石洞，石洞口烧着一大堆的火。

---

① 原文即为"壮年男子"，似与后文中与弟弟玩耍，或被称作"孩子"不太符，但忠于原作起见，此处不作改动。——编者

一个蓬头跣足，半身穿着兽皮的老年女人叫咀嚼，坐在火旁刮兽皮。

咀嚼：捷足快来！拿这一个皮袋，替我到河边去带一袋水来。要快一些，不要玩啊！

捷足：是，是！我决不玩，决不玩。（提着皮袋去舀水了。）

（咀嚼到洞里去拿一根树枝出来，在火边掘一个泥潭，把一大张兽皮，铺在潭里。）水来了，水来了。一袋水漏掉不少了。快些替我说，倒在什么地方？

咀嚼：倒在皮潭里。

（捷足把水倒下。咀嚼坐在潭边刮皮。左手拿着兽皮，右手握着石刀。在水潭里浸一浸，用石刀在皮的两面刮。捷足去和鸽子玩了。）

捷足：祖母！不好了，鸽子的手被火烫痛了。

（咀嚼丢开刮皮，站起来望着两个孩子。鸽子捧着脸子大哭，捷足扶了他走来。）

咀嚼：不要哭！什么一回事，慢慢地讲来。（咀嚼拍着鸽子的背，右手替他揩眼泪。）

捷足：请大家坐下来，我仔仔细细地告诉你。（大家坐下）我和鸽子在火旁坐着，讲些捉北鹿的法子。不料他看见火里有一块烧红的石子，伸手去一拿，他就大哭起来了。

咀嚼：本来不对。火里的石子，怎么可以用手去拿呢。要拿火里的石子，除非用两根树枝钳起来。捷足、鸽子，你们下回不要再干这种事了。（咀嚼走到洞里去预备吃中饭的生肉。捷足和鸽子也重去玩了。）

鸽子：哥哥，我真的把两根树枝钳起一块石子来了，快些去给祖母看罢。

（钳了石子，走过水潭边，一不留心，石子掉在潭里。不住地发出一种"泗泗泗"的声音。）一条蛇，一条蛇（且说且逃，直向祖母那里去，把脸藏在她的怀里。不断地喊"一条蛇，一条蛇"。）

捷足：我知道蛇在皮潭里。

咀嚼：我去找，找到了打死它。

（咀嚼去找，找不到什么蛇。只看见皮潭里发出连续不断的小泡。一种"泗泗泗"的声音，还听得很清楚。）没有蛇，只有皮潭里的水神发怒的声音。

捷足：水神发怒了，怎么好？

鸽子：我们祈祷罢。

咀嚼：我去拿切好的肉来给水神吃，请水神不要发怒。

（咀嚼去拿肉，捷足和鸽子跪在水潭旁边祷告。咀嚼把肉向水里一丢，水着了肉不响了。）

咀嚼：水神不怒了。

捷足：下回不敢再闯这种大祸了。

鸽子：好在水神喜欢吃肉，否则他一怒冲天，把我们的性命也要夺去了。

（咀嚼重去切肉。捷足和鸽子把这一回的事，去告诉别的穴居人听。后来他们的肚子饿极了，不敢去向咀嚼讨肉吃。）

捷足：肚子饿，没有东西吃，想什么法子呢？

鸽子：偷水里的肉吃罢。

捷足：水神不要发怒的吗？

鸽子：少吃一些也不妨。他看见我们是年轻的小孩子，也许不会发怒的。

（鸽子先偷了一些肉屑吃。）

捷足：肉好吃么？

鸽子：好极了，我们吃过的东西，再没有像这样的好吃。捷足哥，你也吃一些罢。

捷足：我且试试看。（伸手去拿肉吃，恰巧被他的祖母看见。）

咀嚼：岂有此理！怎么好偷水神的肉吃。

（捷足吓得一跳，拿了一块肉就逃。咀嚼追赶上去，把他捉住了，仔细盘问他。）

你吃水神的肉，水神不要发怒的吗？要吃肉，为什么不来向我拿。咳！水神发怒了，怎么好呢？

鸽子：滋味是很好的。（低着头很轻地说。）

咀嚼：你说什么？（举起手来要打他，恰巧被鹰眼看见，一手挡住她的打，一手拉着鸽子就走。）

鹰眼：你说的什么？

鸽子：我说水里的肉，滋味是很好吃的。

鹰眼：皮潭里的肉还有吗？

捷足：还有一些。

鹰眼：去拿来试试看。（走去把皮潭里的肉捞起一尝，滋味果然很好。）咀嚼！不要打他们了，烧肉的法子，被他们发明了。

咀嚼：（嗤地一笑。）你的话真奇怪。

捷足：哈哈！幸亏鹰眼老伯来救我们。

鸽子：不打我们了，我们去玩罢。

（幕下）

附注：本剧参考 Dopp① 原著 *The Later Cave-Man*② 一书编成。

――――――――――

① Katharine Elizabeth Dopp（1863—1944）.――编者
②《后期穴居人》。――编者

九、装排法

从游览观察之后，考查儿童是否明了，可令儿童用各种发表法调查。最简便的用口头发表，普通用文字或图画发表，最易明了的用沙盘装排发表。例如从游观城市后，引起研究全城市的动机。借一张桌面做城市的基地，继续讨论城市里应当包含哪几种建筑物，先列成一个表。如火车站、商店、图书馆、公园、银行、公安局、学校，各人选定一种，计划建筑。

各人把建筑物制成后，汇集起来，装排在桌子上。同时讨论道路的宽窄、草地的分布、街灯交通器的设施，且设计且进行。遇有疑难问题，即出外重行观察。

一切装排结束后，再就大体上批评一下，足为定型。从这小小的问题开始，可以扩为很长的设计，有时竟会延长到一年之久。

十、参加法

学校就是社会的雏形，学生就是构成社会的分子。所以社会上种种有益的运动，也要使学生参加，引起他们的同情。使儿童能思团体之所思，觉团体之所觉，行团体之所行。看自己为团体的一员，设法去达到团体的目的。把个人化合为小团体，再由小团体化合为大团体，大众的目的相同，见解相同，然后可以显出很大的力量。

兹举参加捐款助赈的一个例子如下：

动机 从讲述时事上引起或接到传单后引起。

讨论

1. 某某灾区在什么地方？

2. 怎样会饥荒的？

3. 灾民的苦况如何？

4. 我们应该用什么方法来救济？

5. 怎样募捐法？

6. 募捐队如何组织？

7. 为什么要举行游行？

8. 捐到的款项怎样处理？

9. 怎样汇寄？

实行　依讨论各项实行。

判断　1. 计算捐到的款项至多可以救济多少人？

2. 这一回捐款在手续上有何缺点？

3. 各人做一本经过报告书。

其他社会上的公共事业可令儿童参加的很多。例如卫生运动、节俭运动、灭蝇运动、植树运动、识字运动、爱国运动、雪耻运动、庆祝纪念等，都是很好的设计资料。

十一、集会法

集会的性质有两种：一种是含有纪念性质的，例如举行国耻纪念、追悼烈士纪念、伟人诞日纪念、劳工运动纪念等，都从追念往昔中，寓有教训意味的；第二种是含有竞赛性质的，例如开演讲会、辩论会、竞智会等，其目的以集会为名，而寓训导为实的。二者在事前均当充分设计，与他科联络进行，会后更须详加批评，考查得失，作下次的参考。

兹将集会时之注意点列下：

（一）凡纪念伟人的诞辰或逝世日，须讲明他的历史及有关于社会国家的功绩。

（二）一国一地方的重要纪念日，须讲它的前因后果。

（三）举行国耻纪念时，除讲明史迹外，更当略述雪耻的方法。

（四）举行竞赛时，或由教师命题，或说明范围后，由学生自定题目。演讲前都要先做讲稿。

（五）演讲者须注意取材的新颖、言语的清晰、态度的活泼、口音的正确。

兹举"国庆纪念"学习纲要如下：

集会前

1. 阅读武昌起义的事略。

2. 讲述革命伟人的功绩。

3. 民国成立史的大概。

4. 编著国庆纪念用的剧本和说明书。

5. 制作会场上应用的装饰物。

6. 练习唱国歌或剧曲。

7. 计划会场布置、开会秩序单。

集会中

1. 讲演中华民国的过去、未来。

2. 激起爱国的思想。

3. 表演。

4. 唱歌。

5. 其他。

开会后

1. 批评开会时的缺点。

2. 记载开会的经过情形。

十二、展览法

展览会的活动，含有集大成的性质。进行时须将各种教法相机应用。指导时应行注意之点列下：

（一）筹备规模较大的展览会所需时间较长，手续较繁，儿童每易有始无终。教师当随时提醒，刻刻注意，务使其维持兴趣，直到开罢为止。

（二）开会时应用的各种计划，如会场布置、陈列方法、招待事宜、经费预算等均须详细设计。

（三）展览会可视出品多少、成绩优劣而定适当的办法。有时只供本级展览，有时可邀请家属及来宾参观。

（四）陈列后应使儿童负责收拾，妥为保存。

兹举"夏令卫生"展览会一例如下：

开会前

1. 规定开会日期和地点。

2. 计划陈列方法须用曲折顺走的法子，使参观的人只能向前进行，不得退回。只能从头至尾看完一遍，不能看到半途而废。

3. 布置方法须分出入口。派请招待员看护。

4. 订定分期进行的略历。

5. 定收集手续和藏置方法。

6. 如需敦请校外人参观，须备入场券或请帖。

开会中

1. 陈列品分挂图类、书本类、图片类、标本类、模型类、药品类、用具类、食物类、饮料类等各项。

2. 每类陈列品分配各人负责收集。

3. 收到后登录簿册，标记符号。

4. 实行陈列布置。

开会后

1. 审查和批评。

2. 保留和汇订。

3. 赠送和分发。

4. 讨论开会后之意见和心得。

十三、实习法

有许多社会知识，讲演是不能明了的，参观是没有机会的，用尽种种方法，都不能使它明了，惟有用实习的一法。

实习时要注意：

（一）卫生习惯、礼仪作法要多实习，养成习惯。

（二）实习时要认真工作，不要流于油滑敷衍。

（三）实习时需要参观、调查及检阅图书的，均当加以指导。

（四）实习开始时，应使儿童充分了解其目的（不妨采用儿童的目的）。

兹举急救实习的一个实例如下：

1. 讨论急救的种类（火伤、刀伤、水溺、昏倒）。

2. 报告各人的经验。

3. 说明急救的要点。

4. 讲明绷带用法。

5. 试作。

6. 范作。

7. 交互练习。

十四、制作法

一般儿童都喜欢动手工作。当工作时一定有研究问题发生。社会科中遇有工作的机会或是工作中有研究的机会，都该切实利用。

制作时要注意：

（一）应该适合儿童的兴趣。

（二）应该勉励儿童有独立的思想。

（三）应该有一个确定的目的。

（四）养成分工合作的习惯。

兹举制作"一个洋娃娃的家庭"的例子如下：

1. 参观各种家庭。

2. 打样——房屋家具。

3. 收集材料。

4. 分工制作。

5. 修饰。

6. 批评。

十五、结论

以上所述各法是就活动的本身而定的。各个方法间都有相互的关联，有时一个活动要兼用几种方法。例如做一个卫生运动，其大目的是一种"参加"活动，但少不了"实行""故事""比赛""制作""游戏"等各种活动。本书所以要分成许多方法的用意，不过便于教师的指导罢了。

再看上述各种方法，实在是一种粗率的分类罢了。若细细解析，恐怕写不胜写呢。但是反过来说，严密地归纳起来，却又可以"设计法"三字包括尽的。

总之，我们可以不管有多少种类，务须求得相当效果为贵。一个问题中，应用多少活动，须用何种活动，全视教师能否利用。如果善于利用，那么方法虽少，亦会变化，什么都易收效；不善利用，方法虽多，结果亦不过招致纷扰而已。

教学要项

一、思考养成法

社会科分公、史、地、卫四项，大半属于知识的探求。教起来一面要注意获得丰富的知识；一面要养成正当的思考习惯。二者之中，更须着重于养成思考的方法。因为一个儿童能有正当的思考法，能独立研究，能尽宇宙间的万事万物而研究，知识不患不足。若仅学一些零散的知识而无相当的思考习惯，那么无论教师的学识多么丰富，儿童的记忆多么强固，终不能把一切的事物都记忆起来。即使有记忆的可能，时间上也不够你消磨。即使够你去探讨，结果还等于学成一个书籫①，实际上有何效益？何贵乎有此社会一科！

所以思考指导法是非常重要的。尤其是在小学时代，一切习惯尚未养成时更觉重要。但是思考法不能由教师越俎代谋的，只能逐渐地养成。

以下略分几个步骤，逐一举例说明一下。

---

① 原指藏书用的竹箱子。这里是讥讽读书多而不解书义或不善运用的人。——编者

（一）第一步（适用于幼稚园及一年级上学期）用随问随答法。

例如：

带领一班儿童到街上去走一回，回到教室里来，不等教师坐定，大家已经在那里唧唧哝哝地讲起来了。那时教师可趁这机会，提出几句话来和他们谈谈。

甲生：那边路角上，有盏什么灯？

师：有谁知道？

乙生：大洋灯。

丙生：不！是电灯。

师：那是一盏电灯。

丁生：街路旁边有个绿色的圆桶是什么东西？

甲生：放信的筒。

丙生：那边就是我的家里。

……

这种初步的研究，随问随答，问点游移不定，答语嘈杂无序，好像极悖教育的原理。实际并不见得，也是思考指导法中不可免的第一种步骤。它的优点有：1. 所有的问题，由儿童提出，由儿童讨论，最后才由教师判断。很合儿童的心理，合自发教育的原理。2. 所发的问题，想到哪里便说到哪里，自由自在地研究，使儿童不觉得枯燥，不觉得呆板，并且越讲越有趣味。3. 儿童所发的问题，在成人看来类多无价值的谈论，但在儿童看来却都认为重要的讨论；有时教师以为是个重大的问题，却被儿童三言两语解答完了；有时教师认为细小的问题，在儿童却要花尽九牛二虎之力争论好久才得解决一小部分，这种完全儿童化的研究，教育上确有相当的价值。

（二）第二步（适用于一年级下学期起至三年级上学期止）用摘问口答法。

第一步的方法用熟了，便该进一步用摘问口答法了。否则久用第一步的方法，容易养成一般只会胡思乱想的疯子，贻害匪浅。

第二步的方法，便是儿童问什么，教师把这问题判别一下，把没有价值的不关本题的问题一概删除，把有价值的记录起来。例如参观车站后的研究：

1. 乘火车的人为什么要买票？

2. 为什么有头等、二等、三等的分区？

3. 红绿旗是什么记号？

4. 站长做些什么职务？

所有的问题都摘录下来了，开始逐步讨论。先令全体朗读问语，然后相互问答，例如解答第一问：

> 甲生：大家不买票，那么修火车、造铁路、生煤、取火的钱哪里来呢？

> 乙生：大家不买票，大家好坐火车去玩，火车里的人挤不下了。

> 丙生：大家不买票，大家要坐头等了。

> 丁生：火车站上的办事人，哪里有钱来养活他们呢？

> 戊生：……

> 教师：大家说得都很好，现在再讲第二个问题

这一个步骤，比了第一步谁都知道进步了。计其优点有：1. 发问不好随随便便任意乱说，要问什么先该想妥了再举手，可以养成郑重发问的习惯。2. 虽不能随意发问，都还不限制他们先问什么后问什么，仍有自由思考的余地。3. 每个问题必加充分讨论，对于思考方法似乎

渐趋正轨。4.讨论时教师只处于主席地位，指定发言先后，分别答语轻重，最后加以简略的判断，做个终结，这种方法很可以养成研究的态度。

（三）第三步（适用于三年级下学期起至四年级上学期止）用笔记问答法。

第二步的方法，固然比了第一步有进步，可是只偏于教师的活动（竟有少数儿童不提一问，也不插一答，始终呆坐默想的）。在教育理论上看来还不满足，所以有第三步方法的必要。这一步根据第二步的方法，使儿童发生问题，自己笔记问题，自己摘录答语，使他们更加用心注意。例如研究火的问题：

甲生：我们用什么方法取火最便利？（教师说：这一个问题很好，大家把它记起来——以下同。）

乙生：没有火柴以前用什么方法取火？

丙生：火的用处，除了煮东西以外还有几种用处？

丁生：火炉为什么很贵？（教师说这一个问题与本题无关，不必讨论，无用记出。）

戊生：……

发问多时作一结束，再依问的次序详加讨论。例如将甲生提出的问题，得如下的答语：

甲生：电灯最便。

乙生：不对，电灯从总厂里把电引来颇不容易；并且电火不能与平常的火相提并论。

丙生：火柴取火最容易。

戊生：对啦！火柴取火比了钻木取火、打燧石取火便利多了。

　　教师：的确，用火柴取火最便利，大家把它记起来。

　　这一个步骤有以下几种好处：1. 有了笔记，肯郑重研究。2. 有了笔记，提问的人肯负责任。3. 有了笔记，使思考更有秩序，更容易造成科学的头脑。

（四）第四步（适用于四年级下学期）用归纳问题法。

　　儿童对于社会研究会提问题了，会笔记了，会解答了。进一步的办法，就要注意接近于科学的研究法。先将问题摘录在黑板上，再把相似相关的问题归并起来，依科学研究的步骤，先分析，继集材，后讨论判断，记录起来。例如研究"时疫"的一个问题：

　　1. 什么叫作时疫①？

　　2. 怎样会发生时疫？

　　3. 时疫怎样危险？

　　4. 时疫怎样传布？

　　5. 防止时疫有什么方法？

　　6. 已经传染了时疫，可有什么方法急救？

　　7. ……

　　解决第一个问题，只需检查《辞源》、《学生白话辞典》、卫生小丛书等书本。解决第二个问题，先分析为空气传染、饮水传染、食物传染、用具传染等各小问题，然后搜集相当的资料。

　　这种方法有以下几个优点：1. 研究有次序，思想易发展。2. 研究有方法，思考会周密。3. 思考逐渐进步，能养成优良的学习态度。

　　以上四个步骤都要按部就班地进行，不可躐等，也不可缺略。在初入学的儿童决不能就用笔记法、归纳法来教学。年级高了，也不能用随

---

　　① 时疫，指一时流行的传染病。

问随答法教学，应该照学习法自然进行，做到一步改进一步。

有人以为第一步可以缺略的，那么可以用反诘的方法来解决。第一，幼年生识字不多，即使用摘录问答法也莫名其妙。第二，初学时问多答少，摘录问题需时太多，容易使大半儿童枯坐无事，惹起秩序混乱的现象。

有人以为第二步可以缺略的，也不对。因为儿童惯用随问随答的方法，一跃而叫他们用笔记法，其困难可想见了。

有人以为第三步可以缺略的，这也不对。因为儿童只会说不会做，要养成一般专说空话的人。并且有许多复杂的问题，决不能仅靠口述可以解答的，所以这一步也不能缺少。

有人以为第四步在小学四年级中不能够办到的，这话说得很是。现在一般儿童，还是在注入法底下讨生活，决不配用第四步的方法。如果我们把教法逐渐改良起来，将以上各种步骤加紧指导，至此不至嫌早嫌难的。但是这一步功夫，却是比较困难一些，应该逐渐指导，不必急急希望成熟。大概须有半年之久，才得有些头绪，将来继续指导，自然能够成熟。

兹更就以上所述四个步骤列表说明如下：

步骤	要点	适用年级	目标
第一步	随问随答	幼稚园及一年级上学期	使散漫的发问引到有秩序的发问
第二步	摘问口答	一年级下学期至三年级上学期	使不精细的研究到精密的研究
第三步	笔记问答	三年级下学期至四年级上学期	使杂乱的讨论变成有系统的讨论；使简单的探讨到细密的研究
第四步	归纳问题	四年级下学期	使短时间的谈论引到长时间的思考；从心理的学习渐渐引到论理的学习

二、社会化教法（The Social Recitation）

要使儿童明了社会情状的真相，感到社会合作的真价值，先要在教室里养成社会化的讨论习惯，及注意社会化的训练法。兹先说第一个问题：

（一）社会化的讨论法

社会教学首重讨论，普通学校里教起社会科来，都是先生问，学生答；先生讲，学生听的老方法。教室内的活动，全是教师注入、学生领受的现象。绝不许学生先发问或是学生与学生间相互的讨论。这种教法，委实是教师是个商人，学生是个顾客罢了，谈不到教育两个字。

一个教室里，聚了许多男女智愚不同的儿童，当然应该用社会化的教法。在讨论时，如有意见发表，就该面对大众，高声报告，一字一语，都向全体负责。全体的人也该侧耳倾听，注意他为大众而报告。如有错误，共同订正。

年级高一些的，讨论起来，可以参用开会的形式。推定一人做主席，主持发言、讨论、表决等职务。各人谨守秩序，听命于主席的吩咐，各尽所能，替全体负责。教师不过从旁指导，维持室内散乱的空气，并纠正各人言论的谬点，取决儿童不能解决的问题罢了。

此外还有一种研究问题，需调查多种材料，参考多种书籍的，可用分工合作的方法，推定各组各人分任一切，分头研究，再汇集起来，举行几次公开的讨论，这样才能达到社会教学的真正目的。其次再说第二个问题。

（二）社会化的训练法

社会科教学的目的，有一部分须养成习惯的（如公民卫生的习惯）。必须经过相当的训练，从来学校中对于训练一事都非常着重。可是所施的方法，类多偏于教师的直接训诲，结果养成儿童与教师如鼠见猫，如狼见虎，小心翼翼地奉行惟谨。一背教师便无恶不作，诸事不理了。试问：这种训练有何价值？

社会化的训练法，即使同学有一种组织，能使他们相互监察，使作恶者有所忌惮而不敢犯规；使为善者肯向全体负责，努力为公服务。将来置身大社会中，人人都成一个健全的公民。

如教室中共同订定一种规则后，无论何人均须恪守。谁敢违犯，即群起制止之。叫他离众独坐若干日，以昭炯戒。如有不整洁者，全体责令修饰之。有谁屡戒不悛者，群议处罚的方法罚他，使他从小就在小社会中，养成适合社会生活的习惯，将来跨进大社会内，即无捍格不入的弊病了。

三、阅书指导法

我们从心理实验的结果深知儿童是喜欢阅书的。不过阅书并非只把几本合用的书本（不合用的更不必说），授给儿童大略地读过一遍，就算了事。应该有相当的指导，使儿童能用最少的时间和精力，而得最大的效能。同时可以养成正当的读书习惯，更有独创、判断、组织等能力。

指导儿童阅读社会科的读物，与指导阅读文学读物稍有不同。兹为便于阅者起见，不妨也大略地叙述一下：

（一）指导阅读教科书。并无特异之点。最重要的切不可当作国语教科书看。先摘生字，后范读范讲，再练习读讲，末用背诵摘默结束（现在用新方法教国语也不是这样教了）。做了一套死读书的功夫，结果毫无实益。要知道读社会教科书的目的，并非为了识字而读书，原是为了求知识增经验而借重文字达到它的目的。指导的方法有二：第一种是从读书入手的，先令儿童概览一二遍，再指名试读一次，遇有困难之处，略略讲解，即提出问题讨论，进行应有的各种活动。第二种是讨论入手的。先提出问题，共同讨论。讨论终结后，拿出教科书来，阅读一遍，以作证明。

（二）注意增进读者的能力。指导儿童读书的目的，除了使他们明白书中的字句外，更要设法增进他们的读书能力。第一步先注意增进他们的理解力。分四方面去改良：1. 用浅近语句编著。2. 多用插图。3. 多用故事体裁。4. 每段材料前后加问题。第二步注意增进阅读的速率，可分三方面去改良：1. 养成静读的习惯。2. 免除暗发喉音的习惯。3. 改良印刷的字体。第三步注意增进组织的能力。也分三方面去入手：1. 摘记大纲。2. 多做表式。3. 随时考问。以上各点都能注意改良后，指导儿童读书的功效已得大半了。

（三）指导阅读的附带问题。概括言之，略有五点：1. 当学习时即学习，不可留滞搁置。须凝聚精神，用全力一气阅读。2. 养成判断的能力。分别有关系的记取，无关系的遗弃。3. 注意读书时的卫生，见有斜坐、侧坐、垂头或压迫胸部者，立即警告，令其自行矫正。4. 应有适当的布置，采用公开书架的办法，取书还书，均归自理。5. 读书外助的指导，也不可忽略。凡字典用法、目录查法、图书分类法等，均当有精详的指导。

社会科与他科联络

儿童在学校里，练习适应环境里的生活，照理论上说，只有各种不同的活动，不应该有各种分裂的科目。不过为教师教学便利计，为儿童学习便利计，不得不分成几种科目。但是分科后种种弊病就跟着来了。

各科都单独教授，各不相关，好比第一节常识科讲"助人的童子"，第二节国文教"时辰钟"，第三节上算术计算"杂货铺里的物价"，第四节手工做"一个纸匣"……天天这样教去，节节不相关联，其结果，使儿童脑筋里盘旋着各种不同、零散的、杂乱的知识，好像过着一种乱梦的生活。

联络教材的方法，可以救济以前的弊病。联络的方法有两种：一种是"中心联络法"，一种是"设计联络法"，分别说明如下。

（一）中心联络法

以一科为中心，把其余各科都联上去。普通用社会、自然两科做联络中心的——偶然也有例外——例如社会科研究"皮匠的生活"，读文就读"皮匠奇遇"的节略，美术画"皮匠工作"图，音乐唱"皮匠补我鞋"，作文记"一个老皮匠"，工艺做"假皮鞋"①，自然研究"皮的来历"，体育演"皮匠模仿操"，各科都向中心联络，用图表明如下：

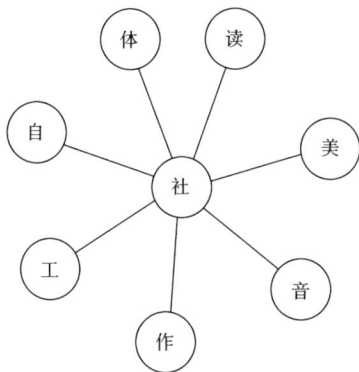

实际上，小学中各科都有相关之处。即以社会一科而论，社会书本的阅读，有关国语科的阅读能力。社会科的补助读物，即可以作国语的副读本。算术应用题，大半取材于社会的材料，而社会研究，有时也需计算。社会与自然相关更多，各地生产与自然相关，天体观象，也与社会有关。艺术写生，须重观察，想象发表，也须细心考察。至于体育与音乐，亦多联络的机会。体育科教社会活动的模仿操，音乐教风俗生活的歌曲。中心联络的机会，真是多极了呢！

（二）设计联络法

中心联络法固然比不联络的好，但是照学习法上看来，还不能算完善的教法，因为中心联络法的优点，至多可以把散漫的知识集合起来，对于学习进程中无大裨益。设计联络法，却有不得不联络的趋势，并且很自然地进行，不知联络，只知要解决各个问题。例如做一个灭蝇的设计，不得不研究蝇之发生、蝇之形态等等，当然要联络自然科。共谋扑灭的方法，制作灭蝇器、缮写广告、草拟传单等工作，当然要联络工

————————

① "假皮鞋"，系指学生制作的手工皮鞋。——编者

艺、书法、缀法等科了。

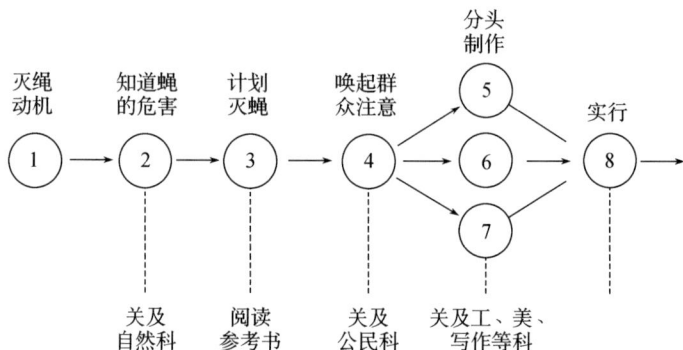

中心联络法与设计联络法比较兹更列表如下：

联络法	一	二	三	四	五
中心联络法	先定科目后定联络教材	预定教材为本位	由教师定的	勉强的	以科目凑事实
设计联络法	先有设计问题后定联络教材	事实问题为本位	由儿童自定的	自然的	事实联络科目

无论采用中心联络法或是设计联络法，应该注意下列两点：

第一是有了横的联络，还要顾及纵的联络。以各个中心题材，前后联成一串相关的题材，叫作纵的联络，好比第一单元研究了本地的市政，第二单元就研究警察的生活，第三单元研究救火的事业，第四单元研究火的利害，第五单元研究发明火的历史等，这种联络的价值，也不亚于横联络的价值。

第二是不能直接联络时，就用间接联络法。例如研究中秋节为中心，自然科研究中秋节的食品，工艺科煮芋头，音乐科唱《走月亮歌》，美术科画赏月图等。读文科如没有相当的材料可找，不妨就读"芋小孩"的故事，写字不能联络，不妨就写读文课中的生字。这就叫作间接联络法。间接联络虽不如直接联络法好，但是总比毫无联络好得多。

成绩考查及测验法

教师对于社会一科，能慎选教材，革新方法，但教学之效果如何，却不能全由主观断定。一定要有考查及测验的方法，验明教学有无缺点，儿童能否举行，求得客观的结果，才可以改进主观的教法。

考查社会科成绩，可分"知识""习惯""能力"三方面着手。以下先就知识方面说一说：

一、第一种用口头考查法

在平时每当教完一个单元后，即加以考问。注意：1. 用新的问题组织旧的经验。2. 从大处发问，不重细节小目、琐屑事情。3. 随时注意劣等儿童。

二、第二种用检查笔记法

大概在四年级起可用笔记。记后注意考查：1. 内容与事实是否符合？2. 文字是否清楚？3. 图表有无错误？

三、第三种用测验法

教师根据本学期中用过的教材，依测验编造法编成一套材料，举行考查。

（一）测验方式：

1. 是非法：使儿童看了问题，辨明是非后填记。例如：

（　　）年级第（　　）学期学生（　　）年（　　）岁（男或女）成绩分数

下面的句子，你以为对的写"+"，不对的写"−"，填在后面括号内。

(1) 运河是用人工开的　　　　　　　　　　　　　　（　　）

(2) 秦始皇是一个很好的皇帝　　　　　　　　　　　（　　）

(3) 佛教是从中国传到印度去的　　　　　　　　　　（　　）

(4) 食物吃得愈多，愈易消化　　　　　　　　　　　（　　）

(5) 开窗睡觉很合卫生的　　　　　　　　　　　　　（　　）

(6) 有了个人的自由，不顾及团体的自由　　　　　　（　　）

(7) ……

2. 选择法：因为前一种方法，学生回答时，即使不能明了，亦可随意填写，或许有偶然填对的。测验起来，很难正确。所以要用选择法比较机遇少一些。

例如下面一个问题中，排列四个答案，其中只有一个是正的。叫学生把正的选出来，如此非用心想一想，不能下手的。

（　　）年级第（　　）学期学生（　　）年（　　）岁（男或女）

下面句子里，你以为第几个答案是对的，就在括号内写一个数字

(1) 燧人氏发明：①打猎 ②兵器 ③钻木取火 ④搭木为巢　（　　）

(2) 五卅惨案发生的地点在：①上海 ②北平 ③济南 ④广东

　　　　　　　　　　　　　　　　　　　　　　　　　　（　　）

(3) 传染症疾的来源：①苍蝇 ②老鼠 ③蚊虫 ④饮水　　　（　　）

(4) 发明蒸汽机的人：①富兰克林 ②爱迪生 ③牛顿 ④瓦特（　　）

(5) 看书时的光线，射入的方向最好是：①上方 ②左方 ③背后 ④右

方　　　　　　　　　　　　　　　　　　　（　　）

（6）……

3. 填充法：选择法虽然比了是非法好，但是机遇的缺点还不能免。比较妥当的要算填充法了。此法将一个问题里缺略的几个重要字，令儿童填充起来。例如：

（　　）年级第（　　）学期学生（　　）年（　　）岁（男或女）

填的字要清楚明了，不必啰唆

（1）我国的四大流域：①_____　②_____　③_____　④_____

（2）五权宪法①的意义是：①_____　②_____　③_____　④_____
⑤_____

（3）五月里的国耻纪念是：①_____　②_____　③_____

（4）五带的名称：①_____　②_____　③_____　④_____　⑤_____

（5）什么叫作三民主义？①_____　②_____　③_____

（6）……

4. 问答法：有时一个问题不能用片言只字答复的，就用问答法。这一个方法，虽是批判较繁，计分难正，但是偶一用之，也有相当的价值。例如：

（　　）年级第（　　）学期学生（　　）年（　　）岁（男或女）

答语以简单明了为主

（1）什么叫作三民主义？

（2）济南惨案怎会发生的？

---

① 五权宪法是孙中山先生对于宪法的主张，是其重要思想，曾列入中国国民党党纲。孙中山对五权宪法早在十九世纪就有酝酿，1906 年 12 月 2 日始正式见于文字。其核心思想是政权、治权分立，政权归属国民大会，而治权乃指行政权、立法权、司法权、监察权、考试权，各自独立运作并互相合作。——编者

（3）为什么要注射防疫针？

（4）养成好学生的习惯，至少要注意哪几个条件？

（5）……

（二）造测验的要点：制造可靠的标准测验，却是一件不容易的事情，应请专家担任。普通学校里自备的测验，造法也不能不明了。下列各点，最当注意：

（1）问题愈多愈易正确。能出一百题最好，计算既便利，成绩又可靠。

（2）题目的难易，应依次排成先后。

（3）问题的文字，要简洁，要避去双关的意义。

（4）每一种方式应另用一页，以免混乱。

（5）写法要便于批判。

（三）主试人注意点：

（1）始终要保持和悦的态度。

（2）学生座位要适宜，避去外来的扰乱。

（3）主试人讲话须清楚。

（4）禁止偷看或抄袭。

（5）时间不能过长，大约以六十分钟为限。

（6）桌上不宜放置杂物。

（7）按每行人数分发试卷于每行第一人。

（8）等被试人完全明了后开始测验。

（9）开始测验后不准再问，问亦不答。

（10）不能另用草稿纸。

其次，说到习惯的考查法。依性质的不同，再可分为公民习惯与卫生习惯两种。公民习惯，大都依训育标准而考查。例如小学第一学年上学期用训育标准第一段：

（1）靠左边走路。

（2）吐痰入痰盂。

（3）手和用品勿接近嘴鼻。

（4）勿在廊下跑。

（5）勿涂抹墙壁。

（6）指甲要常剪。

（7）身体要清洁。

（8）勿把纸屑、果壳投在地上。

（9）准时到学校。

（10）室内走路要轻。

这项训育标准，共有百多条目，由易而难，等分为十二阶段，匀配于各学期中注意。考查的要件，大概有以下五条：

（1）凡对于某阶段中能通过四分之三以上的，即为及格，得进用下一阶段。不及四分之三的，即为不及格，仍沿用原阶段。

（2）本标准用于三年级以上的儿童，可由他们自行记载。考查时，师生双方对照，如有误处，彼此申明。

（3）定期考查，大概每月举行一次。一学期末，总考查一次。

（4）记载记号，通过的写"+"，不通过的写"−"，已经改用的写"△"。

（5）考查用的表式。

①儿童个人用的：

级　　第　　阶段　　自省表

条目 周次	1	2	3	4	
1					
2					
3					
4					
5					
6					
7					
8					
9					
教师签字					

②儿童团体用的：

级注意

姓名 阶段	做错的人
段条	
段条	
段条	
段条	

③教师用考查个人的表式：

级　　　学年　　　学期

姓名	男女	年级	
条目	考查次数评定			评定
	1	2	3	

④教师用考查团体的表式：

	姓名	通过的	应注意的
1			
2			
3			
4			
5			
6			
7			

卫生习惯的考查法。个人的依十大信条考查，（表式记载及成绩考查法同前项四种）信条如下：

（1）我坐、我立、我走，常常正直。

（2）我天天把指甲剪去。

（3）我常使头发清洁。

（4）我不随地吐痰。

（5）我不随地抛弃字纸。

（6）我常使书包清洁。

（7）我常使衣袋清洁。

（8）我每天早操不缺席。

（9）我饭后不做剧烈运动。

（10）我每天课后运动半点钟。

团体用的清洁检查表如下：

清洁事项 学生姓名	面部	头发	耳朵	牙齿	手臂	衣裤	鞋袜	手巾	书籍	用品
1										
2										
3										
4										
5										
6										
7										
8										

考查办事能力，比较最难。既无标准可依据，更难精密地批判。仅就大体说一说，可分下列各项办法：

（1）调查一学期中，开会时有无缺席，可查各机关集会点名簿。

（2）调查服务机关中有无过失，可查各该机关的日志簿。

（3）学期末由教师汇评各人的办事成绩，分别等次。项目如下："守时—误时""诚实—欺诈""公正—作弊""敏捷—迟缓""清楚—杂乱""热心—懈怠""细心—粗鲁""和气—凶横""有恒—灰心"。

考查社会成绩，不能仅在知识方面出几个测验问题，就算了事。应该在各方面（学校组织、训学、事务、各科教学等）都协力注意，才能收到美满的效果。

幼小教育论

试行道尔顿制之困难问题
及其补救办法

中国教育界试行道尔顿制，不过一年多些。最早试行的吴淞中国公学，已有报告在《教育杂志》上。其他各校相继试行的，很有几个，也有好多学校有过报告的。但是只有试行的实况，没有困难问题的研究，是不足以供吾人参考。本篇是周为群先生的讲稿，（周先生是中国公学试行道尔顿制时的教务主任，对该制颇费心力研究。敝校拟行道尔顿制，故特请先生作短时间的讲演）详述中国公学试行道尔顿的困难及其补救办法，现录出以供教育行家参考。

在未讲本题以前，先要说几句理论上的话。大凡一种新制度的产生，一定为了旧制有缺点而谋改良。行新制实为改良旧制，并非受好奇心的驱使。中国公学试行道尔顿制，原为试行分科制的补救办法。

试行新制，改良旧制，还要抱一种态度，就是明白一种新制度的理想是单纯的，要试行这种新制度的经验是复杂的。用复杂的经验去试行单纯的理想，要抱试验的态度，想出种种方法去试行。绝不可拘泥人家的结果，以为是金科玉律万无一失的法则。简单说，原理则一，方法则可由人自定。

道尔顿制的理论根据是：（甲）注重学生自动，（乙）发展学生个性。旧制对这两点很忽略。在同一时间内，用同样材料讲给几十个能力不同的人听，怎样能收教育的效果呢？道尔顿制就是在这一点上着手改良，把堂课的讲演改到极少，或者竟改到没有，而用以下三个方法来指导：

（一）工作指定——以中材生为标准，定出各组各科的作业概要（工约）；由学生领了工约做去，做到满足教师的考查标准为度。

（二）学生用的作业日记表——学生得自由分配学习时间，什么时间要学习什么功课，要学得多少量度，都可以自定，在作业日记表上做一个记号，这样可使学生自己了解自己的学业状况。可使教师定学生的作业分量。

（三）教师用的作业成绩表——为总览学生的作业状况，并防他们记载作业日期表时作弊而设。

照上面说来，教材制成工约，由学生自己去收集材料，学习可以自由分配时间，教员随时指导，只靠作业成绩表稽查。这样，学习不受班级制的牵掣，是当然的事了。照中国公学试行的经过看来，以上各点都有可怀疑之处。都有困难问题发生，以下逐项细说。

（一）工作指定的困难——工约上的材料，一学周一定。定了一周的材料，由学生去分配学日学习，学一日记载一日，到学完了一周时，考查成绩，给予下一周的工约。试问，一学周的学习分量根据什么定呢？根据旧时教科书，旧时教科书并不用学周分。根据教员主观的判定，主观又各人各异，更靠不住。根据客观的标准，依据学生的作业日记表，做成大统计，定出某种材料至少需费多少时间，至多要费多少时间，大多数人平均计算起来要费多少时间；这样定学周的工约似乎靠得住了，但也有想得到做不到的问题。

1. 统计人数愈多愈正确。把中国公学的人数统计起来，是不很正确的。不很正确就不能依据。

2. 一个学校有一个学校的时间分配，甲校所定的不适用于乙校；中国公学所定的不适用于非中国公学。就是造成统计，不过可供一校试用，别校不能作为参考，费力多而效用小。

3. 教材有时代化的，前一年所用的教材，有时竟不适用于后一年。前年做的统计，不适用于后一年，造统计枉费心力。

4. 造统计根据于学生的作业日期表。学生的学力不丰，划分学日，怎能靠得住呢？聚许多靠不住的记载，这统计有什么用呢？所以说工作指定是不精确的，靠不住的。

（二）学生记载作业日期表的困难——上面已经说过，学生记载作业日记表是靠不住的。因了靠不住，学生对于计表失了信仰；弄得不好，竟可以变成完全瞎记，或一些也不记。就是有少数优秀学生被教师催促，能够仔仔细细地每次记起来，试问记了对于他的人生有多大益处？益处没有见，弄昏脑筋的弊害倒已经见了。小学生脑力有限，卫生要紧，这一点也不可不注意。

（三）记载作业成绩表的困难——作业成绩表上的记载，是参酌作业日记表的，作业日记表既然靠不住，作业成绩表当然也就不中用了。

（四）堂课的困难——道尔顿制试行之初，各组学生程度相仿，指导容易，堂课也好上。一二月后，一组中逐渐参差，分成若干程度不同的组，久而久之就会变成一二人一组，三四人一组。指导繁复，堂课不能成立了。不要说教室的不够用，时间表的难排，一个教师花去许多时间，只能教少数的学生，似乎不太经济，太不适应于学校教育。

或者有人说，解决这个问题并不难，只要把工约做得好，就可以废止堂课，但是这句话又是能说不能行的。且看下面的理由。

（五）堂课不能废止——照理论说，道尔顿制注重各人的自由工作，不能用堂课教授。但是学生程度够不上自力搜寻参考书，拿了工约，自力去研究，非得有教师的帮助，是很不经济的。在教师方面，要逐个指导，往往有统一的方法费去几十回相同的讲解。教授也很不经济。因此，不能不用堂课教授。

（六）学习限制的困难——道尔顿制成立后，个人不受班级的牵掣，这一个现象大家都可以看得出，但是道尔顿制在中小学试行起来，个人的学科还是要主张平均发展的。照中国公学初级中学的现状，有社会常识、国文、科学常识、英文、算术五科试行道尔顿制。一学月内，五门功课有三科及格，两科不及格的；停修及格的三科，专修不及格的两科；等五科一起及格了，再准备下学月的工作。这又是理论与事实不符的地方，因为无法限制他不修下学月的功课而专修不及格的功课。

况且不及格的两科，不是繁难的，定是不喜欢学习的。若是繁难的，是他学力不够，停修他三科，专修这两科，还是弄不明白。倘使是不喜欢学习的，专修还是不喜欢，到底不肯努力去学。不喜欢的，叫他硬学他不学；喜欢学的，又不许他学。即使能够办到限制，那么，不但费时，而且最大的弊端是着他斫丧他的学习兴趣。

（七）不能免除留级制的弊病——道尔顿制个人不受团体牵掣，粗看起来似乎可以打破留级制的弊病了。但是事实上却不然。譬如三科及格，两科不及格，专修两科，这就是两科的留级。倘使五科都不及格，重习一学月，就是留一月的级。只有时间长短的问题，根本没有什么出入。并且学月留级有不如学年留级之处。

1. 学年留级时间长，有活动余地，可以在寒暑两假期内补修，开学时补考及格，仍得随班学习。学月留级，就没有这层好处了。

2. 学年留级，事前有所警告，得特别留意。学月留级，因时间短促，往往缺乏过后努力的机会。

3. 学月留级比学年留级次数加多，学力差一些的学生容易灰心向学。

4. 学月留级，因工约支配的关系，堂课讲演的关系，教授上困难

几何科甲组学生每学月作业成绩分数表

学月	十月二十八日至十一月二十四日 第 三 学 月								
学周	1	2	3	4					
分数　分数类别　姓名	平时分数				平时分数之和	平时平均分数	考试分数	平时平均分数与考试分数之和	总平均分数
胡　镕	85								

问题，要发生许多。

（八）少合作的精神——班级制中用同一方法，教同一材料，学生中倒容易见得出有合作的精神。道尔顿制下的学生，虽说集师生在一堂，互相可以切磋问难，合作精神不见减少。但是依事实看来，却不然。优等生为学习的努力，自己好胜他人，不肯多分时间帮助人家；劣等生也因好胜心及羞恶心，情感战胜理智，不肯问难于同学，情愿去请教老师。所以聚一堂各不同的程度在一处作业，各归各做去。相互间竟可以说丝毫不发生什么影响。

以上困难问题说完了，下面再讨论补救办法。

（一）减少堂课时间——学生意见以为堂课可将个人所参考来的零散知识，加以整理贯串，这种指导，必不可少。但是堂课过多，容易养成学生的依赖恶习。又因配课关系，不能不把堂课时间减少。

（二）改变作业日记表——作业日记表记载不正确，又过费脑力，打算改为作业周记表，但尚未实行，而作业日记表早已停发。

（三）改变作业成绩表——因为作业成绩表的记载靠不住，现已改用每学月作业成绩分数表，和原表大不相同。

（四）指导事生组织各科课外研究会——由学生自由组织，教请教师做指导员，补道尔顿制不合作的弊。

（五）改变成绩考查法——照从前的规定，五科中一科不及格，不能进修下学月作业；这样，留级人太多。从前艺术、体育不注重，太偏于死读书，专在记号科上用功夫，要养成不健全的人格。现在改革几点如下：

甲、把全部功课分成智识、艺术、体育三大科。智识科包含国文、算学、英文、社会常识常识、科学常识五科。各科作业成绩分数，各各独立，绝对不能互相平均。艺术科包含工艺、美术、音乐等科。因技术关系，特别宽限，本科中各门可以互相平均计算。平均数及格，作为及格。体育科考查法分体格检查、操练次数、普及运动、特种运动、体育常识五项，也可平均计算。

乙、三大科各各独立，不得平均。

丙、学月成绩不及格，可以进修下学月的工作；到学期终了时，结算一下，倘使某科各次的学月成精平均起来可得及格，就算及格。

丁、一学期中有某科成绩不及格，准其在假期中补修。开学前三日内补考及格进修第二期工作。

戊、一科一学期不及格，开学补考又不及格，还不留级；依次积下去，直到他科都修毕时，还不及格，即不得毕业。（补修该科到及格时仍得补给毕业证书。）

己、学期成绩，如有两科以上不及格，仍如前令补习，经复试仍有二科以上不及格，则留级一学期；如只剩一科不及格，则照戊条办理。

庚、天才生的各科学期成绩，都在八十分以上，则有超越生资格，叮跳过一学期学习。（所跳过的材料，仍须给予，嘱其在假期中补修，开学时给以相当的试验。）

写至此，讲词完了，记者还有几句都说的话：

（一）本篇意在供给试行道尔顿制的参考，并非为反对道尔顿制而发表，请读者不要误会。

（二）本篇整理完毕后，曾经周先生改削，特此致谢。

（原载于《教育杂志》1924 年第 16 卷第 4 号，署名沈百英、俞焕斗）

谈谈幼稚教育

自愧对于幼稚教育没有仔细研究过，更没有当过幼稚教师说得出一些实际经验来。哪里配来谈幼稚教育呢？不过，平日对于幼稚园的著述很喜欢拜读拜读，对于幼稚生的上课很喜欢去参观参观。自己不能说有多少经验，不过低年级的教师却干过几年。或许幼稚园的教法和一、二年级略有几分相同的地方。因此，不揣冒昧，也来谈谈幼稚教育。还望研究专家加以指教。

一、谈谈幼稚园的算术游戏

幼稚园里不希望他们有多少算术本领，所以也不必特别去教他们算术。但是能够在各种游戏里参加一些算术的机会，未始不是一举两得的好法子。下面举出几个例子，聊示一般：

第一例：带韵语的唱数游戏

教材里有"一只老花猫，两只耳朵竖得高，三角眼，四处找，五爪舞起，六鼠就逃，七曲八绕，几乎追牢，追过橱顶，跌了九跤，到底没有捉到，花猫心里十分懊恼"。又"冬瓜冬瓜，两头开花，一口气要说二十四个冬瓜：一个冬瓜，两个冬瓜……二十四个冬瓜"。教起来用全体呼唱，或依教鞭高低呼唱，或用体操时报数法唱。总之要有兴趣，不要使他们厌倦。

第二例：故事式的数数游戏

教材如"三岁小宝宝，拿着铜子排一条。母亲教他数一数，一遍一遍数不了。他数一个两个，忘了再数，一个两个三个，忘了再数；一个两个三个四个，忘了再数……依次讲下去，依次数下去。数到后来，爸爸来了，他又忘了；哥哥来了，他又忘了；姊姊来了，他又忘了。大家一起看他，他拿着铜子不数了"。这一个故事，一壁讲，一壁拿着铜子叫儿童依故事中去数，他们的兴会一定很好。

第三例：数数的玩具

譬如用一个点头的痴官（中国纸泥玩具之一），把手一摇，他的头点个不休，就利用他做数数的游戏。预先可教儿童各人猜定一数，查结果是被谁所猜准。大家拍手鼓励他。

第四例：认数字的游戏

教材如地上写了几个数字，用豆囊去投。投中了一字，要说出什么数来，算胜；或者投中了拍手计出数来，算胜；其中有好多变化，全靠教师的活用好了。

或者用两块立体方木（每块每边约四寸），每面写一个数字，指名儿童在地上摆弄，可以练习认数字，还可以练习加、减、乘各法。

第五例：认数故事游戏

这一个方法是把认数、故事、游戏三种趣味合在一块儿去做，对于幼年儿童，很有兴趣。方法：在讲故事前先用备好九个硬纸剪成的蛋，每个蛋上写个数字。讲故事时分配一儿做母鸡，一儿做老鼠。老鼠问母鸡说："小孩向你借皮球，你肯给他玩吗?"母鸡说不肯，老鼠去了。老鼠再问母鸡说："小狗向你借馒头，你肯给他吃吗？"母鸡说不肯……

（把类似鸡蛋的几种东西插进去）老鼠说："我要吃你的鸡蛋，可以吗？"母鸡说："请你等一下，待我藏一藏，停刻儿你找到几个，就给你几个。"老鼠退出，母鸡把蛋子藏在各人身边。随后由老鼠来找，找到后说出蛋上的数字，作为鸡蛋被老鼠吃去；错的行个礼，再换一个人来替代他。

第六例：加减法游戏

这种方法在小学一、二年里通行最多。在一组年龄较大的幼稚生，也可以趁着机会去做。例如投环游戏、猜拳游戏、飞鹰游戏、买卖游戏、拍球游戏，等等，另有专书可供参考。（商务本算术游戏）

二、谈谈幼稚园的读书

小学校里的读书问题，讨论的人很多；幼稚园里的读书问题，讨论的人很少。最近在《中华教育界》十六卷三号上有一篇张宗麟君著的《幼稚园里的几种读法教学法》所论很详。本文所述的，偏于教材编制方面，及适合于团体教授所应用的。

书上的字　低年级的教科书，从铅印体改为石印体，都认为很合式了。但是据个人看来，还不满足，最好把它改成孩儿体。譬如成人写"小大由之"四字，把小字写成小，一竖钩写成头粗腰细脚又大，左点像种子，右点像鸟嘴。儿童看了一笔，已经非常复杂，既不便认，又不便记，更不必说模写了。如果改用孩儿体，对于儿童的读书问题，便解决一部分了。

语句的兴趣　同样一句话，给孩儿看的要用孩儿的语气，才合他们的心理。譬如说："月亮亮，月亮亮，家家宝宝出来走月亮。"如果改成"月亮很亮，许多小孩出来走月亮"那就没有兴趣了。

采用儿歌化的教材　例如"排排坐，吃果果，小肚子，吃不多，小肚子，吃不多，排排坐，唱山歌"。又如"小宝宝，年纪小，不会走路要妈抱，妈妈抱了哈哈笑。小宝宝，不要抱，学走路，哈哈笑，走一步路跌一跤"。

选用字句多重复的　例如"我愿做个好小孩，头发清洁大家爱。我愿做个好小孩，面上清洁大家爱。我愿做个好小孩，手上清洁大家爱。我愿做个好小孩，脚上清洁大家爱。我愿大家做个好小孩，大家清洁大家爱"。共七十二字，只有十八个不同的字，一课平均每字反复四次。又如"小宝宝，你要谁来抱？你要爸爸抱，爸爸出门买衣料。小宝宝，你要谁来抱？你要妈妈抱，妈妈替你做棉袄。小宝宝，你要谁来抱？你要姊姊抱，姊姊替你结手套。小宝宝，你要谁来抱？你要哥哥抱，哥哥上学要趁早。小宝宝，你也不要抱，坐在小车里，替你摇几摇"。共九十九字，有三十六个不同的字，平均每字反复 2.7 回。比前课生词虽多，但是兴趣要好些，所以字多也不妨事。（以上两课教材，都给幼稚园最高班生读的。）

单字句的教材　对于单字的选择，主张多用可以表演的材料，作者曾在《幼稚园概况》上表述它的好处。依表演分：（一）指示的字，如"黑板""桌子"等；（二）用声音表示的字，如"唱歌""火车"等；（三）用动作表示的字，如"撑篙""切菜"等；（四）用声音和动作联合的字如"放枪""吹喇叭"等。新授用表演入手，复习用表演练习。儿童只知在游戏，不知在读书，是一种很好的材料。

书上的插图　现在幼稚园的读本上，都有插图。有个马字画匹马，有个牛字画只牛，虽是可助兴趣，但是兴趣不多。如果要使插图充满儿童的兴趣，非采用滑稽画、拟人画、孩儿画不可。例如：

新书的图三

孩儿画

新书的图一

拟人画

新书的图四

缩形画

新书的图二

滑稽画

用大挂图教　幼稚生年龄很小，注意力不易集中，叫他们看着某字，他们又看到图上去了；叫他看着第一面，他又翻到第八面第九面去了；叫他读书，他又弄东西了。要他集中注意力，是万分困难的事，如果用了大挂图，将一张很大的纸，照着书上的字与图放大起来，用教鞭指一字读一字，比较容易集中注意力，容易认识字句。读者不信，请尝试之。

复习的一法　复习法很多，最经济而最有兴趣的，举一例子在下面：

牛	狗	猫	树	草	羊
毛	木	衣	老	吃	

用一张大纸画了方格，随便写着许多生字。另外用一块方孔板如图□——套上一字，叫儿童读出一字，愈读愈快，每次约有十分钟的练习。

组织幼稚园图书馆　图书馆的分类，只要分成图画、单字、短语、故事、歌谣等类好了。看完第一类，可看第二类。材料的来源，除购买坊间本外，可采用香烟片说明图、剪贴画报说明图、儿童画说明图等。

三、谈谈幼稚园的音乐

走进幼稚园，不绝地听着琴声歌声，这是何等快活。可是仔细调查一下，有许多不能使人满意的地方。原来他们所选的曲，不是西洋耶稣调，就是东洋进行曲；所选的词，不是文言句，就是土白调。（唱歌以音韵为要则，不成韵的土白调，非常难听。）所教的方法，不是静听，就是和唱。这样教音乐，只能说有一科音乐罢了，谈不到音乐能陶冶性情，能养成活泼的兴趣。以下略供一些对于音乐的意见：

乐曲　采用中国固有的曲调，或就负贩声编为曲谱。例如：（上海人卖白果的）

```
i    5 | 6 6 5 | 6 5 4 3 | 2 3 2 | 1 — |
煬    手    热白果    一个铜子   买四   个

5 5 5 3 | 2 3 2 | 1  6 | 5  1 | 2 2 2 |
香又香来    糯又糯    便 宜   价 钱   买好货

1  5 | 6 6 5 | 5  3 | 2  3 | 1 — |
要 喫    就来数    不 买   要 挑   过
```

歌词　编选幼稚园用的歌句，应有下列各条要则：

（1）歌词过长，很不适宜；但是太短了，也没有什么兴趣。

（2）儿歌最合于儿童的兴趣，应该多方采用。

（3）要编成可以表演的歌。

（4）与其描写大人的生活，不如改为描写儿童的生活。

（5）字句虽不给儿童看到，也要浅显明了为主。

（6）语句合于儿童的口气，使儿童易于上口，易于记熟。

新授法　新授一歌，该有下列各项步骤：

（1）从歌词上引起动机。

（2）范读语句。

（3）模仿读。

（4）奏琴范唱。

（5）学唱。

（6）离琴范唱。

（7）和琴唱。

表演法　表演法的分类和名称不知应该怎样说法，现在姑且把它分成下面几种：

第一种声音模仿　像"鸡叫喔喔喔，蛙叫阁阁阁，风吹呼呼呼，雨下滴沥托"。

第二种说什么表演什么　唱到"坐"就坐，唱到"拍手"就拍手。

第三种唱什么模仿什么　唱"打铁"作打状，唱"小小儿童学吃饭"，左手握圈作碗，右手伸两指作筷，模仿吃饭状。

第四种情绪的表示　唱到"来来来"作招手状。唱到"快乐"作笑。唱到"惊惶"，瞪出双目。

第五种简略的表示　唱着"出门去"踏步作走状；唱"小宝宝，年纪小"，拍胸，示小指。

以上各种表演法，在实际表演起来，还不止唱一句做一句。应该把各种动作联合起来，化成一个柔软的姿态。并且要在甲动作过渡到乙动作的时候，增出一种过渡的动作来，才有活泼的神气、优美的表情。

于尚公小学

（原载于《教育杂志》1927年第19卷第2号）

从统计上看国民教育的问题

国民教育的问题多，各人从各个角度来看来都觉得非常重要。但就整个的国民教育做一个鸟瞰，似乎更不可以忽略。

我们把本年六月教育部发表的《全国初等教育统计》作为研究的对象，也许可做一个鸟瞰，也许说话不会落空。统计的大要如下：

一、全国共有二十六万九千九百三十七个小学（包括中心国民学校、国民学校、小学幼稚园在内），约数为二十七万校。

二、全国共有六十八万零二百九十八学级，约数为六十八万级。

三、在学儿童数为二千一百八十三万一千八百九十八人，约数为二千万人。

四、全国（教师）有七十八万五千二百二十四人，约数为七十九万人。

统计的项目有不少，我们单就这几项而论，就发现以下几个很严重的问题。

（甲）全国有二十七万个小学，在小国看来可使人吓了一跳，但在我们堂堂大国说来，要行普及教育还差得很远呢。

（乙）二十七万个小学，统算只有六十八万级，平均每校不到三学级。换句话说，就是每个小学的规模大的少小的多。就日本的情形说，他们在初办新式学校时，单级学校到处都是。到了此次大战以前，那些小规模的小学差不多看不见了，无论城市或乡村称为小学的都是规模很大，以前的小规模小学都化零为整了。这一点也值得我们注意，办小学究竟是以分办为宜呢，还以合办为宜？

（丙）全国小学平均只有三级，可见小学读到三年的已经是个平均数了，读不到三年的不知有多多少少。按此情形，我国现以六年为义务教育，课程标准也以六年为本位。事实上，大部分不能学完规定的课程，是否应该另定简易课程，以应目前需要？或者仍旧保存旧式课程标准特点，将前四年课程作为告一段落？

（丁）全国二十七万校，容纳二千多万儿童，平均每校有七十多人。据有行政经验的人说，内地乡村小学往往名目上有六十多个或七十多个儿童，实际上到校的每天不过七八人或十多个人，当教师的等于冷庙里的菩萨——上课时因环境冷落毫不感觉兴趣，于是缺课放假常有的事，有效等于无效。如果采取合办方法，假定以三级并为一校，每校可有二百多人，兴趣就浓了些。但不知实施时究竟有何种困难。（交通不便的困难应该用人力去克服，例如训练儿童多跑一些路，作为体育与劳动的成绩。）

（戊）六十八万级共有儿童二千多万人，平均每级有三十多人。一级容纳三十多人，好像属于理想了。哪里知道这三十多人并非统一程度，至少包含两个年级或三个年级，甚而至于有四级或六级。换句话说，就是全国多数是复式教学，既然多数是复式，为什么现在只编单式应用的课本，只重单式的教法呢？按照实际情形，是否应该多多研究复式的教材教法。

（己）六十八万学级由七十九万教师担任，平均一级有一个教师多些。爽脆地说，就是一个教师担任一级，不论初小高小，不论哪一种科目，大概都是一人包办一级。在外国小学中也有这种办法，可是我国的教师待遇薄，能力差，修养不够，请他们一人包办一级，国语要教，算术要教，常识要教，劳作、美术也要教，体育、音乐也要教。实际上是否能够做到？在这样的师资缺乏的现况中，要找件件皆能的良师，恐怕全国也找不到几位。莫怪各校的实施状况，大多数变成一切都不教。在初小部分（现在不分初小、高小，为说明便利计，仍用旧名），最多只教一课国语；在高小部分最多只教国语和算术两课。（社会自然也当国语教）如果采取并校的办法，除普通级任外，至少可配一二个专任教师，课程科目就可以完备了，但不知实施时有何困难？

庚、现在正在提倡每保设一国民学校，将来小规模的学校一定更多。以后的困难非但不能改轻，必然地越来越严重，如校舍不经济，费用不经济，人才不经济，学习不经济等。我们一面为求教育的普及，一面更想教育的效率增加，对于每保一校的办法，是否有考虑的必要，敬请全国教育专家多多指止。

（原载于《教育杂志》1947 第 32 卷第 6 号）

谈 教 师

一、教师的修养

有好多的人，好多的书，都谈到教师修养的问题；有的提出几个原则，有的举出几个例子，各说各的，各有充分的理由。实际归纳起来，并不繁复，只要把自己的右手举起来看一看，一切可以包括无余了。

第一，看到那只大拇指，在"大"字上想一想。当个教师，应有伟大的志愿，远大的眼光。怀有"先天下之忧而忧，后天下之乐而乐"的性情，才能仰不愧于天，俯不怍于人。

第二，看到那只指指①，就在"指"字上想一想。当教师的应具指导的信念，应有指导的方法。对学习，是指引大家运用巧妙的方法，入自动学习的门径。对训练，是指引大家遵守共同的秩序，到自助助人的境域。

第三，看到那只中指，就在"中"字上想一想。当教师的应有中心的思想。看了甲种书，以为甲的主张对；看了乙种书，又以为乙的主张对；听了甲的言论，以为甲派是合理，其余都要不得；反过来说，听

---

① 指指，即食指。——编者

了乙的言论，又以为乙派是正宗，其余都是邪说。教育没有中心思想，打不起一个造就人才的图样，怎么可以谈建设国家呢！

第四，看到那只无名指，就在"无名"两字上想一想。当教师的担负建国的责任，专做基层的工作。一面只得到微薄的报酬，很少有人注意到这种职务的伟大。当了一世的小学教师，等于做一位无名的英雄。这虽是社会待人的不合理，但我们当教师的，就应该以无名英雄为己任，以无名英雄的作风为作风，那才见得教师精神的伟大。

第五，看到那只小指，就在"小"字上想一想。当教师的应有小小的技能。例如教材应该怎样编著，应该怎样活用；教具应该怎样创制，应该怎样运用；说话应该怎样入情入理，态度应该怎样不卑不亢。凡属小学教师应具的小小技能，都应该学习一些。

五个指头分别说过了，我们再把它合成一个手掌，在"手"字上说一说。当教师的虽有多方面的修养，但归纳起来，只要注意"着手成春"一句话。因为教师等于医师，医师偏重于肉体的医治，教师偏重于精神的医治。凡百毛病，只要能够做到"着手成春"四个字，于心就安了。

以上说了许多话，也许有人以为太抽象，不切实际，那么我们还可以伸一只左手来说一说：

第一，看到小指，很容易想到它的小巧玲珑，暗暗地指示我们对于行动要灵活，对于思想也要灵活，无论对人对事，都要有玲珑乖巧的应付，才能胜任而愉快。

第二，看到无名指，很容易想到它的艺术身份（因为戴戒指的，往往把戒指的重任请它担负。戴戒指含有装饰的作用，装饰就是艺术）。我们看到这只指头，就该想起教学应含艺术的意味。教态要富艺术，说话要具艺术，应付要合艺术，一位神乎其神的老教师，就等于一位艺术家。

第三，看到中指，很容易想到它的特别加长，暗暗地指示我们必须有个特长。无论你担任什么年级、什么科目，除通常应该知道的学识外，更需要对于某种爱好的科目，有个特长，然后才有新的进步，才有教学的兴趣。

第四，看到指指，很容易想到它的职务繁重，暗暗地指示我们进修必须多方面注意。无论办理校务、管理儿童、解决疑难、批订课卷，在在都要具备起码的常识。

第五，看到大拇指，很容易想到它的壮健硕大，暗暗地指示我们身体必须十分健康。因为教师的工作，非常繁重，没有健全的身心，无法担任这种职务的。

我们看到右手，从大拇指看到小指，表明应从大处着眼；再看到左手，从小指看到大拇指，表明应从小处着眼。两手看过了，各方面都做到了，就是很完善的修养方法。

二、漫话"福"字

俗语说得好："大难不死，必有后福。"小教同仁，经过这些大难，躲过炸弹、避过惨杀、熬过饥饿，总算获得一个不死的身体，我想大家必须都有后福。

不过，我们想想，过去有什么福呢？以前在抗战期间，穿的是破衣，吃的是糙米，住的是着地①，这三句韵语，很够为我们小教同仁写照了，究竟福在哪里呢？我们再就"福"字来讲，更会使大家哭笑不得。你看，"福"字的左边不是一个"衣"字吗？这件衣服粗看还像个样，细细一查，却少了一个纽襻，十足的形容大家穿的是破衣。再看"福"字的右上半，不是"一口"两个字吗？这意思分明是说薪水所入，只能糊过一口；而且这个口字中间，空空如也，一点吃的东西也没有，很够形容吃不饱的现象。末了看到那个"田"字。"田"就是田

---

① 着地，原文如此，不详。——编者

地，可以当作住的代表。说起我们住的又很可怜。那个"田"字直起来看，不是像扇窗吗？那扇窗上只有四个窟窿，连一方玻璃也没有，你想住得舒服吗？当小学教师的衣也破，食也苦，住也无，所谓大难不死之福，究竟福在哪里呢？

大家不必急，且听下面分解：在抗战期间，我们小教同仁为国家民族而牺牲，生活苦些是应该的。那些场面阔绰、衣食丰足、生活超过理想标准的是不应该的。我们担任小学教师的应该有个正确的思想，就是不能以小我的物质享受为福，而以大我的共同享受为福，那才是"福"字的正当看法。过去，我们在物质上虽然苦些，在精神上却有一种报酬；一个人能够领受这种报酬，心上就有不小的安慰；有了安慰，就有超等的洪福。

我们担任小学教师的，不论校内外，儿童看见了，总是向我们深深地一鞠躬。就是儿童在小学里毕了业，升入中学或大学了，有的在社会上服务了，老师不认识学生（学生年龄渐长，容貌改变很多，当老师的不容易认识他们。反过来，因为老师年龄大、变化少，所以学生很容易认识老师）。学生看见了老师还是恭恭敬敬地向你打招呼，这种光荣的报酬，不是比了穿一件华丽的衣服更威风吗？

还有一点，当教师的同时也是社会上的领导者。现在国家正待建设，建设必须造就人才；人才的培养，不能逃过小学教育的一个阶段。我们担任基本的文化工作者，现在苦心指导，将来人才造成，国家建成，回想到现在之苦，一定觉得津津有甜味。那种苦后回甘的精神报酬，不是比吃了鱼翅海参更有滋味吗？

我们为国家培养人才，干些神圣的事业，既不负于人，又不愧于心。白天虽是劳苦些，晚来必能安安稳稳地睡一觉。一个人能够天天安稳睡觉，不是比住洋房、做噩梦的好得多吗？

我不是有意向大家打趣，也不是学着《伊索寓言》的话，说什么葡萄吃不着是酸的。我们站在做人的立场上，站在小学教师的立场上是应该这样想的。至于大家生活的清苦，苦到水平线以下，那是战时的特殊现象。不久的将来，必然会得改善。不过到了改善的时候，我们仍旧不能认为物质的享受就是福。因为物质的享受，有时反会惹祸，有时反要受害；即使无祸也无害，至多不过得到一种俗福，绝不能认为真正的幸福。真正的福是什么？是一个人能够得到精神上的安慰！

三、教师乐

旧式的社会里，说起教师就会联想到是一种坐"冷板凳"的职业。这"冷板凳"三个字，充分地说明了教师过的是清苦的生活。这种情形，直到现在还有许许多多的人这样想着。但实际上不能这样想。

因为无论什么话应该从两面看看。当教师的是不是只有苦没有乐？我并非作阿Q想法，事实上，当教师的确也有乐的。你看，一般天真烂漫的孩子，有病的不到校里来了，到校的个个笑容可掬，活泼可爱的小天使，你善意地同他们接近、接近，能使你返老还童，能使你却病延年，世界上有哪一种职业可以同它媲美呢？

至于学校中的生活常常随着时代的变化而变化，差不多天天在新鲜的空气中呼吸，只觉得新奇而不会厌倦。我们眼看这般"英雄有为""后生可畏"的孩子们，天天在发育，天天在长进，得天下英才而教育之，哪得不乐呢！

孩子们在校毕业后，或升高级学校，或在社会服务，在路上碰见时总是深深地一鞠躬，并且清脆地叫一声某老师。这种精神上的报酬，也是出了钱买不到的。谁说当老师的不乐呢！

当老师的虽属苦事但应在苦中求乐，好比种田的、做工的不能不在苦中求乐一样。唯有能在苦中求乐，才合于心理卫生的条件，才能享受真正的幸福。

四、教书匠

社会上有一种职业，是做匠人的，像铜匠、铁匠、泥水匠等，他们靠了技术生活，并不推究什么原理；换句话说，就是只知其然而不知其所以然的。如果一个匠人而能兼懂原理和技术，就不称为匠人而称为工程师了。

我们担任教育工作的人，如果单单依书教书，有字识字，只有技术上的传授而没有原理作根据，那么也只配称为教书匠，而不能称为教师。反过来说，如果一位教师不仅能够传授知识；并且能够明了为什么要这样教导，那才可以配称为教师，而不称为教书匠。

更有进者，当一个教师，不但是教书的问题，而且是教导的问题。例如一个孩子来校时很粗鲁的，教师要养成他各种优良的习惯。换句话说，当教师的不但要有知识的传授，更要有精神的感召。并且教师与儿童的关系，不仅在短短的几年授业时间，应该顾到儿童的终身利益。

所以同样称为一个师，工程师、医师、律师等和小学教师也不同的。建筑制造要请工程师，工程师的对象是物件，在某种物件工作完成时，工程师的责任就告结束。生病服药要请医师，医师与病人发生的关系，也只限于病期为止。辩护案件，要请律师，律师和当事人的关系，也只限于案结为止。唯有教师与儿童的关系，是全面的，而且是整个的。所以"万世师表"中的"师"，不是工程师，不是医师，也不是律师，而是担任教育工作的教师。

五、小学音乐教师不容易当的

谁说音乐教师不容易当？会弹了一手好琴，会唱了几首名歌，教几个小小童蒙，哪有不好当的理由。并且课前无须准备，课后无须阅卷；上一课，弹奏几曲，吟唱几遍，其余一切没有事了。谁说音乐教师不容易当！

但是你得静静地想想，细细地看看；更需要到几个著名的小学里去参观参观，那就可以证明小学里的音乐教师，的确不容易当的。

第一，必须有音乐的天才。音乐虽属各学科中的一科，但是学习起来必须有相当的天才；没有天才便没有兴趣，没有兴趣就永远学不成。音乐，在现在社会上，也许认为是一种小艺，其实这艺并不小啊！

第二，必须有纯熟的技能。因为教儿童的关系，教师一面弹琴，一面还须兼顾管理。弹琴的技术不熟，就不能应付。即使勉强弹奏，如果不能达到熟能生巧的地步，还是美中不足，仍会发生困难的。要使每首音乐唱得优良，奏得熟能生巧，真是谈何容易！

第三，必须有儿童文学的修养。现在幼稚园跟小学里所用的音乐教材，大部分是采取儿童文学的风格。其趣味，其理想，非对于儿童生活能仔细观察、对于儿童文学有实际研究的人，不容易教来使儿童亲切有味的。

第四，必须有教学的技术。幼稚园和小学不比中学或大学，教学时必须有一种特殊的技术。什么引起动机啦、指导欣赏啦、维持秩序啦、讲述歌词啦。在小朋友面前，处处需要一种特殊的本领，这本领就是教学的技术。

第五，必须有导演的本领。教小乐队或合唱队，必须有导演乐队的本领。教歌、表演歌剧，必须有导演话剧的本领。现在的小学音乐教学，不比从前，指导表演更比歌唱重要了。

总之，担任小学音乐教师应有的修养，还不止以上五点，即以五点而论，已经不容易了。一般人所说的音乐教师容易做，实际不是真正的音乐教师，不过担任一个唱歌教师而已。真正的音乐教师，的确不容易当的啊！

(原载于《小学教育漫谈》，上海：商务印书馆 1949 年版)

小学生管理的三条路径

一、教室管理的"三快"——眼快、手快、脚快

一个有经验的教师踏进教室，会很敏捷地扫堂一看。当他的眼光在每个儿童脸上溜过的时候，无声地给儿童们一个警告："我来上课了，大家赶快注意!"

第一是眼快。根据生理上的自然趋势，每次上课时，开始几分钟注意力未能集中，教学效果一定不好；过了十五分钟，学习达到最高峰，此后就要逐渐下降了。机警的教师，必须在这个紧要关头，设法把这个下降的趋势，重新引到高峰上去。这引渡的方法，就靠教师技巧的高明了。

有些儿童上课时两眼注视两旁，或者两眼呆着不动，有经验的教师就知道他们心不在焉，赶快插用一两个问题提醒他们。

其次是手快。所谓手快，并不是迅速地伸出手去打人。一种是把秩序不好的某组或某排，赶快在黑板上打个记号；那被打记号的一组当然立即遵守秩序；就是别组别排，自然也会机警地遵守秩序了。

另一种手快的办法是对付高年级儿童的。他们不稀罕教师在黑板上

打什么记号，教师就可以用秩序记录簿把某组某排不守秩序的人记录起来。

再次为脚快。所谓脚快并不是教师跟儿童赌气，跑出教室去；是叫你劳动两腿，赶快跑到不守秩序的某儿童旁边去。说也奇怪，无论是哪一个会吵的儿童，经你一跑过去，会立刻安静下来，简直话也不必多说一句。

以上所说的眼快、手快、脚快，在运用上应有前后的次序。先用眼快，向儿童打个招呼；其次用手快，把团体的秩序记录起来；最后不得已时，才用脚快的方法。

这三种方法在年级高低上也有一个分别。在低年级里，希望多用眼快方法就能见效；到了中年级里，才参用手快的方法；到了高年级里，才偶或采用脚快的方法。

至于以上三种方法，同时用尽，无法维持秩序时，最后可用的法宝，只有一个装聋作哑的不响办法。教师不开口，不上课，也不走开，呆看他们吵到如何程度，吵到什么时间。必须等全体寂静了，才说几句不应该胡闹的话。等他们有上课的要求后，才开始上课。这种无声的惩罚效率也很大。

二、满地字纸的处理法

"整洁"虽是一个形式，但是最容易使人注意。我们参观一个学校，对于该校办理得好不好，一时不容易看出来；但是一见满地字纸，那就留着一个不好的印象了。

满地字纸，非但参观人看了不满意，办学的人也不会满意的。可是虽用三令五申、谆谆告诫，儿童们还是阳奉阴违，说归说做归做。教师不许儿童抛字纸，结果还是字纸满地。

实际上，我们要谋学校整洁，不许儿童把字纸随地抛弃，不是一件简单的事，更不是说几句话可以奏效的。

第一步，我们先要调查字纸的来源：看那些字纸中顶多的是什么东西？其次是什么东西？如果调查的结果是算术草稿，那么就应该叮嘱儿童算术起草要用草稿簿，每页记着页码，不许随意扯下。来源断绝了，地上自然会整洁起来。

第二步，我们要调查抛弃字纸的地点，看什么地方抛弃字纸顶多，就在那地方放置一个字纸笼。起初为了养成整洁观念计，必须多备几个纸笼，到后来习惯已经养成了，慢慢地把纸笼减少，减到无可再减为止——因为多设字纸笼，等于多设垃圾箱、多造茅厕一样，绝不是好办法。

第三步，我们要调查哪一个儿童最喜欢抛弃字纸（或从字纸上考查，或从无意中留意）。发现了某某儿童，先是警告他；他不改，再罚他专拾字纸几天，这样他就不致再偷懒了。

要养成一个良好的习惯，虽然要花费一些金钱，花费一些精神，可是在校誉上，在儿童教育上是值得干的。况且一种优良习惯养成以后，就可以长期享受幸福，忙碌一时也是值得的。

三、论顽皮儿童

当教师的碰得巧就可以教到几个顽皮儿童。

顽皮儿童大概可分两种：一种是受着家长的委屈，心理上非常痛苦，一时无法反抗，只能把一肚子的委屈，向同学身上发泄，逢人便打骂起来。这种儿童，如果加以责罚，就使他心理上越觉得受委屈，他越是受委屈，越要向同学发泄气愤。这种儿童，几经训导，无法矫正，我们与其称他为顽皮儿童，不如称他为委屈儿童或者竟称为问题儿童。

顽皮儿童中另一种情形，完全跟上一种儿童不同。他喜欢用幽默的说话、滑稽的态度或机巧的动作来诱骗人家，作弄人家，使人家上他的当，受他的欺，引得大家狂笑一场。这种儿童，在行动上虽然要触犯校规，要伤同学感情，但动机是纯正的，并不是恶的。本题所说的顽皮儿童，就是指这一种。

顽皮儿童，有充沛的精力，有灵敏的头脑，有活泼的行动。因为四周的环境，不能发展他的才能，于是只能做出顽皮的行径了。有时装一个可怕的鬼脸，有时使一个滑稽的眼色，有时说一句俏皮的说话，有时喊一声惊人的吼叫，颇有"独乐乐，不若与众"的气概。

顽皮儿童虽不同于顽劣儿童，但在学校内、在教室内，往往要妨碍群众，扰乱秩序，使教师觉得头痛，使同学觉得可恨，应该想什么方法处置呢？

如果采高压的手段，用消极的惩罚，结果虽能使顽皮的沉默寡言，呆若木鸡，但是把一个灵敏的人变为迟钝，把一个机智的人变为懦怯，也不是教育上应该走的道路。

现在有个困难问题了：让顽皮儿童自由发展吧，会使管理上发生问题；如果管束得太严吧，会埋没儿童的天性。那么可有什么方法，能够两全其美，确是一个值得研究的问题。

大概顽皮的儿童多数是聪明的（虽然聪明的不一定都顽皮）。聪明的儿童，应该用聪明的方法处置他。你说顽皮儿童会装鬼脸使眼色吗，你就用演戏的方法，使他有所发泄；你说顽皮儿童会说俏皮话吗？你就可以叫他创造笑话；你以为顽皮儿童会做滑稽的动作吗？你就可以利用团体游戏叫他出场表演。总之，我们要使顽皮儿童皮而不顽，只要顺应他的需要，发泄他的蕴藏好了。

再有一点，真正属于顽皮的儿童——并不是顽劣的儿童，的确多数是聪明的。聪明的人对于功课一学就会，明白后就无心再学了，于是顽皮的行径不绝地发生。我们要诱导顽皮儿童入于正轨，别的办法不易做到时，增加顽皮儿童工作的一点，不妨切实试行。不过，加重工作并不是令儿童死读书，因为死读书会伤脑筋，非徒无益，反而把聪明的儿童变为愚笨，不可不审慎！

更因为顽皮儿童多数是聪明的，会创造，会计划，会处理事务克服困难，我们就可以利用这个优点，叫他做领袖。一面发展顽皮儿童的天才，一面使群众蒙其益而不受其害。

总之，顽皮儿童在体育上是健康的，在知育上是聪明的，在德育上是机警的，这种儿童就是天才儿童。世界的改造，国家的建设，社会的繁荣，家庭的振兴，全靠这般天才儿童。我们应该重视天才儿童，优待天才儿童；对于真正的顽皮儿童，切莫当他是顽劣儿童而等闲视之。不过必须特别注意，真正的顽劣儿童，也不能当他天才儿童。真伪之分，全靠聪明的教师来鉴别。

（原载于《小学教育漫谈》，上海：商务印书馆 1949 年版）

玩的教育

儿童的生活，只有"吃""睡"和"玩"三大工作。儿童的好玩，等于吃东西、等于睡觉，无法灭除它的。可是我们考查历来的教育，往往反乎人性，不肯让"玩"字露一露头角。

没有兴办学校教育以前，姑且勿论。单就废科举兴学校以后，大家以"业精于勤，荒于嬉"为广告的。因此家长送子女入学，只希望读死书，不希望玩。如果某校让儿童玩了一次，就会遭到严厉的批评，连连苛责教师；有时竟被家长反对，不许子女继续入学。

可是"玩"，终究是顺乎人性的。一个儿童的小学六年，是他心理与生理发展最快的时期，而"玩"就在这个时期里构成儿童生活的全部（睡，要在晚上，吃，所占的时间很少，因此敢说这一句话）。所以"玩"的一道，自然会被先知先觉者提倡，自然会慢慢地插足到教育上来。

"玩"初次插进校门的办法，是分别上课和退课（从前私塾里没有上课和退课的）。规定上课时应该专心于学业，下课时才得玩几分钟。同时，因为玩的初步开放，定的规则很严，定的时间很短。

现过一个时期，对于玩的价值，认识得更加清楚，知道玩是一种活泼而自然的活动。它不但有助于儿童身体的发展，并且对于儿童的兴趣、思想和行动各方面，都能在玩中表现。一面玩，一面能在不知不觉中体会到权利和义务的分野，明白自治和合作的需要，并懂得"克己复礼"的重要，于是把玩的趣味搬到课内来了。

最初渗进的科目是体育。原来上体育课时也是一板一眼，不许儿童自由活动，不许儿童笑的。到后来才划分三分之一的体育时间，准许儿童玩，指导儿童玩了。其次被渗入的科目是音乐。起初也是教师唱，儿童听；或者儿童唱，教师听；只有严正的学习，绝无玩的意味；到后来才有歌唱表演的花样采纳施行。当初，社会的文化程度尚属幼稚，对于玩的意义，还不能确切了解，所以对于体育、音乐的教师，大家怀着轻视的心情，比不上别科教师容易被人尊敬。

再隔一个时期，社会的文化渐高，教育的理论渐新，对于儿童的认识逐渐进步，对于玩的好处，更加清楚了。有人竟把儿童的宇宙当成是坑的宇宙看待。无论外界的刺激、内部的冲动有多大，如果含有玩的性质的，便能唤起儿童的爱好，适应儿童的需要。反过来说，无论哪种活动中，去了玩的成分，便成枯燥乏味，与儿童格格不相入。

有了这样的认识以后，非但把"玩"放进课内，而且渗透到各科中去。上国语科，有识字游戏，有简单表演；上常识科，有实验观察，有生活表演；上算术科，有练习游戏，有买卖表演；上美术、劳作科，也有特备游戏应用的出品；上音乐、体育科，有更多自由游戏的时间。玩的教育，从此大放光明，不再被人轻视了。

我们看了教学的演进，玩的成分逐渐踏进教育的圈子里面来，依此推测，很可以断定将来一定要实施以玩为中心的教育。姑且举个例来说说看，好比聚儿童于一堂，经多数决定要表演一出台湾人的生活，就以戏剧为中心，达到演出为目的。一切教材教法，不分课内和课外，不划分某科和某科，浑然一体，全以生活为中心。一出戏演完了，或者再来一次野外参观；参观完了，再来一次制造应用物件。总之，玩就是教育，教育就是玩，玩和教育打成了一片。教育上如果真能做到这一步，才可以真正叫作"实施儿童本位的教育"！

（原载于《小学教育漫谈》，上海：商务印书馆1949年版）

教学的智慧

一、常识教学的正当目标

常识科怎样教？据经验告诉我，多数是把课本讲一遍、读一遍，希望孩子们把课文装进脑子去；到了第二天，再令孩子们背一遍、默一遍，希望把昨天吃进去的吐出来，看看消化了多少。

这种常识教学，等于把棉花从外国买来或者从本国收来的棉花，整包整包地、原封不动地寄存在堆栈里一样。下次出货时，也是整包整包地、原封不动地取出来。这样的教学，把知识当作固定的物质，把人脑当作空洞的栈房，真正太无常识了。

我们希望的常识教学，不是把货物落栈，而是将原料进厂。整包的棉花，进了厂门，经过工人的拣选，经过机器的弹纺，再经过人工的染烘，经过机器的织造，送出厂门的不是棉花而是棉布了。两种物质，虽然形式不同，但已经将不能用的原料，变成能用的东西了。这是常识科的目的，也就是常识教学的主要方法。

所以常识教学的改良决不是枝枝节节的更改，而是根本观念的彻底改造。

如果这种旧观念不加改造，常识科是无法改良的。

我们希望各校的常识教学，非但不做囫囵吞枣、原物搬出的把戏；而要做成精明的工厂，有严格管理的工厂。一种原料进门后，应该检验物质是否纯粹，有没有伪品掺杂其间；经过人工的手续时，要调查各项工人曾否受过训练，已否达到熟练境地；将要经过机器时，要注意机件有无损坏，油污是否去净？各部门、各场所都有合理的管理，才会使出品精良，到处受人欢迎。

举个实例来说，好比我们要研究棉的生长。第一步要注意观察精细；第二步要注意研究周到；末了注意试验正确。然后对于棉的生态、习性、应用都能彻底了解，才能使认识正确、记忆强固、应用便利，成为活的知识，成为有用的知识。

常识教学，看来虽很平常，似乎无须多加研究；但因目标不合，往往误入歧途，使教后等于不教，而且比不教还不好。担任常识科的教师们，请细细地研究一下。

二、敞开智慧之窗

有人造间屋子，四周没有一扇窗，满室变成漆黑一团，使几个活泼可爱的孩子生活其间，既无新鲜的空气，又无明朗的阳光，试问：这些孩子还能活下去吗？

同样的情形，如果一个小孩只给他吃，给他穿，而不给他一些文化，把一切能够吸收智慧的窗户一齐闭塞起来，试问：那个小孩能够快快活活地活下去吗？

房屋上的窗子，对于身体的健康关系很大；智慧上的窗子，对于精神的健康实际也毫无二致。所以新式的建筑，特别对于窗子大大地注意。恨不得把所有的壁面全部变为窗子。新的教育对于孩子也是一样，恨不得叫孩子生活在大自然中，敞开智慧之窗，尽量使孩子呼吸文化的空气，沐浴教育的阳光。

智慧的窗子是什么？就是五官——视官、听官、嗅官、味官和触官。五官中尤其对于视、听两官更为重要。我们应该鼓励孩子保护那两个器官，勿使染尘，勿使损坏，等于窗子的不使蒙灰，不使击破一样。同时还要把许多智慧之窗尽量地利用，好好地利用，使获得的知识正确，得到的经验亲切。

现在的学校教育简直等于塞住了窗口，在暗室里大谈其空气、阳光的重要。

讲的人舌敝唇焦，听的人仍漠不关心。各科中尤其对于常识一科更易作为例子。我们叫孩子学习常识，原想使孩子接触自然，获得真切的知识；不料谁作的主张，一定要用教科书，而且一定要死读教科书，那就糟了。

常识科顶好的学习法须注重观察，观察就是敞开智慧之窗。凡是可以看的一定要让孩子亲眼去看；凡是可以听的一定要让孩子亲耳去听，其他可嗅、可尝、可触的，都该让孩子亲自体验。这样，才是真正的常识教学，才是适合孩子生活的教育。

三、切不可用假动机

见到暑期课本中，有"研究军用动物"的一课。教师指导时特别地道，先来一个引起动机。

问：这几天你们吃过蟹吗？蟹有几只脚？前面的两只脚像什么？是真的刀还是假的刀？古代人打仗用的刀，你们见过吗？在什么地方见过？用刀打仗有什么缺点？后来发明些什么？弓箭的优点在哪里？现在打仗还用弓箭吗？现在用什么了？除了死的东西还用活的东西帮助打仗吗？除了人以外，还用别的动物吗？

说了一大堆的话，才转到题目上来，这样算是引起动机吗？不！决不！这样的引起动机只能认为说废话。教育上采用的引起动机，必须从旧的经验上，可以唤起学习需要的；说一句话有一句话的作用；发一个问题有一个问题的价值，绝不是随便说说，就算合法的教学。例如本课研究军用动物，不妨就从军用品入手，或从战争故事入手，不必悬空八只脚从蟹的谈话出发。我们不要以为地道的教学必须引起动机；引起动机的方法，必从远处慢慢地引来。引起动机的话，有时只需三言两语便能达到目的，甚至于说了一句有力的话也行。

教学的方法在于活用。有时儿童已经有了很好的学习动机，我们不必画蛇添足，多说废话；有时动机已由前课埋伏了，本课中不说一句话也不妨。总之，假动机切不可用，切不可用！

四、相信鞋样的笑话

有个自以为聪明的人，到鞋店里去买一双新鞋。样子拣中了，价钱讲明了，正想摸出钞票时，忽然说："糟了！糟了！我的鞋样没有带出来。"

店伙问他："你买的鞋是自己穿的呢，还是代别人买的？"聪明人说："那当然是我自己穿的。"店伙笑着说："既然是你自己穿的，不妨把你的旧鞋脱下来，再把新鞋穿上去试一试就行了。"聪明人说："因为我有精确的鞋样，我一向相信这鞋样，非拿来量一量不可。"店伙无法说服他，只得让他回去。

这虽是一个笑话，可是我们在教室里上课，难免没有这样的聪明人。好比把日常应用的计算材料放弃不用，反把那种无用的习题，一个一个闷闷地做下去。有时把社会上的实事实物，不去细细地看看，反把那种死板板的教科书一课一课地读下去。放弃活的鸡呀、猫呀不看，捧住死的鸡图、猫图胡讲，这不是和买鞋相信鞋样，不相信自己的脚一样吗？

现在有人提倡活教育，什么叫作活教育，就是必须相信你的脚，不要相信你的鞋样。

五、忘记也是教育

"孩子啊！那课常识书还不能背出吗？短短的一课书，只须读了十多遍就该背出来了，你怎么笨到这样地步，读了大半天，还是拖泥带水地背不出来？今天的那课书背不出，那么昨天背出的一课书还记得吗？"我们常听得家长很殷勤地问她的孩子。

"妈！我因为那课常识书太没有滋味，读了几十遍还是读不熟；昨天背出来的那课书，也因为当时勉强记得，到今天又忘了。"孩子这样地回答他的母亲。大家都以为教育的作用，在使人记得；好像记得越多，就是学得越好；哪里知道忘记也是教育。一种毫无滋味的常识课文，读了不如不读，记得不如不记得。如果一定要把这种无用的课文读熟、背出，那完全是浪费儿童的时间，消耗儿童的脑力，简直是得不偿失的。

我们可以查查常识教学的原则：一切知识，应从实际经验中获得，决不能单从教科书中读来。老实说，死书读得越多，读得越熟，真正常识的获得一定反而越少。一个人固然要把值得记忆的多多记牢；但是那些不值得记牢的，应该快快忘记。有了忘记，才能把应该记牢的记得越牢。因此，这里敢大胆地说："忘记也是教育。"

六、论废物利用

讲到现在的劳作实在可怜，非但没有良好的设备，没有完善的工具，简直连起码的材料也没有，个个教师都变成了巧妇。想不到巧妇之中，竟会产生穷通的人，在无米为炊时，想出些有米的办法来。这办法是什么？就是废物利用。利用废物的出品很多，如用蚕茧做不倒翁，用蛋壳做小白兔，用废纸做小玩具，等等，花色繁多，简直说不尽说。这种苦干、穷干、硬干的精神，实在令人钦佩！

但是，我们要想一想，国家办教育是不是应该从大处落墨，有个通盘的计划？

我们叫儿童利用废物是一种病态，不是正常的好办法。因为学校经费不足，才想出利用废物的方法。如果学校经费相当，就该多多利用不废的材料，造成实用的东西，然后可以配合生产教育的设施，救济人民和国家的穷困。

试看现在学校里的劳作科，怎样教儿童利用废物？例如，教师要叫儿童用空火柴匣做成一只写字台。儿童一时找不到许多空火柴匣，只能花了一笔本钱，买新的火柴匣来，把火柴抽去后利用它。这样，把不废的物造成废物，试问：对于生产教育，有何裨益？对于国家建设，有何帮助？

次看废物利用的制成品如何，不是一些能看不能玩的玩具，便是一些毫无用处的小摆设，除了骗骗孩子以外，简直毫无用处。废物造成的东西仍旧变成废物，徒然把人力和物力白白地糟蹋。在教育的作用上看来，非但无益，而且有害呢！

再看废物利用的教法怎样，现在盛行班级教学，教的方法千篇一律。好比这一次用蛋壳做白兔，那么全级的人个个都用蛋壳做白兔，不管儿童家里有没有蛋壳可利用，总用统一的方法来教。做的时候，又不使儿童留一些创造余地，只是呆呆板板地照教师规定的格式仿造一下。这样教学，非但把废物造成废物，连人也训练成废物了。

诸位想一想，现在的世界是什么样的世界？手工业的时代已经过去了，蒸汽机的时代也过去了，连电气化的时代也快过去，目前就临到原子能的时代了。我们列为强国之一，想在强国的伙伴里混混，对于劳作一科，还能靠小玩意、小摆设立足于地球上吗？要知道用废物造成废物，至多糟蹋些材料，为害尚不过大；用废法造成废人，那实在可怕；如今用废的思想造成废的社会，真是可怕到极点啊！

回头看看，中国究竟穷不穷呢？全国各处，到处是货弃于地，无人开发，真是个取之无穷用之不竭的富国。我们要想开发富源，绝不能从利用废物着手。国家要想立国于大地，要想永保强国之一，就应该准备一笔很大的款子，充实各校设备，添制各样工具，购买各种材料。在备有机器的教室内，认真上课，各人自出心裁，各创不同的成绩。那么，毕业以后，才能领导社会改良工业；至少也能跟现在的工厂或工场衔接起来。

爱惜物力固然是美德，可是不能专在废物上着想。现在竟有人主张谁多利用废物便是劳作圣手。这种思想实在贻害不浅。要知道物力固然须爱惜，人力却更不能不爱惜；并且为了爱惜物力，怎么可以不爱惜国力呢？国力、人力和物力三样比较起来，谁都知道国力重于人力，人力重于物力，我们何必牺牲国力、人力迁就物力呢！

还有一点，一般乡村学校，不知废物利用的原意是什么，只是望文生义，看见废物就想利用。说也可怜，乡间简直找不到城市中所称的废物。什么破木箱也没有，废铁罐也没有，旧瓶子也没有，连用过的香烟匣也没有一只，废报纸也没有一张。只有树上的叶子和地上的泥土；他们就把这些东西做成许多出品。

试问，这种出品对于手的训练有何补？对于人的训练有何补？对于建设新国家上更有何补？

我们是穷的国家——骨子里并不穷——可以认为废物的并不多。不像外国那样，他们认为废物的，在我们看来都不是废物。他们有这样多的东西可利用，尚且不多在废物上转念头，我们为什么不在整个教育上想想方法，独在废物利用上打圈子呢？

废物利用本来不是坏事，也不是绝对不能用。作者的意见，以为只能少用，只能为了现在一时的救穷而用，绝不能当它是劳作的正道。目前，全国正在注意建设。小学教育也应该配合国策，重视建设的工作。谈到建设，绝不是仅靠利用废物能够成功的。提倡利用废物的教师们，请你们放远一些眼光做去吧！

(原载于《小学教育漫谈》，上海：商务印书馆 1949 年版)

教学演示的过去、现在和未来

"教学演示"这个活动，以往到处风行着，报章杂志上也常常可以见到。大家认为要辅导教师进修，改进教学方法，非用教学演示不可。究竟教学演示的效果如何，值得加以研究一下。兹用历史的研究法，分过去、现在和未来三个时期说一说：

过去的教学演示

在从前无所谓教学演示，只有师范毕业生快要毕业时，在附小里实习试教。在试教之前，由教者长期参观原担任教师教学的方法和运用的步骤，然后自己编制教案来试验一下。试验纯熟了，再举行几次公开的批评试教。其顺序大概分为以下几步：

（一）合拟教案

试教的人跟原担任教师共同商定教学的内容和方法，使试教的人较有把握。因此的作用，一面可以表出这次教学的重点，一面可以使参观人容易明了。

（二）公开演示

教者一面依教案规定，挨次教下去；一面应付儿童反应，能使原定计划全部实行，时间也恰到好处，就认为满意的收获。

（三）批评讨论

教学完毕，集许多参观的人共同商讨教学的优点和缺点。其顺序大概为：

1. 教者自陈。说明此次教学的要点，说明已经预备而未能做到的原因，或说明并未预备而临时处置的理由。

2. 轮流批评。批评教材是否可靠适当，教具是否充分准备，教时是否分配得宜，教态是否自然活泼，教法是否有利无弊，无论教者一言一动，一颦一笑，都要仔仔细细地批评一下，而且批评的多数是在吹毛求疵。

3. 讨论问题。在批评时偶然发现了问题，就提到末后来讨论。因为一个问题，总有两方面的看法，甲派认为是的，乙派也许认为非；甲派认为合理的，乙派也许认为陈腐；仁者见仁，智者见智，各人见解不同，便发生不同的感想。这一段讨论的趣味最浓，也最有价值。

总结过去的教学演示，目的在于试验而不是示范。

现在教学演示

目前的教育情形，跟战前不同。为了赶快达到复兴建国的目的，各地尽速创办学校。同时又因师资缺乏，只要有人肯牺牲，肯为儿童服务的，一概欢迎加入教师的队伍里来。因此当教师的颇多没有受过专业训练，只能将他求学时代的方法一一搬演出来。于是不论教什么功课，总是玩着一套：先生讲，学生听；先生写，学生看；先生示范，学生模仿等的把戏。用一句术语说来，叫作"注入法"。

负有行政责任的人，为了辅导教师进修，改进教学方法计，就东也提倡教学演示，西也提倡教学演示。现在演示的情形跟过去略有不同，兹将不同的几点分述如下：

（一）演示的人，选拔校内顶优良的教师，能说一口标准语，能具水准以上的教法，能有三五年以上的教学经验，跟师范生的试教实习完全不同。

（二）演示的课，选一种比较富于活动的科目，使参观的人不至厌倦。更在多变的科目中，选择顶精彩的一幕，预备当众表演拿手好戏。

（三）教学方法，为改进教学计，竭力避免采用注入法；于是不惜工本，专在方法上想花样。校内本来没有设备的，为了演示，往往特地花了一笔钱去买许多标本啦、实物啦、挂图啦，好像变戏法一样，变了一套再变一套，同时采用几种叠床架屋的重复说明。平时教学时不多问答讨论的，为了演示教学，特别准备一套大大小小的问题，使儿童答不胜答。平时教学的过程很简略的，演示时往往特别讨好，教完一节功课，只做到短短的一个步骤。本来演示的目的在于示范却不料结果适得其反，使人看了发生心有余而力不足的感想，要模仿也无法模仿。

（四）参观的人，个个是有经验的教师，但还想看些新鲜花样，学些乖巧，所以特别注意于教学的技术。到批评讨论时，轮到他发表了，总是摇摇头，含笑着说一句"我没有什么意见"坐下去了。演示教学的目的，在于改进参观人的教法；结果，参观完毕一切都完毕，各人仍旧我行我素，毫不更改。

总结现在的教学演示，似乎教法超过现实太多，以至于参观教学的只能等于看变戏法。

未来的教学演示

找到了现在的缺点，就可以谋未来的改进方法。现在的教学演示，为了弥补目前师资缺乏，先在教学技术上做一点表面功夫，在事实上似乎不能不这样干。如果将来再照这样干下去，势必变成仅有皮毛而不切实际，仅有躯壳而没有灵魂，名为改进教育，实则改进不了多少。今后的教学演示，如需彻底改进，当全部加以革新。兹就管见所及，略陈一二如下：

（一）演示的目的不是练习，也不是示范，而是实验。例如预先拟定了一种教学计划，集几个志同道合的人，共同商讨一种新的教法，相互推定一位经验丰富的人担任演示；如有爱好研究的人，不妨也列席参加。

（二）教学的记录不是录教师的口供，也不是记教师的动态，而是观察儿童的反应。如果反应良好的，表明预定的计划合于理想；反应不佳的，表明非把预定计划更改不可，总之是研究重于批评。

（三）演示的内容不是仅有精彩的一幕，不是限于某某科目，而是试验某种方法的整个过程，时间当然不止一次。演示者所用的预案，有教师的计划，有儿童的活动，更有变化的推测。整个教学经过，完全建筑在研究上。

（四）讨论的目标不是批评教师，不是批评教法，而是研究预定计划是否可行。计划可行的，介绍于大家，希望大家都来实施；计划不好的，把计划重拟了，再来一次演示研究。

总之，未来的演示教学，有两句话可以概括：（一）将教师中心移到儿童中心；（二）将批评本位移到研究本位。

（原载于《小学教育漫谈》，上海：商务印书馆 1949 年版）

儿童读物的昨、今、明

研究儿童读物的方法很多，本文仅就历史的演进方面说一说。

在未有新式的学校教育以前，孩子们只读些《三字经》《千字文》《百家姓》《神童诗》之类的材料，这些根本不是儿童读物，以前的人当它们是儿童读物，实在是错误的。为什么错误？错误的主要因素是什么？因为不在本文讨论范围以内，只能略而不谈。现在仅就自有学校教育以来，对于儿童读物的情形怎么样，对于儿童读物的观点怎么样，约略加以叙述如下：

第一个时期：不许看儿童读物的时期

清朝时期废科举、兴学校，学校里只规定一种教科书。儿童上学读书，除了必须熟读教科书以外，简直不许阅览一些旁的书籍。教者的脑子里装满着传统的观念，把教科书当作圣经贤传看待；读书只许读教科书，不许读别的书，偶或有几个儿童带了几本《三国志》《水浒》来（那时学校里的儿童年龄较长，又是读的文言，所以有能力看这一类的书），教师就要把它们没收、充公，以为对于教育上有碍的，对于读书的正统思想有害的，无论如何，不肯放松一点。

再看那时的教法，老是捧了一本教科书一字一句地读，一字一句地讲，一字一句地教儿童念，一字一句地教儿童背和默，完全做那死读书的功夫。所以当时即使有几位贤明的教师，觉得儿童读物非常需要，也以为没有时间再令儿童阅览并不规定的儿童读物了。

这一个时期，我们可以称它"只读教科书，不许看儿童读物的时期"。

第二个时期：准许看儿童读物的时期

在清末民初时，商务印书馆出版了《小人国》《大人国》《无猫国》《大拇指》等童话，同时又出一本《教育杂志》，加以理论的鼓吹，于是有些新颖的学校，竟大胆地采用儿童读物了。不过，这种书只当它课外的补充读物，还不能在正课内占一席位置。

之后，有翻译西方的《安徒生童话》《王尔德童话》《伊索寓言》等，有改自我国民间故事的"呆女婿徐文长"一类的材料；儿童读物的种类加多，儿童读物的内容也刷新了。

可惜，当时注重的是道德方面和兴趣方面，不是妖魔鬼怪、神仙国王，便是善有善报恶有恶报的捏造故事；不是失之太严谨，便是失之太荒唐，在儿童读物本身看来，还不合于我们的理想。

当时对于看书的态度，虽然有书可看，也准许儿童看，但只认为是课外补充读物，规定在每天上课前或者每天下课后，作为消遣消遣的，仍旧不能显露儿童读物的真价值。我们常听得某某儿童在课内看了儿童读物，就被教师禁止、没收，甚至于把书撕毁的故事，真是怨哉枉也。

这一个时期，我们可以称它"儿童读物只许课外看，不许课内看的时期"。

第三个时期：提倡看儿童读物的时期

到民国七八年间，一般研究教育者竭力提倡看儿童读物，一方面又因为外来的儿童读物普遍流传于各地，于是儿童读物的生气就活跃于全国了。

在新学制课程纲要颁行时，在各科中提倡儿童读物的有以下各条：

（一）国语课程中有指导阅读浅易图书，指导儿童阅读儿童报和参考图书，毕业时能读儿童文学等书累至十二册以上。程度与《儿童世界》或《小朋友》相当。

（二）卫生课程中有浅易补充读物的阅读，《卫生读本》、卫生丛书的诵习。

（三）历史、地理课程中有"方法以阅书等为研究过程"。

在新学制课程中虽然订有阅读儿童读物的字样，但仍不能普遍采用。直到民国十七年（1928 年）教育部召开小学课程标准会议，儿童读物才大大地抬头了。综计课程中有关儿童读物的条文有如下七条：

（一）国语科应注重儿童读物的课外阅读。

（二）各种浅易儿童图书的课内或课外阅览。

（三）略读图书除课内指导外，应督励儿童课外阅读，并作读书报告。

（四）课外阅读的读物，须与课内读书教材相应，并须同样考核成绩。

（五）关于社会的儿童读物，如名人传记、游记、事物发明史等应充分利用。

（六）应常常指导儿童练习看报。

（七）自然一科，教学时不要呆板依照教科书，关于本科目的参考书须充分采用，过细地指导儿童阅读。

这时期的儿童读物，虽然也当零食杂食看待，但已经承认在正餐内当一道点心了。我们也可以称这时期为儿童读物的单独成立时期。

第四个时期：注重看儿童读物的时期

民国十七年（1928 年）里订的小学课程标准草案，经几次修正颁行，正想切实施行，不料抗战起来，把课程中规定的阅书部分，无形中就停顿起来。但因各方面地热烈提倡，发生两种很好的现象：

第一是教科书的减少。

在新学制初行时，差不多各科都有教科书，不但国语有教科书，社会有教科书，甚至于形象艺术、工用艺术都有教科书。现在不但劳作、美术不用教科书，连常识一科也不主张用教科书。教科书的种类大大地减少了。

第二是儿童读物的增加。

各书局出版的儿童读物，不但各科都有，各级都有，而且各家都出了整套的文库；更有定期的杂志，定期的报章，儿童可看的书报可说应有尽有了。

我们再查看最近修订的小学课程标准，对于儿童读物的态度有如下几条：

（一）在国语课程标准中说明：浅易的儿童图书注重课外阅读；各种儿童图书、儿童杂志、儿童报等注重课外阅读；略读的图书除课内指导外，应督励儿童课外阅读，并作读书报告；课外阅读的补充读物，要跟课内读书教材互相配合，借此补充课内阅读的不足，并且要同样考核成绩。

（二）在常识课程标准中说明：常识要另编补充读物，供给儿童课外阅读。

（三）在社会课程标准中说明：儿童用的参考书的编制，比较同程度的国语课本略浅，地理最好用游记体，历史、公民最好用故事体。纪念节日的资料不必列入课本中，可以另编补充教材随时教学。

（四）在自然课程标准中说明：补充读物或参考书应充分采用，指导儿童阅读。补充读物最好把各个问题分册编辑……

看了课程标准中所订各条，就可以证明现在是注重儿童读物的时期了。

第五个时期：完全看儿童读物的时期

根据以往的情形，从不许看到准许看，再从准许看到提倡看；更从提倡看到注重看，一步一步地进展，直到现在为止，还停留在提倡看的一个步骤上。观过去以测将来，必然会进入"完全注重看儿童读物的时期"。课本的运用，反把它看得很轻，可能把它完全废除，纯粹以儿童读物为教学的主要材料。

同时，我们还可以推想到未来的小学教法，一定会进步到各种学习全以儿童生活作出发点。根据儿童的需要，参酌儿童所发的问题，给以相当而丰富的参考图书，由儿童自学自作自力去研究。

我们的教育，如果能从教师本位、课本本位，慢慢地进展到以儿童为本位，以参考书为本位，那就大大地有希望了。

（原载于《小学教育漫谈》，上海：商务印书馆 1949 年版）

沈百英著述年表

1. 沈百英编：《设计教学试验实况》，上海：商务印书馆。

2. 沈百英等编：《儿童文学读本》（共 8 册，沈百英参编前 5 册），上海：商务印书馆。

3.《江苏一师附小初年级设计教学的实施报告》，《教育杂志》，第 14 卷第 1、2、3 号。

4.《设计教学法实验报告》，《教育杂志》第 14 卷第 6 号。

5.《设计教学的一法：先生和学生共定教材》，《南汇县教育会月报》第 2 期。

6.《答注音字母应否编入教材以教授儿童》，《南汇县教育会月报》第 4 期。

7.《答国语缀法应否用新式标点如用限于几种》，《南汇县教育会月报》第 4 期。

8.《会务纪录：设计教学法（十年八月）》，《青浦县教育月刊》第 1 期，署沈百英演讲，盛朗西笔述。

9.《纪录：设计教学法（续第一期)》，《青浦县教育月刊》第 2 期，署沈百英演讲，盛朗西笔述。

10.《童画的价值》，《吴县教育月刊》第 7 期。

11.《儿童图书馆》，《吴县教育月刊》第 8 期。

1923 年

12. 沈百英编：《低学年卫生故事和教学法》，上海：商务印书馆。

13. 沈百英、杨彬如、宗亮寰编：《设计的模仿操》，上海：商务印书馆。

14.《故事教育的弊病》，《教育杂志》第 15 卷第 5 号。

15.《参观南高附小杜威院维城院记略》，《教育杂志》第 15 卷第 11 号。

16.《怎样指导儿童学习故事》，《新教育》第 6 卷第 3 期。

17.《初学吃饭》，《儿童世界》第 6 期。

1924 年

18.《小学教学法概要》，《教育杂志》第 16 卷第 1 号，署名沈百英、吴研因。

19.《小学校里的卫生》，《教育杂志》第 16 卷第 1 号。

20.《小学校衣的产生》，《教育杂志》第 16 卷第 1 号。

21.《试行道尔顿制之困难问题及其补救办法》，《教育杂志》第 16 卷第 4 号，署名沈百英、俞焕斗。

22.《实施新教学法的几个注意点》，《教育杂志》第 16 卷第 8 号

23.《设计教学法》，《教育杂志》第 16 卷第 9 号

24.《介绍一套数字练习片》，《初等教育》第 4 期。

25.《中山狼曲》，《儿童世界》第 6 期。

1925 年

26. 沈百英编：《新学制算术教授书》（小学校初级用全 8 册），上海：商务印书馆

27.《小学国语科的十个重要问题》，《新教育》第 10 卷第 3 期。

28.《增设"朝事"课的提议》，《新教育》第 10 卷第 5 期。

29.《参观美国小学一年级的情形》，《新教育》第 11 卷第 3 期。

30.《欣赏名画的一例》，《新教育》第 11 卷第 3 期。

31.《小学自然研究指导法》，《教育杂志》第 17 卷第 3 号。

32.《小学低年级作文教学法》，《教育杂志》第 17 卷第 4 号。

33.《小学算术教学法》，《教育杂志》第 17 期第 10 号。

34.《小学教材——谨慎小心十条》，《中华教育界》第 14 卷第 10 期。

35.《小学教育的实际研究》（一），《中华教育界》第 15 卷第 6 期，署名沈百英、王鸿文。

36.《现在幼稚园中亟应研究的问题》，《中华教育界》第 15 卷第 6 期。

37.《小学实际问题》，《小学教育月刊》第 1 卷第 6 期，署名沈百英、孙慕坚、杨鼎鸿。

38.《儿歌歌剧：胡子和驼子》，《儿童世界》第 9 期。

39.《道尔顿制与小学教育》，《直隶教育旬报》第 16 期。

1926 年

40. 沈百英编：《养真幼稚园概况》，上海：商务印书馆。

41.《小学实际问题》（续），《小学教育月刊》第 1 卷第 8 期，署名沈百英、孙慕坚、杨鼎鸿。

42.《小学实际问题》（续第八期），《小学教育月刊》第 1 卷第 10 期，署名沈百英、孙慕坚、杨鼎鸿。

43.《小学教育的实际研究》（二）（三）（四）（五），《中华教育界》第 15 卷第 7、8、10、12 期，署名沈百英、王鸿文。

44.《假期作业应该怎样指导》，《中华教育界》第 16 卷第 2 期，署名沈百英、王鸿文。

45.《小学校办事历格式研究》，《中华教育界》第 16 卷第 2 期，署名沈百英、王鸿文。

46.《小学校的字帖应该怎样编著》，《中华教育界》第 16 卷第 4 期，署名沈百英、王鸿文。

47.《小学招收新生有哪几种必要的手续》，《中华教育界》第 16 卷第 4 期，署名沈百英、王鸿文。

48.《低年级自然研究教学法》，《教育杂志》第 18 卷第 2 号。

49.《开学与放学》，《教育杂志》，第 18 卷第 2 号。

50.《小学行政一得》，《教育杂志》第 18 卷第 9 号。

51.《幼稚生的工作研究》，《教育杂志》第 18 卷第 10 号，署 Kate B. Hachneg 讲演，沈百英记。

52.《组织早晨自修队的提议：开办小师范讲习会》，《教育杂志》第 18 卷第 11 号。

53.《小学校中之小娱乐会》，《教育杂志》第 18 卷第 12 号。

54.《老方法还可以用吗?》，《小学教育月刊》第 2 卷第 3 期。

55.《怎样的训练才是具体的训练》，《小学教育月刊》第 2 卷第 6 期。

56.《猫的功劳》，《儿童世界》第 25 期。

1927 年

57.《小学算术的"六化"教学法》，《小学教育月刊》第 2 卷第

7 期。

58. 《开办幼稚班的具体计划》，《教育杂志》第 19 卷第 2 号。

59. 《谈谈幼稚教育》，《教育杂志》第 19 卷第 2 号。

60. 《设计教学的种类和方法》，《教育杂志》第 19 卷第 5 号。

61. 《小学行政的研究》，《教育杂志》第 19 卷第 7 号。

62. 《小学读文教学的新贡献》，《教育杂志》第 19 卷第 8 号。

63. 《教授术》，《中华教育界》第 11 期。

64. 《我们也来祝贺一下》，《儿童世界》第 17 期。

1928 年

65. （美）爱马塞尔著，沈百英译述：《两只熊》（常识补充教材），上海：商务印书馆。

66. 《小学教材的研究》，《教育杂志》第 20 卷第 2 号。

67. 《小学教材的研究》（续），《教育杂志》第 20 卷第 4 号。

68. 《编辑幼稚园读物的研究》，《教育杂志》第 20 卷第 10 号。

69. 《小学低年级读文游戏法》，《教育杂志》第 20 卷第 11 号。

70. 《火神的再生（剧本)》，《儿童世界》第 3 期，署名沈百英、蔡菊清。

71. 《人是自私自利的》，《儿童世界》第 15 期。

72. 《一个小孩》，《儿童世界》第 21 期。

73. 《教育家对于本店童话书之意见》，《开明》第 4 期。

74. 《提倡白话文，破除三障碍》，《教育周刊》第 35 期。

1929 年

75. 沈百英著：《小学社会科教学法》（万有文库），上海：商务印书馆。

76. 沈百英著：《设计教学演讲集》，上海：商务印书馆。

77. 沈百英、沈承章编纂：《职工补习学校国语教科书》，上海：商务印书馆。

78. 《小学实际问题》，《教育杂志》第 21 卷第 2 号。

79. 《小学实际问题》（续），《教育杂志》第 21 卷第 3 号。

80. 《小学实际问题》（再续），《教育杂志》第 21 卷第 8 号。

81. 《小学实际问题》（三续），《教育杂志》第 21 卷第 9 号。

82. 《小学实际问题》（四续），《教育杂志》第 21 卷第 11 号。

83. 《实验教育的初步工作》，《教育杂志》第 21 卷第 5 号。

84. 《故事：（一）太阳和月亮那个好（二）跛子与驼子的互助》，《儿童教育》第 2 卷第 2 期。

85. 《教育的经济化》，《上海教育》第 1 期。

86. 《旧历新年和学校教育》，《地方教育》第 1 期。

87. 《对于地方教育的几点希望》，《地方教育》第 2 期。

88. 《不相信齐唱笔顺有什么效果》，《地方教育》第 7 期。

89. 《不相信现有的设计法都很有价值》，《地方教育》第 7 期。

90. 《改作文的效用何如》，《地方教育》第 8 期。

91. 《算术教学上三个重要问题》，《初等教育》第 7 期。

92. 《外婆家》，《儿童世界》第 23 期。

1930 年

93. 沈百英编纂：《新时代民众学校识字课本》，上海：商务印书馆。

94. （美）爱马塞尔著，沈百英译述：《不容易》（常识补充教材），上海：商务印书馆。

95. 沈百英编纂：《幼稚园读本》（全 4 册），上海：商务印书馆。

96.《小学算术故事的研究》,《教育杂志》第 22 卷第 8 号。

97.《幼童唱歌应多用儿歌的商榷》,《儿童教育》第 2 卷第 4 期。

98.《编辑低年级读物的方法》,《儿童教育》第 2 卷第 5 期。

99.《新学校的功课表》(编译自 Rugg 和 Shumaker 之《儿童中心学校》第 6 章),《儿童教育》第 2 卷第 6 期。

100.《木偶奇遇记之优点及其教学法》,《儿童教育》,第 3 卷第 3 期。

101.《甚么人最苦》,《儿童世界》第 1 期。

102.《救月亮》,《儿童世界》第 1 期。

103.《风的故事》,《儿童世界》第 7 期。

104.《大雨点和小雨点》,《儿童世界》第 11 期。

105.《幼稚生及小学生应有的礼貌》,《上海教育》第 8 期。

106.《小学低年级儿童的读书病》,《上海教育》第 9 期。

107.《小学教师怎样参观教育》,《地方教育》第 13 期。

108.《做新教师的秘诀》,《地方教育》第 16、17 期。

1931 年

109. 沈百英编:《设计教学演讲集》,上海:商务印书馆。

110. 沈百英编辑:《基本教科书国语》(根据教育部颁布新课程标准编纂 小学校初级用全 8 册),上海:商务印书馆。

111. 沈百英、王鸿文、王达三编辑:《基本教科书初小国语教学法》(小学校初级用全 8 册),上海:商务印书馆。

112.《算术的个别教学》,《儿童教育》第 3 卷第 5 期,署(美)华虚朋著,沈百英、胡钟瑞译。

113.《文纳特卡制之目的和方法》,《儿童教育》第 3 卷第 6 期,署(美)华虚朋讲,沈百英、王志成记。

114.《儿童教育社上海分社社员读书会会务概况》，《儿童教育》第 3 卷第 8 期。

115.《介绍两种新式的课文》，《儿童教育》第 4 卷第 4 期。

116.《小学国语教科书采用反复故事的研究》，《教育杂志》第 23 卷第 2 号。

117.《加减乘除式题教法之研究》，《教育杂志》第 23 卷第 4 号。

118.《指导儿童演讲故事的研究》，《教育杂志》第 23 卷第 5 号。

119.《对于周德之先生评〈识字课本〉的说明》，《教育与民众》第 2 卷第 7 期。

120.《儿童文学做学教的研究》，《地方教育》第 26、27、28 期。

121.《父母之友》，《妇女杂志》第 5 期。

122.《苍蝇》，《儿童世界》第 12 期。

123.《儿童世界庆祝大会记盛》，《儿童世界》第 17 期。

124.《喜儿睡觉》，《儿童世界》第 22 期。

125.《热水他》，《小学生》第 11 期。

126.《有点像爸爸》，《小学生》第 15 期。

127.《我的住家》，《小学生》第 18 期。

1932 年

128. 沈百英、蒋息岑、施颂椒编辑，张令涛绘图：《新生活教科书国语》（教育部审定 小学校初级用全 8 册），上海：大东书局。

129.《儿童文学做学教的研究》（续完），《地方教育》第 31 期。

1933 年

130. 沈百英、沈秉廉编著：《复兴教科书国语》（新课程标准适用 小学校初级用全 8 册），上海：商务印书馆。

131. 沈百英、许用宾编著：《复兴教科书算术》（新课程标准适用小学校初级用全 8 册），上海：商务印书馆。

132. 沈百英、周建人、宗亮寰编著：《复兴教科书自然》（新课程标准适用 小学校初级用全 8 册），上海：商务印书馆。

133. 沈百英、周建人、宗亮寰编著：《复兴教科书自然》（新课程标准适用 小学校高级用全 4 册），上海：商务印书馆。

134. 沈百英著：《小学社会科教学法》（师范小丛书），上海：商务印书馆。

135. 沈百英编著：《兔哥猫弟》（图画故事 小学校一、二年级补充读本），上海，商务印书馆。

136. 沈百英编著：《两乞丐》（图画故事 小学校一、二年级补充读本），上海，商务印书馆。

137. 沈百英编著：《王元买东西》（图画故事 小学校一、二年级补充读本），上海，商务印书馆。

138. 沈百英著：《幼稚园的故事》，上海：商务印书馆。

139.《海军军备》，《儿童世界》第 1 期。

140.《介绍给做父母的几本重要参考书》，《儿童教育》第 5 卷第 1 期。

141.《算术进位的话》，《儿童教育》第 5 卷第 8 期。

142.《数字的话》，《儿童教育》第 5 卷第 9 期。

143.《小学教育的实际问题》（再续），《小学教育月刊》第 2 卷第 8 期，署名沈百英、孙慕坚、杨鼎鸿。

144.《复兴小学教科书的总检讨》，《同行月刊》第 8 期。

145.《教师谈话会：算术问题三则》，《地方教育》第 47 期。

1934 年

146. 沈百英、雷震清编校：《复兴算术课本》（新课程标准适用 小学校初级用全 8 册），上海：商务印书馆。

147. 沈百英、宋文藻编校：《复兴珠算课本》（新课程标准适用 小学校初级用全 2 册），上海：商务印书馆。

148. 沈百英、孙慕坚、马精武编校：《复兴常识课本》（新课程标准适用 小学校初级用全 8 册），上海：商务印书馆。

149. 沈百英编著：《复兴教科书卫生》（新课程标准适用 小学校初级用全 8 册），上海：商务印书馆。

150.《小学算术事实题的研究》，《儿童教育》第 6 卷第 1 期。

151.《关于写字大小的问题》，《儿童教育》第 6 卷第 2 期。

152.《中华儿童教育社上海社友读书会》，《儿童教育》第 6 卷第 3 期。

153.《赴日参观一得》，《儿童教育》第 6 卷第 4 期。

154.《日本的小学教师》，《儿童教育》第 6 卷第 4 期。

155.《演说：惠芳的演说》，《儿童世界》第 1 期。

156.《谈谈我从事教育的经过情形》，《集美初等教育界》第 4 期。

157.《麻雀躲在电线上》，《音乐教育》第 1 期，署沈百英作词，钱君匋作曲。

1935 年

158. 沈百英、王志成编校：《复兴社会课本》（新课程标准 小学校初级用全 8 册），上海：商务印书馆。

159. 沈百英、宗亮寰、丁黻音编校：《复兴国语课本》（新课程标准适用 小学校高级用全 4 册），上海：商务印书馆。

160. 沈百英、卢冠六、王渐仁编校：《复兴算术课本》（新课程标准适用 小学校高级用全 4 册），上海：商务印书馆。

161. 沈百英、宋文藻编校：《复兴珠算课本》（新课程标准适用 小学校高级用全 4 册），上海：商务印书馆。

162. 沈百英编著：《幼稚园故事一百六十篇》，上海：商务印书馆。

163. 沈百英、吴增芥、程淑珍、黄勋哉、禅素英编著：《幼稚园游戏一百六十种》，上海：商务印书馆。

164. 《识字读书做文章》，《儿童教育》第 1 期。

165. 《与小朋友们的共同生活》，《东方杂志》第 1 期。

166. 《儿童的幸福》，《新儿童杂志》第 1 期。

167. 《实验教育三种现象》，《小学与社会》第 44 期。

1936 年

168. 沈百英、俞焕斗编校：《初级小学作文练习本》（全 6 册），上海：商务印书馆。

169. 沈百英、顾志贤编校：《初级小学写字练习本》（全 8 册），上海：商务印书馆。

170. 沈百英、钱企湘编校：《初级小学算术练习本》（全 8 册），上海：商务印书馆。

171. 沈百英、宋文藻编校：《算术课本》（全 2 册）（一年制短期小学适用），上海：商务印书馆。

172. 沈百英、虞哲光、朱铭新、蔡菊清编纂：《幼稚园工作一百六十组》，上海：商务印书馆。

173. 沈百英、沈秉廉编著：《幼稚园音乐一百六十首》，上海：商务印书馆。

174. 《和父母会的会员们谈谈》，《现代父母》第 2 期。

175. 《关于编辑儿童读物的三个问题》，《小学与社会》第 13 期。

1937 年

176. 沈百英编著：《复兴教科书国语》（日鲜侨民学校适用 小学校

初级用全 8 册），上海：商务印书馆。

177. 沈百英、赵景源、沈秉廉编校：《复兴教科书国语》（遵照修正课程标准编辑 小学校初级用全 8 册），长沙、衡阳、上海、重庆：商务印书馆。

178. 沈百英、许用宾编校：《复兴教科书算术》（遵照修正课程标准编辑 小学校初级用全 8 册），上海：商务印书馆。

179. 沈百英、宋文藻、沈亦文编校：《算术课本指导法》（一年制短期小学适用全 2 册），上海：商务印书馆。

180. 沈百英、孙艳秋、马映楣编著：《幼稚园常识一百六十课》，上海：商务印书馆。

181. 沈百英、宋绍洵、姜贡璜编校：《算术课本》（民众学校适用全 2 册），上海：商务印书馆。

1938 年

182. 沈百英、赵景源、韦悫编校：《复兴教科书国语》（遵照修正课程标准编辑 南洋华侨小学校初级用全 8 册），香港：商务印书馆。

183. 沈百英、许用宾编校：《复兴教科书算术教学法》（南洋华侨小学校初级用全 8 册），香港：商务印书馆。

184. 沈百英、宗亮寰、吕金录、韦悫编校：《复兴教科书常识》（遵照修正课程标准编辑 南洋华侨小学校初级用全 8 册），香港：商务印书馆。

1939 年

185. 沈百英主编，宋绍洵编：《小学初级算术科教材和教法》（小学教师丛书），上海：商务印书馆。

186. 沈百英主编，胡颜立、许允昭编著：《小学自然科教材和教法》（小学教师丛书），上海：商务印书馆。

187. 沈百英主编，颜漱石编著：《小学劳作教材及其制作法》（小学教师丛书），上海：商务印书馆。

188. 沈百英、宋绍洵、姜贡璜编校：《初级珠算课本》（初级民众学校适用）（第2版），上海：商务印书馆。

189. 沈百英、宋绍洵、姜贡璜编校：《高级珠算课本》（高级民众学校适用）（第3版），上海：商务印书馆。

1940 年

190. 沈百英主编，宋文藻编纂：《小学珠算科教材和教法》（小学教师丛书），上海：商务印书馆。

191. 沈百英、沈建男、孙艳秋编纂：《幼稚园的工作》，上海：商务印书馆。

192. 《笔顺要教吗》，《时代教育》第2期。

193. 《上海小学里的复名数教学》，《时代教育》第3期。

194. 《谈现在上海各小学里国常算三主要科中三个主要问题》，《时代教育》第5期。

1941 年

195. 《解决儿童对于作文的困难问题》，《正言教育月刊》第1期。

196. 《关于说话》，《正言教育月刊》第2期。

197. 《常识教学讲话》，《正言教育月刊》第3期。

198. 《做新教师的歌诀》，《正言教育月刊》第5、6期。

199. 《小学国语教学法》，《小学教师》第2期。

200. 《必然打了胜仗》，《儿童读物丛刊》第3期。

1944 年

201. 沈百英、宗亮寰、赵白山、沈秉廉、赵景源编绘：《基本幼稚园读本》（全2册），上海：基本书局。

202. 沈百英、宗亮寰、赵白山、沈秉廉、赵景源编绘：《基本幼稚园算术》（全2册），上海：基本书局。

203. 沈百英、宗亮寰、赵白山、沈秉廉、赵景源编绘：《基本幼稚园常识》（全2册），上海：基本书局。

204. 沈百英、宗亮寰、赵白山、沈秉廉、赵景源编绘：《基本幼稚园图画》（全2册），上海：基本书局。

1945 年

205.《胜利后的教科书》，《教师生活》创刊号。

206.《小学教育的初步改进》，《教师生活》第2期。

1946 年

207. 沈百英等编辑：《基本算术练习本》（遵照修订课程标准编辑初小用全8册），上海：基本书局。

208. 沈百英、沈秉廉、宗亮寰等编辑：《基本小学副课木常识》（初小用全8册），上海：基本书局。

209. 沈百英、孙慕坚编校：《五彩基本新字片（附指导法)》，上海：商务印书馆。

210.《漫话福字》，《教师生活》第3期。

211.《请家长们改变几种心理》，《教育与文化》第2期。

212.《怎么样训练儿童演说》，《教育与文化》第4、5期。

1947 年

213. 沈百英、宋文藻编校：《成人班妇女班珠算课本》，上海：商务印书馆。

214. 沈百英、俞焕斗编校：《作文练习》（新小学文库全2册），上海：商务印书馆。

215. 沈百英、王志成编选：《三年级国语科 故事新选》（新小学文库全 1 册)，上海：商务印书馆。

216. 沈百英、王志成编选：《四年级国语科 故事新选》(新小学文库全 2 册)，上海：商务印书馆。

217. 沈百英编著：《三年级国语科 反复故事》(新小学文库全 4 册)，上海：商务印书馆。

218.《小学教师应有的三爱》，《中华教育界》第 2 期。

219.《论废物利用》，《中华教育界》第 9 期。

220.《最近修订的小学课程标准》，《广播周报》第 29 期。

221. 《胜利后三次修订小学课程标准 要点是：简化，简化，简化!》，《东方杂志》第 6 期。

222.《儿童世界复刊献诗：一片小小荒场……》，《新儿童世界》第 1 期。

223.《儿童节在春天》，《新儿童世界》第 1 期。

224.《怎样到图书馆去看书（全篇演讲未完，待续)》，《新儿童世界》第 2 期。

225.《怎样到图书馆去看书（续)》，《新儿童世界》第 3 期。

226.《白天和晚上——时间讲话（一)》，《新儿童世界》第 3 期。

227.《钟和表——时间讲话（二)》，《新儿童世界》第 4 期。

228. 《要有正确的钟——时间讲话（三)》，《新儿童世界》第 5 期。

229.《钟的看法——时间讲话（四)》，《新儿童世界》第 6 期。

230.《谈谈时辰——时间讲话（五)》，《新儿童世界》第 9 期。

231.《乘海船和乘飞机（一)》，《新儿童世界》第 6 期。

232.《乘海船和乘飞机（二)》，《新儿童世界》第 7 期。

233.《小船（附图)》(诗歌)，《新儿童世界》第 8 期。

234.《我听讲"十二生肖的故事"》,《小朋友》第 821 期。

235.《我愿做个小铁匠》,《小朋友》第 825 期。

236.《维他命唱的歌》,《小朋友》第 826 期。

237.《五指的名称》,《小朋友》第 828 期。

238.《一只手的本领》,《小朋友》第 829 期。

239.《谈谈儿童节》,《小朋友》第 834 期。

240.《嫩芽的话》,《小朋友》第 837 期。

241.《小鸟的朋友》,《小朋友》第 838 期。

242.《谁叫你……?》,《小朋友》第 839 期。

243.《工作的难易》,《儿童故事》第 9 期。

244.《国语科的初步教学法》,《教育杂志》第 3 期。

245.《从统计上看国民教育的问题》,《教育杂志》第 6 期。

246.《三位一体》,《国民教育辅导月刊》第 2 期。

247.《儿童的服装》,《国民教育辅导月刊》第 2 期。

248.《顽皮儿童的处理》,《国民教育辅导月刊》第 3 期。

249.《教育:扫除武盲》,《苏讯》第 84-86 期。

1948 年

250. 沈百英编纂:《小学说话科教材和教法》(国民教育文库),上海:商务印书馆。

251. 沈百英著:《国民教育漫谈》(国民教育文库),上海:商务印书馆。

252. 沈百英著:《教室管理法》(国民教育文库),上海:商务印书馆。

253. 沈百英著:《小学国语教学讨论集》(国民教育文库),上海:商务印书馆。

254. 沈百英编著:《学本领》(修订幼童文库初编),上海:商务印书馆。

255. 沈百英编著：《小鸡学啼》（修订幼童文库初编），上海：商务印书馆。

256. 沈百英编著：《好计策》（修订幼童文库初编），上海：商务印书馆。

257. 沈百英编著：《狼来了》（修订幼童文库初编），上海：商务印书馆。

258. 沈百英编著：《三只熊》（修订幼童文库初编），上海：商务印书馆。

259. 沈百英编著：《王元买东西》（修订幼童文库初编），上海：商务印书馆。

260. 沈百英编著：《兔哥猫弟》（修订幼童文库初编），上海：商务印书馆。

261. 沈百英编著：《四年级国语科 新民找祖父》（新小学文库全4册），上海：商务印书馆。

262. 国立编译馆主编，沈百英编辑：《高级小学算术教学指引》（全4册）（又名：高级小学算术教学法），上海：商务印书馆。

263.《扫落叶》，《小朋友》第875期。

264.《我的责任大》，《小朋友》第897期。

265.《青菜和萝卜》，《小朋友》第901期。

266.《我想画荷花》，《小朋友》第904期。

267.《凑巧得很!》，《小朋友》第907期。

268.《吩咐三件事》，《小朋友》第909期。

269.《保守秩序・安全第一》，《小朋友》第911期。

270.《井底蛙的见识》，《小朋友》第912期。

271.《简单的算术题》,《小朋友》第 913 期。

272.《骄傲的大烟囱》,《小朋友》第 914 期。

273.《我想做小鸟》,《小朋友》第 915 期。

274.《伟大的工厂》,《小朋友》第 921 期。

275.《劝止吐痰歌》,《马来亚少年》第 38 期。

276.《谈谈时辰——时间讲话(六)》,《新儿童世界》第 10 期。

277.《招待小客人》,《新儿童世界》第 12 期。

278.《三个懒惰的人》,《新儿童世界》第 13 期。

279.《蚊虫的话》,《新儿童世界》第 16 期。

280.《小娃娃想吃大西瓜》,《新儿童世界》第 17 期。

281.《抵抗风涛》,《新儿童世界》第 20 期。

282.《小学算术教学随谈录》,《教育杂志》第 3 期。

283.《小学算术教学随谈录(续前)》,《教育杂志》第 4 期。

284.《教学演示杂谈》,《教育杂志》第 7 期。

285.《民众学校成绩展览会观感》,《教育杂志》第 11 期。

286.《小学算术科的几个小问题》,《中华教育界》第 4 期。

287.《常识教学的要点》,《中华教育界》第 7 期。

288.《创作儿童读物的实例》,《中华教育界》第 11 期。

289.《小学教科书的改革》,《现代教学丛刊》第 4 期。

290.《反对不合理的留级》,《现代教学丛刊》第 5 期。

291.《弟弟冒得吃》,《陶氓旬报》第 3 期。

292.《识字问题》,《国立暨南大学校刊》第 16 期,署沈百英讲演,彭学时、林荫衡记录。

293.《儿童创作成绩对话录》,《儿童创作成绩展览会特刊》第 T 期。

294.《教学演示的过去现在和未来》,《首都教育》第 9—10 期。

1949 年

295. 沈百英著:《小学教育漫谈》,上海:商务印书馆。

296. 沈百英著:《教室管理法》,上海:商务印书馆。

297. 沈百英、赵景源编著,王承绪、吴志尧修正:《复兴教科书国语》(马来亚联合邦、新加坡教育部审定 南洋华侨小学校初级用全 8 册),新加坡:商务印书馆。

298. 沈百英、宗亮寰、吕金录编著,王承绪、吴志尧修正:《复兴教科书常识》(马来亚联合邦、新加坡教育部审定 南洋华侨小学校初级用全 8 册),香港:商务印书馆。

299. 沈百英、宋文藻、宋文秉编校:《珠算》(小学四至六年级上、下学期适用全 6 册),上海:商务印书馆。

300.《让开点》,《小朋友》第 935 期。

301.《春天好在那里?》,《小朋友》第 936 期。

302.《蚂蚁搬豆》,《小朋友》第 937 期。

303.《胸有成竹》,《小朋友》第 938 期。

304.《雌雄两麻雀》,《小朋友》第 943 期。

305.《孵鸭子》,《小朋友》第 944 期。

306.《种菜,吃菜》,《小朋友》第 950 期。

307.《看我一双手》,《小朋友》第 951 期。

308.《柳树想改良种子》,《小朋友》第 952 期。

309.《演说的重要》,《小朋友》第 958 期。

310.《蜻蜓》,《小朋友》第 960 期。

311.《王家老太太》,《小朋友》第 963 期。

312.《自己回来了》,《新儿童世界》第 23 期。

313.《两张画》,《新儿童世界》第 24 期。

314. 《未来的主人翁》，《新儿童世界》第 25 期。

315. 《野外风景好》，《新儿童世界》第 26 期。

316. 《对于随机教算说几句话》，《中华教育界》第 1 期。

317. 《我国小学课本的变迁》，《中华教育界》第 4 期。

318. 《新修小学国语课程标准的特点》，《中华教育界》第 5 期。

319. 《小学国语教学上值得注意的几个问题》，《中华教育界》第 10 期。

320. 《春天来了》，《儿童生活》第 1 期。

321. 《瓶花和蜜蜂》，《儿童生活》第 2 期。

1950 年

322. 沈百英著：《这话不错》，上海：商务印书馆。

323. 沈百英编：《钟和表》，上海：商务印书馆。

1955 年

324. 沈百英著：《骄傲的螃蟹》，上海：少年儿童出版社。

1957 年

325. 沈百英著，公为绘图：《池边小故事》，杭州：浙江人民出版社。

326. 《介绍〈小学词汇教学基本知识讲话〉》，《语文知识》第 4 期。

327. 《为繁荣教育科学创造有利条件——上海南京高等师范院校部分教授对教育科学研究工作的意见》，《人民教育》第 7 期，署名沈百英、孟宪承、高觉蚊、张耀翔等。

1958 年

328. 《怎样教简化汉字》，《语文知识》第 1 期。

1959 年

329. 《在小学算术教学中怎样节省上课时间》，《上海教育》第

16 期。

1960 年

330.《怎样消灭加减乘除运算的错误?》,《上海教育》第 2 期。

331.《怎样编制小学算术教案》,《江苏教育》第 5 期。

1963 年

332.《略谈珠算技法必须改革》,《珠算通讯》(出版信息不详)。

1964 年

333.《珠算"拨珠操练法"介绍》,《福建教育》第 7 期。

1965 年

334. 沈百英编著:《中国新旧珠算书目及珠算论文目录》,上海:华东师范大学教育系资料室。

1966 年

335.《口、珠、笔三种算法应该合教》,《珠算教学研究通讯》(出版信息不详)。

336.《我国算盘的发生与发展》,《珠算教学研究通讯》(出版信息不详),署名沈百英、余介石。

337.《从珠算的历史发展谈珠算教学的改革》与余介石共同执笔写成,《珠算教学研究通讯》(出版信息不详),署名沈百英、余介石。

1982 年

338.《精讲多练新解》,《华东师范大学学报 (哲学社会科学版)》第 6 期。

1984 年

339. 沈百英编著:《珠算常识与珠算教法》,北京:商务印书馆、科学普及出版社。

340.《三算结合教学的昨、今、明》,《华东师范大学学报(教育科学版)》第 2 期。

1987 年

341.《我与商务印书馆》,收录于蔡元培、蒋维乔、庄俞等著:《商务印书馆九十年》(第 287~288 页),北京:商务印书馆。

342.《六个矮儿子》,《小朋友》第 8 期。

1989 年

343. 沈百英、梁镜清编著:《小学数学教学法》,上海:华东师范大学出版社。

开明教育书系（第一辑）

不安故常
　　——俞子夷教育文选
　　　俞子夷著　丁道勇选编
　　　定价：85.00 元

新人的产生
　　——周建人教育文选
　　周建人著　朱永新 周慧梅选编
　　　定价：75.00 元

造就女界领袖
　　——吴贻芳教育文选
　　　吴贻芳著　吴贤友选编
　　　定价：50.00 元

教是为了不需要教
　　——叶圣陶教育文选
　　　叶圣陶著　朱永新选编
　　定价：130.00 元(全二册)

教育要配合实践
　　——车向忱教育文选
　　　车向忱著　车红选编
　　　定价：70.00 元

谋求适合中国国情的教育
　　——杨东莼教育文选
　　　杨东莼著　周洪宇选编
　　　定价：65.00 元

改造我们的教育
　　——董纯才教育文选
　　　董纯才著　姚宏杰 王玲选编
　　　定价：85.00 元

教学是最渊博最复杂的艺术
　　——傅任敢教育文选
　　　傅任敢著　李燕选编
　　　定价：65.00 元

教育必须是科学的
　　——陈一百教育文选
　　　陈一百著　裴云选编
　　　定价：60.00 元

生命·生活·生态
　　——顾黄初教育文选
　　　顾黄初著　梁好选编
　　　定价：75.00 元

图书在版编目（CIP）数据

把儿童看作儿童：沈百英教育文选/沈百英著；吴贤友选编
.--北京：开明出版社，2024.5
（开明教育书系/蔡达峰主编）
ISBN 978-7-5131-8695-7

Ⅰ.①把… Ⅱ.①沈… ②吴… Ⅲ.①教育–文集 Ⅳ.①G4-53

中国国家版本馆 CIP 数据核字（2024）第 011145 号

出 版 人：陈滨滨
责任编辑：卓　玥　程　刚

把儿童看作儿童：沈百英教育文选

BAERTONGKANZUOERTONG：SHENBAIYINGJIAOYUWENXUAN

出　　版：开明出版社
　　　　　（北京海淀区西三环北路 25 号　邮编 100089）
印　　刷：保定市中画美凯印刷有限公司
开　　本：710mm×1000mm　1/16
印　　张：27.75
字　　数：358 千字
版　　次：2024 年 5 月第 1 版
印　　次：2024 年 5 月第 1 次印刷
定　　价：88.00 元

印刷、装订质量问题，出版社负责调换。联系电话：（010）88817647